貸切バス事業
更新申請・適正化の手引

道路運送法令研究会 [編集]

平成29年施行道路運送法対応版

ぎょうせい

目次

第1章 改正道路運送法の概要

Ⅰ 道路運送法改正の背景 ／2
  1．軽井沢スキーバス事故の概要 ／2
  2．総合的な対策の概要 ／3

Ⅱ 改正法の概要 ／7
  1．事業許可の更新制の導入 ／7
  2．不適格者の安易な再参入・処分逃れの防止 ／8
  3．監査機能の補完・自主的改善の促進 ／9
  4．罰則の強化 ／10
  5．施行期日 ／10
  6．経過措置 ／10

第2章 更新申請・適正化Q&A

Ⅰ 総 論 ／14
  Q 今回の法改正の必要性は？ ／14
  Q 今回の法改正の主な内容は？ ／14
  Q 軽井沢スキーバス事故の原因は？ ／16

Ⅱ 不適格者の安易な再参入・処分逃れの防止 ／20
  1．道路運送法第7条関係 ／20
  Q 欠格事由とは何か？ ／22
  Q 許可の取消処分を受けた事業者について、現行の欠格期間2年を5年に延長する理由は？ ／22
  Q 密接な関係者が許可を取り消された場合を許可の欠格事由とする理由は？ ／22
  Q 密接な関係を有する者とは？ ／23
  Q 監査後に事業廃止の届出をした者を欠格事由に追加する理由は？ ／25

2．道路運送法第23条関係 ／26
 Q　法第23条（運行管理者）の趣旨は？　／26
 Q　運行管理者の業務とは？　／27
 Q　運行管理者の資格者証の返納命令を受けた者について、再交付までの欠格期間を現行の2年から5年に延長する理由は？　／30
3．道路運送法第38条関係 ／31
 Q　旅客自動車運送事業の休廃業に係る届出制度の詳細は？　／31
 Q　休廃止の届出を事後届出から30日前の事前届出とする理由は？　／32

Ⅲ　事業許可更新制の導入　／33

1．道路運送法第8条関係　／33
 Q　貸切バスの事業許可に更新制を導入する理由は？　／33
2．道路運送法第6条、施行規則第6条関係　／34
 Q　更新時には何を審査するのか？　／36
 Q　安全投資計画の内容は？　／37
 Q　事業収支見積書の内容は？　／38
 Q　更新時の具体的な手続は？　／40
 Q　今回の制度改正で追加された審査基準は？　／41
 Q　車両の点検及び整備に関する基準の内容は？　／43
 Q　事業者の安全投資状況は事業許可の更新時にしか確認しないのか？　／44
3．道路運送法施行規則第14条〜15条の3関係　／45
 Q　事業計画の変更の際にも安全投資計画及び事業収支見積書が必要となるのか？　／48
 Q　事業の譲渡譲受や合併・分割等が行われた場合には、更新期限はどうなるのか？　／48
 Q　安全投資計画及び事業収支見積書の提出が義務付けられたことに伴って標準処理期間も改正されるのか？　／49
 Q　既存事業者の初回更新日はどのように決まるのか？　／49

Ⅳ　更新申請マニュアル　／52

1．安全投資計画等記載要領　／52
2．貸切バス予防整備ガイドライン　／59
3．更新許可申請様式集　／82
 ①　一般貸切旅客自動車運送事業　更新許可申請書　／82
 ②　事業計画　／82
 ③　添付書類一覧　／83

- ④ 一般貸切旅客自動車運送事業　安全投資計画　／85
- ⑤ 運転者、運行管理者、整備管理者の確保予定人数　／86
- ⑥ 車両取得予定台数及び保有車両台数　／86
- ⑦ その他の安全確保のために必要な事項　／87
- ⑧ 一般貸切旅客自動車運送事業　事業収支見積書　／88
- ⑨ 営業収益の算出根拠　／91
- ⑩ 運転者への給与支払い内訳、法定福利費内訳、厚生福利費のうち健康診断に係る費用　／92
- ⑪ 事業用自動車一覧表　／92
- ⑫ その他運送費のうち安全確保のために必要な事項に係る費用　／93
- ⑬ 貸借対照表　／94
- ⑭ 損益計算書　／95
- ⑮ 一般貸切旅客自動車運送事業　安全投資実績　／96
- ⑯ 前回許可時の計画に対する実績の評価　／97
- ⑰ その他の安全確保のために必要な事項について　／98
- ⑱ 一般貸切旅客自動車運送事業　事業収支実績報告書　／99
- ⑲ 運転者への給与支払い実績、法定福利費内訳（実績）、厚生福利費のうち健康診断に係る費用（実績）　／101
- ⑳ 事業用自動車一覧表（実績）　／101
- ㉑ その他運送費のうち安全確保のために必要な事項に係る費用　／102
- ㉒ 貸借対照表　／103
- ㉓ 損益計算書　／104
- ㉔-1　手続実施結果報告書（公認会計士用）　／105
- ㉔-2　手続実施結果報告書（税理士用）　／108
- ㉕ 事業者の中で給与が最も低い運転者の賃金支払内容　／111

4．関係通知　／113
- ○ 一般貸切旅客自動車運送事業の許可及び事業計画変更認可申請の処理について　／113
- ○ 「一般貸切旅客自動車運送事業の許可及び事業計画変更認可申請の処理について」（平成11年自旅第128号、自環第241号）の細部取扱いについて　／128
- ○ 一般貸切旅客自動車運送事業の許可等における車両の点検及び整備に関する基準について　／137

V　監査機能の補完・自主的改善の促進　／139

1．道路運送法第43条の2、施行規則第34条、34条の2関係　／139
- Q　貸切バス事業について負担金徴収制度を設ける理由は？　／140

Q　適正化機関とは何か？　／141
　2．道路運送法第43条の11関係　／142
　　　Q　貸切バス適正化機関の指定基準は？　／142
　3．道路運送法第43条の3、第43条の10関係　／144
　　　Q　貸切バス適正化機関の事業は？　／144
　　　Q　貸切バス適正化機関による巡回指導の目的は？　／147
　　　Q　巡回指導の対象となる事業者はどのように決めるのか？　／147
　4．道路運送法施行規則第34条の4関係　／148
　　　Q　巡回指導の体制やその頻度は？　／148
　　　Q　優良事業者に対する巡回指導の軽減措置はあるのか？　／148
　　　Q　巡回指導を行う場合の対象事項とその確認方法は？　／149
　　　Q　巡回指導を行う場合の事業者の評価方法は？　／150
　　　Q　貸切バス事業者が巡回指導に従わなかった場合にはどうなるのか？　／151
　5．道路運送法第43条の15、道路運送法施行規則第34条の10関係　／151
　　　Q　負担金の額はどのように決めるのか？　／153
　　　Q　負担金の徴収方法はどのように決めるのか？　／154
　　　Q　事業年度中に新規事業許可を受けた場合や、許可を取り消された場合には、負担金は精算されるのか？　／157
　6．道路運送法第43条の15、道路運送法施行規則第34条の10関係　／158
　　　Q　負担金を支払わない場合にはどうなるのか？　／160
　7．道路運送法第43条の13・14、道路運送法施行規則第34条の8・9関係　／161
　　　Q　事業規程や事業計画などを国土交通大臣の認可にかからしめているのはなぜか？　／162
　8．道路運送法第43条の19・20関係　／165
　　　Q　貸切バス適正化機関に対して可能な指導監督の内容は？　／166
　9．道路運送法第43条の20・21関係　／170
　　　Q　貸切バス適正化機関が不正をした場合には指定を取り消されることがあるのか？　／171

Ⅵ　罰則の強化　／178

　1．道路運送法第99条関係　／178
　　　Q　今回、罰則の強化について、法人の場合最大1億円と大幅に強化されるとのことだが、この理由は？　／178

Q 今回の改正で罰則が強化されている一方で、法律の施行は、公布の日から1月を超えない範囲内において政令で定める日からとされている。この公布から施行までの1月という期間は、法律の周知期間としては短すぎることはないか？ ／179

第3章 軽井沢スキーバス事故を受けたその他制度改正

Ⅰ 監査機能の強化 ／182

Q 制度改正後の監査の内容は？ ／182

Ⅱ 運賃等関係 ／184

Q 貸切バスの新運賃・料金制度とは？ ／184

Q 適正な運賃を遵守させるため、また、違法な運賃で契約した者を国として把握し是正させるため、どのような措置を講じているのか？ ／185

Q 貸切バスの運賃・料金制度におけるスクールバス輸送への対応は？ ／189

Q 利用者に安全なバスを利用するように促すための対応は？ ／189

Q 貸切バスの優良事業者に与えられる安全性評価認定(セーフティバスマーク)の普及に関してどのような取組がなされているのか？ ／189

Ⅲ 運転者に対する指導監督 ／191

Q 運転者の指導監督に関する制度改正の内容は？ ／191

Q 指導監督指針に規定された車種区分は、「一般貸切旅客自動車運送事業の許可及び事業計画変更許可申請の処理について」(平成11年12月13日付自旅第128号、自環第241号)と異なるのか？ ／191

Q 安全性の向上を図るための装置とはどういった装置を指すのか？ ／192

Q 安全性の向上を図るための装置のうち具体的にどのような装置について指導しなければならないのか？ ／192

Q 急ブレーキの訓練はなぜ行わなければならないのか？ ／193

Q 静止状態で急ブレーキの操作の方法を指導する場合には、どのような方法によりどの程度指導すべきか？ ／193

Q 実技訓練の実施時間は20時間行えば十分か？ また、20時間の実技訓練を行ってもなお、運行の安全が確保されない運転者に対してはどのようにすればよいのか？ ／193

- Q 直近1年間にどの程度の運転経験があれば、特別な指導は必要ないのか？ ／193
- Q 乗合バスの運転者が貸切バスを運転しようとする場合には、特別な指導は必要なのか？ ／194
- Q 普段運転している乗合バスと同じバスを貸切バスとして運転する場合であって、かつ、運転経路や時間帯も普段運転しているものと大きく変わらない場合でも特別な指導を行わないといけないのか？ ／194
- Q 同一グループ内で異動した運転者についても、特別な指導を行わないといけないのか？ ／194
- Q 大型の貸切バスを運転していた運転者が、中型の貸切バスに乗務する際は実技訓練を行わないといけないのか？ ／195
- Q どのような事業者が、雪道や夜間の実技訓練を行う必要があるのか？ ／195
- Q ドライブレコーダーの記録を利用した指導監督とはどういったものか？ ／195
- Q 事故が発生した場合、相手方の運転者に過失がある場合であっても、ドライブレコーダーの記録を利用した指導及び監督を行う必要があるのか？ ／196
- Q ヒヤリ・ハットの収集は必ず行わなければならないのか？ ／196
- Q これから購入する貸切バスについては、ドライブレコーダーを設置しなければならないのか？ ／196
- Q どのようなドライブレコーダーを装着するのか？ ／197
- Q 既に取り付けているドライブレコーダーはどうなるのか？ ／199
- Q ドライブレコーダーはどの位置に設置しなければならないのか？ ／199
- Q ドライブレコーダーの記録の確認箇所や時間の目安はあるのか？ ／199
- Q 一般的な指導及び監督並びに特別な指導の効果の確認のため、運行管理者等が添乗により運転者の安全運転に係る技能や知識の確認を行っているが、ドライブレコーダーの記録による確認も行わなければならないのか？ ／200
- Q 専ら指導及び監督の用に供する自動車（訓練車）を用いる場合には、ドライブレコーダーを備えていないといけないのか？ ／200
- Q 特別な指導の実施後、どのタイミングでドライブレコーダーの記録を確認すればよいのか？ ／200
- Q 常時記録は全て保存しないといけないのか？ また、イベント記録の保存は義務か？ ／201

- Q 運転者用カメラは、必須なのか？　／201
- Q 瞬間速度はアナログ式運行記録計に記録された速度から把握してよいか？　／201
- Q 性能要件告示第2条第3項の「広く一般的に用いられている再生用ソフトウェア」とは何か？　／202
- Q 性能要件告示第9条第3項の「外部からの書き込み、消去等の処理を防止する機能」とはどのようなものか？　／202
- Q 具体的に必要な耐久性はどの程度のものか？　／202

Ⅳ　運行管理等　／203

- Q 今回の制度改正で、点呼についてはなにが変わるのか？　／203
- Q どのような運行を行う場合に乗務途中点呼が必要なのか？　／203
- Q 乗務途中点呼を実施する場所、タイミングについて、規定されているのか？　／203
- Q 交代運転者が同乗している場合、乗務途中点呼は交代前後それぞれの運転者に対して行う必要があるのか？　／204
- Q 「貸切バス委託型管理の受委託」により高速乗合バス路線の運行を受託する貸切バスについても、夜間・長距離の運行を行う場合には乗務途中点呼を行う必要があるのか？　／204
- Q 既に実務経験によって貸切の運行管理者資格者証を取得しているが、どうしたらいいのか？　引き続き運行管理者として選任されるためには、あらためて試験による取得が必要なのか？　／204
- Q 運行管理者の必要選任数はどのように変わるのか？　／205
- Q 車両数も少なく、限定的な運行しか行わない営業所であっても、運行管理者を2名選任しなければならないのか？　／205
- Q 補助者の選任を届け出る際には、どのような書類を添付する必要があるのか？　／205

Ⅴ　その他　／206

- Q 車両の安全性を担保するためのハード面での対策は？　／206

第4章　参考資料

1. 道路運送法の一部を改正する法律案　新旧対照条文　／208
2. 道路運送法施行令の一部を改正する政令案　新旧対照条文　／226
3. 安全・安心な貸切バスの運行を実現するための総合的な対策　／238

第1章
改正道路運送法の概要

I　道路運送法改正の背景

1．軽井沢スキーバス事故の概要

　平成28年1月15日未明、長野県軽井沢町の国道18号線碓氷バイパス入山峠付近において、乗客39名を乗せた貸切バスが反対車線のガードレールを倒して崖下に転落した。乗客13名、乗員2名の計15名が死亡、乗客26名が重軽傷を負い、亡くなった乗客の方々はすべて大学生だった。

　事故の原因については、長野県警と国土交通省の事業用自動車事故調査委員会にて究明がなされ、事故は、貸切バスが急な下り勾配の左カーブを規制速度を超過する約95 km/hで走行したことにより、カーブを曲がりきれなかったため発生したこと、運転者が大型バスでの山岳路走行等について運転経験及び運転技能が十分でなかった可能性が考えられること等が平成29年7月5日に公表された。

　国土交通省は、事故後に当該貸切バス会社に対して実施した特別監査により、始業点呼の実施や運行指示書の記載といった運行管理が適正に行われていなかったこと、運行時間・距離等に応じて算出される下限運賃を収受していなかったこと等、様々な法令違反を確認したため、平成28年2月19日、この会社の貸切バス事業許可の取消処分を行った。

図1-1　事故車両の損傷状況

　国土交通省は、事故の1年近く前（平成27年2月）にこの会社に対して監査を行い、法令違反を確認し事故の2日前に行政処分をしていた。しかし、この違反の改善については、行政処分後に確認とされていたため事故時点では未確認だったこと、またこの行政処分の内容は複数

車両あるうちの「車両1台を20日間」使用停止とするものだったこと等、行政処分の実効性という面でも課題が明らかになった。

軽井沢スキーバス事故の発生直後の国土交通省の対応　国土交通省

事故概要

平成28年1月15日(金)午前1時55分頃、長野県軽井沢町の国道18号線碓氷バイパス入山峠付近において、貸切バス（乗員乗客41名）が反対車線を越えて、道路右側に転落、乗員乗客15名（乗客13名・乗員2名）が死亡、乗客26名が重軽傷（骨折等の重傷17名・軽傷9名）を負う重大な事故が発生。

バスは、スキー客を乗せ、東京を出発し、長野県の斑尾高原に向かっていた。

事故発生直後の国土交通省の対応

- 事故直後、国土交通大臣を本部長とする対策本部を設置（これまで17回開催）
- 被害者相談窓口（本省・地方運輸局）において、被害者の方々からの相談・要望に対応
- 貸切バス事業者「(株)イーエスピー」に特別監査を実施（1/15, 16, 17, 29）
- 事業用自動車事故調査委員会へ調査を要請（1/15）
- 石井大臣(1/16)、山本副大臣(1/15)が現地を視察
- 全国の貸切バス事業者に対し、街頭監査・集中監査を開始（1/19以降）
- 軽井沢スキーバス事故対策検討委員会開催（1/29から6/3まで10回開催）
- 貸切バス事業者「(株)イーエスピー」に事業許可取消処分を実施（2／19）
- 「安全・安心な貸切バスの運行を実現するための総合的な対策」とりまとめ（6／3）
- 改正道路運送法公布（12/16）、施行（12/20）（＊許可更新制H29/4/1施行）

＜バス事業者概要＞

- 事業者名：(株)イーエスピー（東京都羽村市富士見平）
- 許可年月日：平成26年4月18日
- 保有車両数：12台
- 事故車両：三菱製大型バス　初度登録年度：平成14年10月

＜特別監査で判明した主な違反＞

- ✓ 始業点呼の未実施
- ✓ 運行指示書の記載不備
- ✓ 運転者の健康診断の未受診
- ✓ 運賃の下限割れ　等

●事故車両の損傷状況

※運輸支局職員撮影

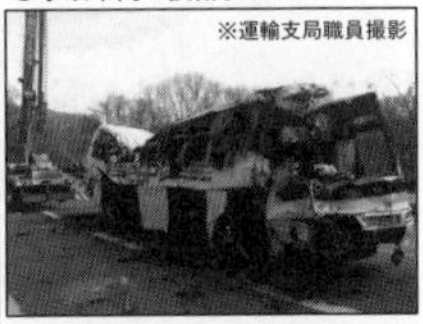

●事故直前の運行経路

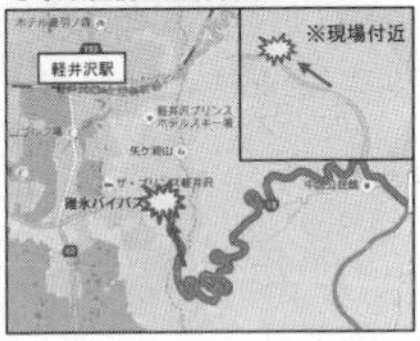

図1-2　発生直後の国土交通省の対応

2. 総合的な対策の概要

軽井沢スキーバス事故が発生する4年前には7人の乗客が亡くなった関越自動車道高速ツアーバス事故が起きており、再発防止策を講じてきた中での事故であった。国土交通省は事態を重く受け止め、関係者とともに、貸切バス事業における安全運行の確保に向け徹底的に対策の検討を行った。具体的には、国土交通省に設置した有識者で構成される軽井沢スキーバス事故対策検討委員会において、このような悲惨な事故を二度と起こさないという決意で10回にわたる議論を重ね、国会や各党における審議、被害者家族のご意見も踏まえ、総合的な対策を平成28年6月3日にとりまとめた。「安全・安心な貸切バスの運行を実現するための総合的な対策」に盛り込まれた施策は5本の柱、85項目で構成されており、具体的には以下のとおりである。

(1) ルールの強化

　貸切バス会社やその運行管理者が遵守すべきルールを強化した。具体的には、
- 初任運転者等に対する実技訓練を義務付け
- 運行管理者の人数を引上げ
- バスの経年劣化等に応じた車両整備を徹底
- 事業用設備(ドライブレコーダー、パソコン、補助席シートベルト等)を強化
- 「安全投資計画」「収支見積書」作成を義務付け　等

(2) 法令違反の早期是正と不適格者の排除

　既存事業者・新規事業者を問わず、前記(1)で強化した内容を含め事前・事後のチェックを強化し、法令違反を早期に是正させる仕組みを導入するとともに、不適格者にはより厳正に退出を求めることとした。具体的には、
- 監査による法令違反判明後30日以内に是正確認
- 軽微な法令違反であっても複数回にわたり是正されない場合等を事業許可取消処分の対象に追加
- 車両使用停止処分の「日車配分」見直しを含めて処分量定を強化
- 事業許可への更新制(5年ごと)を導入
- 旅客自動車運送事業者・運行管理者の欠格期間を延長
- 罰則を強化　等

(3) 監査等の実効性向上

　前記(2)を確実に行うため、国において監査等の体制充実と重点化・効率化を行うとともに、民間指定機関を活用することとした。具体的には、
- 国の監査・審査業務を見直し(体制の増員、対象の重点化、基準・適用の厳格化等)
- 民間指定機関による適正化事業を活用　等

(4) 旅行業関係者や利用者等との連携強化

　安売りが安全運行コストの削減につながる悪循環を防止するため、旅行業者、利用者等との連携を強化した。具体的には、
・実質的な下限割れ運賃防止など取引環境を適正化
・利用者に対する安全情報を「見える化」
・ランドオペレーター等に対する規制の在り方を検討　等

(5) ハード面の安全対策強化

　ハード面の安全対策により事故を防止するため、国は各種安全装置の開発・普及を促進することとした。具体的には、
・制限速度に応じて自動で速度制御するスピードリミッターやドライバー異常時対応システムの基本設計等に関するガイドラインを策定
・先進安全技術搭載車の導入を支援　等

軽井沢スキーバス事故対策検討委員会について　国土交通省

設置の趣旨
平成28年1月15日に長野県軽井沢町で発生したスキーバス事故を踏まえ、二度とこのような悲惨な事故を起こさないよう、徹底的な再発防止策について、検討する。

検討事項
規制緩和後の貸切バス事業者の大幅な増加と監査要員体制、人口減少・高齢化に伴うバス運転手の不足等の構造的な問題を踏まえつつ、以下の再発防止策について検討する。
○事業参入の際の安全確保に関するチェックの強化
○監査の実効性の向上（事業参入後の安全確保についてのチェックの強化）
○運転者の運転技術のチェックの強化
○運賃制度の遵守等、旅行業者を含めた安全確保のための対策の強化
○衝突被害軽減ブレーキ等、ハード面での安全対策の強化　など

スケジュール
平成28年1月22日　委員会設置
平成28年1月29日　第1回委員会開催
平成28年3月29日　中間整理とりまとめ（計7回開催）
平成28年6月 3日　「安全・安心な貸切バスの運行を実現するための総合的な対策」とりまとめ（計10回開催）

【委員】　◎：委員長　○：委員長代理

◎ 山内 弘隆	一橋大学大学院商学研究科教授	志村 格	（一社）日本旅行業協会理事長
○ 酒井 一博	（公財）大原記念労働科学研究所所長	河野 康子	（一社）全国消費者団体連絡会前事務局長
安部 誠治	関西大学社会安全学部教授	住野 敏彦	全日本交通運輸産業労働組合協議会議長
稲垣 敏之	筑波大学副学長・理事	松田 英三	運輸審議会委員
三澤 憲一	（公社）日本バス協会会長	三浦 雅生	弁護士
國谷 一男	（一社）全国旅行業協会副会長	水野 幸治	名古屋大学大学院工学研究科教授
加藤 博和	名古屋大学大学院環境学研究科准教授	村木 美貴	千葉大学大学院工学研究科教授

図1-3　軽井沢スキーバス事故対策検討委員会

軽井沢スキーバス事故対策検討委員会 安全・安心な貸切バスの運行を実現するための総合的な対策(平成28年6月3日) 概要	
平成28年1月15日に発生した軽井沢スキーバス事故を踏まえ、再発防止策について徹底的に検討し、総合的な対策をとりまとめた。	
基本思想	
今回のような悲惨な事故を二度と起こさないという強い決意のもとに、 ○ 国は貸切バスの安全運行に関する遵守事項を強化し、その徹底を図ること。 ○ 国は貸切バス事業者のルール違反を早期に是正させるとともに、不適格者を排除すること。 ○ バス事業者、旅行業者は安全確保を最優先に据え、両業界等は協力・連携してルール遵守の環境整備を推進すること。	
総合的な対策	
(1)貸切バス事業者、運行管理者等の遵守事項の強化	①運転者の技量チェックの強化 ②運行管理の強化 ③車両整備の強化 ④事業用設備の強化 ⑤その他、貸切バス事業の適正化のための各種負担の強化
(2)法令違反の早期是正、不適格者の排除等	①違反事項の早期是正と処分の厳格化等 ②許可更新制の導入等による不適格者の排除 ③不適格者の安易な再参入の阻止
(3)監査等の実効性の向上	①国の監査・審査業務の見直し ②事業者団体の自浄作用の強化 ③民間指定機関による適正化事業の活用
(4)旅行業者、利用者等との関係強化	①実質的な下限割れ運賃防止等の取引環境の適正化 ②利用者に対する安全情報の「見える化」 ③ランドオペレーター等に対する規制の在り方の検討
(5)ハード面の安全対策による事故防止の促進	①ガイドラインの策定 ②導入促進に向けた支援等

図1-4 総合的な対策概要

Ⅱ 改正法の概要

　このうち法改正が必要な事項について、スキーシーズンが本格的に始まる前に実施するため、「道路運送法の一部を改正する法律（平成28年法律第100号）」が平成28年12月9日に公布され、同月20日からその大半が施行され、事業許可の更新制については平成29年4月1日より施行されている。改正法の内容について、具体的には次のとおりである。

1．事業許可の更新制の導入

　安全に事業を遂行する能力のない事業者を排除するため、全国約4,500者の既存事業者も含めて、貸切バスの事業許可に5年ごとの更新制を導入した。

　この審査を行うため、申請時の必要書類として「安全投資計画」及び「事業収支見積書」を省令に規定した。安全投資計画とは、次回更新までの5年間の安全投資に関する計画、すなわち、運転者や運行管理者などの体制構築、車両の新規取得・代替や経年劣化等に応じた整備、その他安全確保について必要な事項に関する計画である。事業収支見積書とは、安全投資計画の裏付けとなる支出と、それを賄うための収入を記載するものである。

　国は、当該事業者の事業実績も十分踏まえながら、所要の安全投資を前提に収支相償う経営体力があるかを審査し、これを満たして継続的に事業を遂行する能力のない事業者の事業許可は更新しないこととなる。

　この安全投資計画と事業収支見積書については、新規の事業許可の際にも審査する。

２．不適格者の安易な再参入・処分逃れの防止

(1) 事業許可に係る欠格期間の延長
　旅客自動車運送事業の許可段階における不適格事業者の排除を徹底し、安易な再参入を防止するため、欠格期間を、現行の２年から５年に延長した。

(2) 事業許可の欠格事由の拡充
　許可の取消しを受けた会社と密接な関係を有する会社が、新たに許可を受けようとする者に対して影響力を行使することによって、杜撰な事業体制が引き継がれるような事例を排除するため、新たに旅客自動車運送事業の許可を受けようとする者と密接な関係にある者が許可の取消処分を受けた場合を、新たに欠格事由に追加した。
　また、重大事故等を発生させながら、行政処分のための手続中に廃業し、処分を逃れる事例を排除するため、監査後に処分逃れのために廃業した場合を欠格事由に追加した。

(3) 運行管理者の資格者証の交付に係る欠格期間の延長
　運行管理者は、旅客自動車運送事業において最も重要な輸送の安全確保責任者であり、具体的には運転者の労働時間管理、指導監督、点呼による疲労・健康状態の把握、安全運行の指示等を行う者である。その職務の重要性から、事業許可の欠格期間と同様に、運行管理者資格者証の返納を命じられた者についても、欠格期間を２年から５年に延長した。

(4) 休廃業の事前届出制
　従来、事業の休廃止は基本的に事業者の経営判断に任され、地域住民への影響が大きい乗合バス事業以外は事後届出制とされてきた。しかし、法令違反の発覚などを見越して廃業するような、事後届出制を悪用した処分逃れが行われると、その者が新たに事業許可を申請しても欠格事由には該当しない。そこで、このような処分逃れを防止する

ため、乗合バス事業以外の一般旅客自動車運送事業についても、事業の休廃止を事前届出制とした。

3．監査機能の補完・自主的改善の促進

　平成26年に施行された道路運送法の改正（議員立法）により、旅客自動車運送適正化事業実施機関（適正化機関）の制度が導入されたが、これまでは貸切バスの適正化機関は指定されていなかった。

　一方で、近年、多数の法令違反を犯していた貸切バス事業者が、関越自動車道高速ツアーバス事故（平成24年4月）や軽井沢スキーバス事故（平成28年1月）など、悲惨な事故を立て続けに起こしている。また、訪日外国人観光客の急増による輸送需要の増加を背景に、貸切バスの運転者が不足し、長時間勤務のおそれが増大している。こうした中で、利用者の安全の確保を図るために、不適格事業者に対し、法令遵守、運転者の労働環境の改善など貸切バス事業の適正化を進めることが強く求められるようになっている。

　このような状況を受け、業界全体として自浄作用を働かせるとともに、国の監査を補完するため、適正化機関による巡回指導等が必要である。これにより、国は、問題のない事業者のチェックに時間を割くのではなく、マンパワーを悪質事業者の監査・行政処分に集中投入する。適正化機関は、このような巡回指導等の必要経費に充てるため、貸切バス事業者から負担金を徴収することができるよう、制度を創設した。

　現在、地方運輸局の管轄区域等ごとに、地方バス協会等が設立する法人（一般社団法人又は一般財団法人）や地方バス協会自身が適正化機関として指定されている。

　なお、適正化機関が説明や資料の提出を求めたにもかかわらず貸切バス事業者がそれらを拒否した場合には、それ自体が行政処分の対象となる。また、貸切バス事業者が負担金を支払わない場合には、適正化機関からの申立てにより国は納付命令を行うことが可能であり、貸切バス事業者が国の納付命令に従わない場合には、最終的には事業許可の取消しも可能となっている。

4．罰則の強化

　従来から、事故を引き起こす可能性がある違法状態を是正するため、国土交通省から事業者に対して、輸送の安全確保命令を発出することができることになっている。

　これまでは、この命令に違反した法人に対して、行為者と同等の100万円以下の罰金が科されていたが、法人の事業規模等に鑑みると抑止効果が不十分であることから、罰金額の上限を1億円に引き上げることとした。

　また、行為者の罰金額の上限についても、150万円に引き上げるとともに、1年以下の懲役を科すことができることとした。

5．施行期日

　更新制に係る規定以外については、公布の日から起算して一月を超えない範囲内において政令で定める日から施行するとされており、具体的には「道路運送法の一部を改正する法律の施行期日を定める政令（平成28年政令第381号）」により、平成28年12月20日より施行されている。

　更新制に係る規定については、平成29年4月1日から施行されている。

6．経過措置

　次のような経過措置が設けられている。
(1) 改正前にされた第4条第1項又は第43条第1項の許可の申請で、改正法の施行の際に許可をするかどうかの処分がなされていないものについては、従前のとおりとする。

(2) 旧法の許可を受けている一般貸切旅客自動車運送事業者は、第8条の規定の施行の日に、当該規定による新法の一般貸切旅客自動車

運送事業について第4条第1項の許可を受けているものとみなす。

(3) (2)により新法第4条第1項の許可を受けたものと見なされる者の最初の更新については、第4条第1項の許可を受けたとみなされた日から起算して5年を経過する日までの間において国土交通省令で定める期間を経過する日までとする。具体的には「道路運送法施行規則の一部を改正する省令(平成29年国土交通省令第8号)」により、許可(免許を含む)を受けた年の西暦下一桁に応じて年を決めることとし、当該事業者が許可を受けた日に応じて月日を決めることとした。

第2章
更新申請・適正化Q&A

I 総論

Q 今回の法改正の必要性は？

A 平成28年1月に発生した軽井沢スキーバス事故により、13人の将来ある若者の命が突然に奪われた。このような悲惨な事故を二度と起こさないという決意のもと、法令違反の早期是正、不適格者の排除、監査の実効性の向上等により、安全・安心な貸切バスの運行を実現するため、有識者からなる検討委員会を開催し、6月に総合的な対策がとりまとめられた。

その中で、法改正が必要な事項が盛り込まれているため、道路運送法を改正した。

Q 今回の法改正の主な内容は？

今回の法改正の主な事項は次のとおりである。

1. **事業許可の更新制の導入**
   安全に事業を遂行する能力の有無を定期的に確認するため、一般貸切旅客自動車運送事業の許可について、5年ごとの更新制を導入した。

2. **不適格者の安易な再参入・処分逃れの防止**
   不適格者の安易な再参入を防止するため、旅客自動車運送事業の許可及び運行管理者の資格について、欠格期間を2年から5年へと延長するとともに、許可取消を受けた者と密接な関係を有する者、処分逃れを目的として監査後に廃業した者等の参入を制限し、事業の休廃止の届出を事後届出制から30日前の事前届出制に改めた。

3. **監査機能の補完・自主的改善の促進**
   民間指定機関が、一般貸切旅客自動車運送事業者への巡回指導等

● **道路運送法の一部を改正する法律**（平成28年12月9日公布）

最近の貸切バス事業における事故を踏まえ、事業許可に係る更新制の導入、事業者等の欠格事由の拡充、監査機能の強化と自主的改善の促進に向けて民間指定機関が巡回指導等を行うための負担金制度の創設等の措置を講ずる。

背景

本年1月に発生した軽井沢スキーバス事故を踏まえ、「軽井沢スキーバス事故対策検討委員会」において6月3日に「安全・安心な貸切バスの運行を実現するための総合的な対策」をとりまとめ、再発防止策を明示

(1) 貸切バス事業者、運行管理者等の遵守事項の強化
(2) 法令違反の早期是正、不適格者の排除等
(3) 監査等の実効性の向上
(4) 旅行業者、利用者等との関係強化
(5) ハード面の安全対策による事故防止の促進

早期に法律上の措置が必要な(2)・(3)の事項について、以下のとおり対応

軽井沢スキーバス事故の概要

発生日：平成28年1月15日
・乗客乗員15名死亡、乗客26名重軽傷
・死者10名以上のバス事故は31年ぶり
事業者：(株)イーエスピー
＜今回判明した主な違反＞
始業点呼の未実施、運行指示書の記載不備、運転者の健康診断の未受診、運賃の下限割れ等

改正案の概要

① 事業許可の更新制の導入

➢ 貸切バス事業者が安全に事業を遂行する能力を有するかどうか5年ごとにチェック

② 不適格者の安易な再参入・処分逃れの阻止

旅客自動車運送事業に関し、
➢ 事業の許可について、
 ・ 欠格期間の延長（現行：2年⇒改正後：5年）
 ・ 許可取消を受けた会社の子会社等、処分逃れを目的として監査後に廃業した者等の参入を制限
➢ 運行管理者(※)の資格者証の交付について、
 ・ 欠格期間の延長（現行：2年⇒改正後：5年）
  (※)乗務員の労務管理や車両の日常点検等の運行管理の責任を担う者
➢ 休廃業を30日前の事前届出へ（現行：事後届出制）

③ 監査機能の補完・自主的改善の促進

➢ 貸切バス事業者に対して民間指定機関による巡回指導等を行うため、当該機関による貸切バス事業者からの負担金徴収の制度を創設

④ 罰則の強化

➢ 輸送の安全確保命令に従わないバス事業者に対する法定刑の強化、法人重科の創設
 （現行：100万円以下の罰金(違反者・法人)⇒改正後：懲役1年・150万円以下の罰金(違反者)、1億円以下の罰金(法人)）

不適格者の排除等により、安全・安心な貸切バスの運行を実現

【目標・効果】
貸切バス事業者が原因となる事故について、乗客の死亡事故をゼロとすることを目指すとともに、乗客の負傷事故を10年以内に半減することを目指す。

図2-1　改正道路運送法概要

を行うことにより、国の監査機能を補完し、自主的改善を促進するため、民間指定機関による負担金徴収制度を創設した。

4．罰則の強化

　輸送の安全確保命令に違反した一般貸切旅客自動車運送事業者及び一般乗合旅客自動車運送事業者に対する罰則を強化した。

Q　軽井沢スキーバス事故の原因は？

平成29年7月5日に事業用自動車事故調査委員会の調査報告書が公表された。これによると、事故の原因は次のとおりとされている。

① 　事故は、貸切バスが急な下り勾配の左カーブを規制速度を超過する約95km/hで走行したことにより、カーブを曲がりきれなかったために発生したものと推定される。

② 　事故現場までの道路は入山峠を越えた後にカーブの連続する下り坂となっているが、貸切バスの運転者は、本来エンジンブレーキ等を活用して安全な速度で運転すべきところ、十分な制動をしないままハンドル操作中心の走行を続けたものと考えられ、このような通常の運転者では考えにくい運転が行われたため車両速度が上昇して車両のコントロールを失ったことが、事故の直接的な原因であると考えられる。

③ 　同運転者は事故の16日前に採用されたばかりであったが、事業者は、同運転者に健康診断及び適性診断を受診させていなかった。また、大型バスの運転について、同運転者は少なくとも5年程度のブランクがあり、大型バスでの山岳路走行等について運転経験及び運転技能が十分でなかった可能性が考えられる。このような同運転者に事業者が十分な指導・教育や運転技能の確認をすることなく運行を任せたことが事故につながった原因であると考えられる。

④ 　運行管理者は、運行経路の調査をしないまま、不十分な運行指示書を作成・使用しており、運行前の始業点呼を実施せず、運行経路や休憩場所の選定が運転者任せになっていた。

⑤　事業者は、インバウンド観光の増加などでツアーバスの需要が大きく伸びた時期に事業参入しており、事業規模の急激な拡大に運転者の確保・育成が追いつかず、安全を軽視した事業運営を行ってきたことが事故につながった背景にあると考えられる。

事業用自動車事故調査報告書 概要
～貸切バス（大型）の転落事故～
（長野県北佐久郡軽井沢町　国道18号（碓氷バイパス））

事故概要

- 平成28年1月15日1時52分頃、長野県北佐久郡軽井沢町の国道18号碓氷バイパスにおいて、乗客39名を乗せて走行中の貸切バスが、約4m下の崖に転落した。
- この事故により、貸切バスの乗客13名並びに運転者及び交替運転者の合計15名が死亡し、乗客22名が重傷を負い、乗客4名が軽傷を負った。
- 事故は、碓氷バイパスの長い上り坂が入山峠で終わり、一転して連続する下り坂を約1km下った地点で発生した。貸切バスは、片側1車線の下り勾配の左カーブを走行中、対向車線にはみ出し、そのまま道路右側に設置されていたガードレールをなぎ倒し、横転しながら約4m下に転落した。

事故状況図

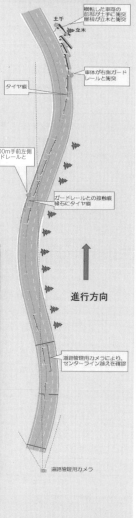

事故地点の航空写真

(長野県警察 提供)

図2-2　事故調査報告書概要

原因

- ☆ 事故は、貸切バスが急な下り勾配の左カーブを規制速度を超過する約95km/hで走行したことにより、カーブを曲がりきれなかったために発生したものと推定される。
- ☆ 事故現場までの道路は入山峠を越えた後にカーブの連続する下り坂となっているが、貸切バスの運転者は、本来エンジンブレーキ等を活用して安全な速度で運転すべきところ、十分な制動をしないままハンドル操作中心の走行を続けたものと考えられ、このような通常の運転者では考えにくい運転が行われたため車両速度が上昇して車両のコントロールを失ったことが、事故の直接的な原因であると考えられる。
- ☆ 同運転者は事故の16日前に採用されたばかりであったが、事業者は、同運転者に健康診断及び適性診断を受診させていなかった。また、大型バスの運転について、同運転者は少なくとも5年程度のブランクがあり、大型バスでの山岳路走行等について運転経験及び運転技能が十分でなかった可能性が考えられる。このような同運転者に事業者が十分な指導・教育や運転技能の確認をすることなく運行を任せたことが事故につながった原因であると考えられる。
- ☆ 運行管理者は、運行経路の調査をしないまま、不十分な運行指示書を作成・使用しており、運行前の始業点呼を実施せず、運行経路や休憩場所の選定が運転者任せになっていた。
- ☆ 事業者は、インバウンド観光の増加などでツアーバスの需要が大きく伸びた時期に事業参入しており、事業規模の急激な拡大に運転者の確保・育成が追いつかず、安全を軽視した事業運営を行ってきたことが事故につながった背景にあると考えられる。

再発防止策

（貸切バス事業者）
- ☆ 運転者の選任にあたっては、運行形態に応じた指導・監督を行った上で十分な能力を有することを確認
- ☆ 運転者に法令で義務付けられた健康診断及び適性診断を確実に受診させ、個々の運転者の健康状態に応じた労務管理、運転特性に応じた適切な指導監督
- ☆ 運転者に対し、車両の構造や運行経路に応じた安全な運転の方法等を教育するとともに、添乗訓練を行い、運転者の運転技能等を十分に確認・評価
- ☆ 運行管理者には、運転者に対して点呼を確実に実施するとともに、運行経路や発着時刻等を明記した運行指示書を手交し、安全な運行に必要な運行指示を徹底
- ☆ 運転者に、夜間の就寝時を含め乗客にシートベルトの着用を促すよう徹底

（国土交通省）
- ☆ 監査制度を充実強化し、監査において指摘された法令違反について、事業者が適切な是正を行っているかを確認
- ☆ 貸切バスの事業許可更新制を導入し、安全管理体制が確保されているかを確認
- ☆ 民間機関を活用し、監査を補完する巡回指導等の仕組みを構築し、全貸切バス事業者に対し、年1回程度の頻度で安全管理状況をチェック

Ⅱ 不適格者の安易な再参入・処分逃れの防止

1．道路運送法第7条関係

（欠格事由）
第7条　国土交通大臣は、次に掲げる場合には、一般旅客自動車運送事業の許可をしてはならない。
一　許可を受けようとする者が1年以上の懲役又は禁錮の刑に処せられ、その執行を終わり、又は執行を受けることがなくなつた日から5年を経過していない者であるとき。
二　許可を受けようとする者が一般旅客自動車運送事業又は特定旅客自動車運送事業の許可の取消しを受け、その取消しの日から5年を経過していない者（当該許可を取り消された者が法人である場合においては、当該取消しを受けた法人のその処分を受ける原因となつた事項が発生した当時現にその法人の業務を執行する役員（いかなる名称によるかを問わず、これと同等以上の職権又は支配力を有する者を含む。第6号、第8号、第49条第2項第4号並びに第79条の4第1項第2号及び第4号において同じ。）として在任した者で当該取消しの日から5年を経過していないものを含む。）であるとき。
三　許可を受けようとする者と密接な関係を有する者（許可を受けようとする者（法人に限る。以下この号において同じ。）の株式の所有その他の事由を通じて当該許可を受けようとする者の事業を実質的に支配し、若しくはその事業に重要な影響を与える関係にある者として国土交通省令で定めるもの（以下この号において「許可を受けようとする者の親会社等」という。）、許可を受けようとする者の親会社等が株式の所有その他の事由を通じてその事業を実質的に支配し、若しくはその事業に重要な影響を与える関係にある者として国土交通省令で定めるもの又は当該許可を受けようとする者が株式の所有その他の事由を通じてその事業を実質的に支配し、若しくはその事業に重要な影響を与える関係にある者として国土交通省令で定めるもののうち、当該許可を受けようとする者と国土交通省令で定める密接な関係を有する法人をいう。）が、一

般旅客自動車運送事業又は特定旅客自動車運送事業の許可の取消しを受け、その取消しの日から５年を経過していない者であるとき。
四　許可を受けようとする者が、一般旅客自動車運送事業又は特定旅客自動車運送事業の許可の取消しの処分に係る行政手続法（平成５年法律第88号）第15条の規定による通知があつた日から当該処分をする日又は処分をしないことを決定する日までの間に第38条第１項若しくは第２項又は第43条第８項の規定による事業の廃止の届出をした者（当該事業の廃止について相当の理由がある者を除く。）で、当該届出の日から５年を経過していないものであるとき。
五　許可を受けようとする者が、第94条第４項の規定による検査が行われた日から聴聞決定予定日（当該検査の結果に基づき一般旅客自動車運送事業又は特定旅客自動車運送事業の許可の取消しの処分に係る聴聞を行うか否かの決定をすることが見込まれる日として国土交通省令で定めるところにより国土交通大臣が当該許可を受けようとする者に当該検査が行われた日から10日以内に特定の日を通知した場合における当該特定の日をいう。）までの間に第38条第１項若しくは第２項又は第43条第８項の規定による事業の廃止の届出をした者（当該事業の廃止について相当の理由がある者を除く。）で、当該届出の日から５年を経過していないものであるとき。
六　第４号に規定する期間内に第38条第１項若しくは第２項又は第43条第８項の規定による事業の廃止の届出があつた場合において、許可を受けようとする者が、同号の通知の日前60日以内に当該届出に係る法人（当該事業の廃止について相当の理由がある法人を除く。）の役員であつた者で、当該届出の日から５年を経過していないものであるとき。
七　許可を受けようとする者が営業に関し成年者と同一の行為能力を有しない未成年者又は成年被後見人である場合において、その法定代理人が前各号（第３号を除く。）又は次号のいずれかに該当する者であるとき。
八　許可を受けようとする者が法人である場合において、その法人の役員が前各号（第３号を除く。）のいずれかに該当する者であるとき。

Q 欠格事由とは何か？

A 一般に事業規制法は、免許や許可を受ける要件として、申請者が一定の欠格事由に該当しないことを定めるのが普通である。これは、免許や許可を要する事業の公共性にかんがみ、社会的にみてこのような事業を経営するのにふさわしくない者の基準を定め、これに該当する者の当該事業への参入を排除しようとするものである。

Q 許可の取消処分を受けた事業者について、現行の欠格期間2年を5年に延長する理由は？

A 改正前の道路運送法（以下「法」という。）第7条では、①申請者が一年以上の懲役又は禁錮の刑に処せられ、その執行が終わり、又は失効を受けることがなくなった日から2年を経過しない場合（同条第1号）、②事業許可の取消しを受け、取消しの日から2年を経過しない場合（同条第2号）を欠格事由としていた。

これらについて今回の改正では、許可段階における不適格事業者の排除を徹底し、安易な再参入を防止するために、欠格期間を、現行の2年から各種業法における欠格期間で最も長い5年に延長した。

なお、第7号の未成年者等の欠格及び第8号の欠格となる法人の欠格の欠格期間についても従前の2年から5年に延長している。

Q 密接な関係者が許可を取り消された場合を許可の欠格事由とする理由は？

A 許可の取消しを受けた会社と密接な関係を有する会社が、新たに許可を受けようとする者に対して影響力を行使することにより、杜撰な事業体制が引き継がれるような例を排除できるようにするため、新たに許可を受けようとする者と密接な関係にある者が許可の取消処分を受けた場合を欠格事由として追加した（法第7条第3号）。

Q 密接な関係を有する者とは?

A 密接な関係を有する者とは、①許可を受けようとする者の親会社等として省令で定めるもの、②許可を受けようとする者の親会社等が重要な影響を与える関係にある者（兄弟会社等）として省令で定めるもの、③許可を受けようとする者がその事業を実質的に支配等する者（子会社等）として省令で定めるもののうち、当該許可を受けようとする者と省令で定める密接な関係を有する法人とされている。それぞれ省令で定めるものとは、次のとおりである（道路運送法施行規則（以下「施行規則」という。）第7条）。

(1) **許可を受けようとする者の親会社等**
    ① 許可を受けようとする者の議決権・資本金（以下「議決権等」という。）の過半数を所有・出資（以下「所有等」という。）している者
    ② 許可を受けようとする者の事業の方針の決定に関して、①と同等以上の支配力を有すると認められる者

(2) **許可を受けようとする者の親会社等が重要な影響を与える関係にある者（兄弟会社等）**
    ① 許可を受けようとする者の親会社等が議決権等の過半数を所有等している者
    ② 事業の方針の決定に関する許可を受けようとする者の親会社等の支配力が、①と同等以上と認められる者

(3) **許可を受けようとする者がその事業を実質的に支配等する者（子会社等）**
    ① 許可を受けようとする者が議決権等の過半数を所有等している者
    ② 事業の方針の決定に関する許可を受けようとする者の支配力が、①と同等以上と認められる者

(4) **(1)〜(3)のもののうち、国土交通省令で定める密接な関係を有する法人**
    許可を受けようとする者の重要な事項に係る意思決定に関与し、

又は許可を受けようとする者が重要な事項に係る意思決定に関与している実態がある法人

すなわち、外形的に(1)～(3)を満たしていたとしても、(4)にあるとおり、実質的に意思決定に関与している実態がない場合にはこの規定は適用されない。なお、この規定は許可を受けようとする者及び密接関係者双方とも法人の場合に限ることとしている。

参考　道路運送法施行規則

(法第7条第3号の国土交通省令で定めるもの等)
第7条　法第7条第3号に規定する許可を受けようとする者の親会社等は、次に掲げる者とする。
　一　許可を受けようとする者(株式会社である場合に限る。)の議決権の過半数を所有している者
　二　許可を受けようとする者(持分会社(会社法第575条第1項に規定する持分会社をいう。以下この条において同じ。)である場合に限る。)の資本金の2分の1を超える額を出資している者
　三　許可を受けようとする者の事業の方針の決定に関して、前2号に掲げる者と同等以上の支配力を有すると認められる者
2　法第7条第3号の国土交通省令で定める許可を受けようとする者の親会社等がその事業を実質的に支配し、又はその事業に重要な影響を与える関係にある者は、次に掲げる者とする。
　一　許可を受けようとする者の親会社等(株式会社である場合に限る。)が議決権の過半数を所有している者
　二　許可を受けようとする者の親会社等(持分会社である場合に限る。)が資本金の2分の1を超える額を出資している者
　三　事業の方針の決定に関する許可を受けようとする者の親会社等の支配力が前2号に掲げる者と同等以上と認められる者
3　法第7条第3号の国土交通省令で定める許可を受けようとする者がその事業を実質的に支配し、又はその事業に重要な影響を与える関係にある者は、次に掲げる者とする。
　一　許可を受けようとする者(株式会社である場合に限る。)が議決権の過半数を所有している者

二　許可を受けようとする者（持分会社である場合に限る。）が資本金の２分の１を超える額を出資している者
　三　事業の方針の決定に関する許可を受けようとする者の支配力が前２号に掲げる者と同等以上と認められる者
４　法第７条第３号の国土交通省令で定める密接な関係を有する法人は、許可を受けようとする者の意思決定に関与し、又は許可を受けようとする者若しくは許可を受けようとする者の親会社等が意思決定に関与している法人とする。

Q 監査後に事業廃止の届出をした者を欠格事由に追加する理由は？

A 近年、重大事故等を発生させながら、行政処分のための手続中に廃業し、処分を免れる事例が出てきている。このような処分逃れを防止するため、監査後に処分逃れのために廃業した場合を欠格事由に追加した（法第７条第４号から第６号まで）。

　第４号は、許可の取消しについての聴聞の通知があった日から取消処分をする日等を決定する日までの間に事業廃止の届出をした者（廃止に相当の理由がある者を除く。）について、５年の欠格期間を設けるものである。

　第５号は、監査が行われた日から許可の取消処分を行うための聴聞予定日までの間に事業廃止の届出をした者（廃止に相当の理由がある者を除く。）について、５年間の欠格期間を設けるものである。第４号と第５号により、監査から取消処分までの間に事業廃止の届出をした事業者の欠格が担保されることとなる。なお、聴聞予定日の通知を行うときは、検査日から10日以内に、検査日から起算して60日以内の特定の日を通知するものとされている。

> **参 考** 道路運送法施行規則
>
> (聴聞決定予定日の通知)
> 第7条の2　法第7条第5号の規定による通知をするときは、法第94条第4項の規定による検査が行われた日(以下この条において「検査日」という。)から10日以内に、検査日から起算して60日以内の特定の日を通知するものとする。

第6号は、第4号に該当する(聴聞の通知があった日から取消処分をする日等を決定する日までに事業廃止の届出をした)法人に関し、当該許可の取消処分に係る聴聞の通知の60日以内に当該法人の役員であったものについて、5年間の欠格期間を設けるものである。

2．道路運送法第23条関係

> (運行管理者)
> 第23条　一般旅客自動車運送事業者は、事業用自動車の運行の安全の確保に関する業務を行わせるため、国土交通省令で定める営業所ごとに、運行管理者資格者証の交付を受けている者のうちから、運行管理者を選任しなければならない。
> 2　前項の運行管理者の業務の範囲及び運行管理者の選任に関し必要な事項は、国土交通省令で定める。
> 3　一般旅客自動車運送事業者は、第1項の規定により運行管理者を選任したときは、遅滞なく、その旨を国土交通大臣に届け出なければならない。これを解任したときも同様とする。

Q　法第23条(運行管理者)の趣旨は？

A　一般旅客自動車運送事業における輸送の安全は、事業用自動車の運転者が安全に運転しうる適切な乗務管理を行うこと等によって担保される。このため、一般旅客自動車運送事業者については、原則として、事業用自動車の運行の安全確保に必要な管理業務の責任者で

ある運行管理者を、事業用自動車が配置される営業所ごとに選任しなければならないこととし、その選任及び解任について国土交通大臣に届け出なければならないこととしている。

　軽井沢スキーバス事故を受け、平成29年12月より貸切バス事業の運行管理者の必要選任数の最低数が1名から2名に引き上げられ、20両ごとに1名（100両以上の事業者は30両ごとに1名）選任しなければならないこととされた。

Q 運行管理者の業務とは？

A 運行管理者が行わなければならない業務の内容は旅客自動車運送事業運輸規則（以下「運輸規則」という。）第48条に列挙されている。主な業務の内容は次のとおりである。

① 天災その他の理由により輸送の安全の確保に支障が生ずるおそれがあるときは、事業用自動車の乗務員に対する必要な指示等、輸送の安全の確保のための措置を講ずること。

② 告示で定められた勤務時間及び乗務時間の範囲内において乗務割りを作成し、これに従い運転者を乗務させること。

③ 乗務員の健康状態の把握に努め、安全な運転をできないおそれがある乗務員等を乗務させないこと。

④ 運転者に対し、点呼を行い、報告を求め、確認を行い、指示を与え、記録し、及びその記録を保存し、並びにアルコール検知器を常時有効に保持すること。

⑤ 運行指示書を作成し、これにより運転者に対して適切な指示を行い、運転者に携行させ、及びその保存をすること。

⑥ 乗務員に対し、指導、監督及び特別な指導を行うとともに、その記録及び保存を行うこと。

⑦ 運転者に適性診断を受けさせること。

参考 旅客自動車運送事業運輸規則

（運行管理者の業務）
第48条　旅客自動車運送事業の運行管理者は、次に掲げる業務を行わなければならない。
一　第15条の規定により車掌を乗務させなければならない事業用自動車に車掌を乗務させること。
二　第20条の場合において、同条の措置を講ずること。
三　第21条第1項の規定により定められた勤務時間及び乗務時間の範囲内において乗務割を作成し、これに従い運転者を事業用自動車に乗務させること。
三の二　第21条第2項の休憩に必要な施設及び睡眠又は仮眠に必要な施設並びに同条第3項の睡眠に必要な施設を適切に管理すること。
四　第21条第4項の乗務員を事業用自動車に乗務させないこと。
四の二　乗務員の健康状態の把握に努め、第21条第5項の乗務員を事業用自動車に乗務させないこと。
五　第21条第6項の場合において、交替するための運転者を配置すること。
五の二　第21条第7項の場合において、同項の措置を講ずること。
六　事業用自動車の運転者に対し、第24条の点呼を行い、報告を求め、確認を行い、指示を与え、記録し、及びその記録を保存し、並びにアルコール検知器を常時有効に保持すること。
七　事業用自動車の運転者に対し、第25条の記録をさせ、及びその記録を保存すること。
八　第26条の規定により記録しなければならない場合において、運行記録計を管理し、及びその記録を保存すること。
九　第26条の規定により記録しなければならない場合において、運行記録計により記録することのできない事業用自動車を運行の用に供さないこと。
九の二　第26条の2各号に掲げる事項を記録し、及びその記録を保存すること。
十　一般乗合旅客自動車運送事業の運行管理者にあつては、第27条第1項の運転基準図を作成して営業所に備え、これにより事業用自動車の運転者に対し、適切な指導をすること。

十一　路線定期運行を行う一般乗合旅客自動車運送事業の運行管理者にあつては、第27条第2項の運行表を作成し、これを事業用自動車の運転者に携行させること。

十二　一般貸切旅客自動車運送事業の運行管理者にあつては、第28条の調査をし、かつ、同条の規定に適合する自動車を使用すること。

十二の二　一般貸切旅客自動車運送事業の運行管理者にあつては、第28条の2の運行指示書を作成し、かつ、これにより事業用自動車の運転者に対し適切な指示を行い、事業用自動車の運転者に携行させ、及びその保存をすること。

十三　第35条の規定により選任された者その他旅客自動車運送事業者により運転者として選任された者以外の者に事業用自動車を運転させないこと。

十三の二　第37条の乗務員台帳を作成し、営業所に備え置くこと。

十四　一般乗用旅客自動車運送事業の運行管理者にあつては、事業用自動車の運転者が乗務する場合には、次号の規定により運転者証を表示するときを除き、第37条第3項の乗務員証を携行させ、及びその者が乗務を終了した場合には、当該乗務員証を返還させること。

十五　一般乗用旅客自動車運送事業の運行管理者にあつては、タクシー業務適正化特別措置法第13条の規定により運転者証を表示しなければならない事業用自動車に運転者を乗務させる場合には、当該自動車に運転者証を表示し、その者が乗務を終了した場合には、当該運転者証を保管しておくこと。

十六　事業用自動車の乗務員に対し、第38条（第5項を除く。）の指導、監督及び特別な指導を行うとともに、同条第1項の記録及び保存を行うこと。

十六の二　事業用自動車の運転者に第38条第2項の適性診断を受けさせること。

十七　第43条第2項の場合において、当該自動車に非常信号用具を備えること。

十八　前条第3項の規定により選任された補助者に対する指導及び監督を行うこと。

十九　法第25条ただし書（法第43条第5項において準用する場合を含む。）の場合を除き、旅客自動車運送事業用自動車の運転者の要件に関

する政令（昭和31年政令第256号）の要件を備えない者に事業用自動車を運転させないこと。
二十　自動車事故報告規則第5条の規定により定められた事故防止対策に基づき、事業用自動車の運行の安全の確保について、従業員に対する指導及び監督を行うこと。
2　前項の運行管理者は、法第78条第3号の許可を受けて公共の福祉を確保するためやむを得ず地域又は期間を限定して自家用自動車を用いて旅客の運送を行う場合においては、前項（第13号、第15号及び第19号を除く。）の規定に準じて当該自家用自動車の運行の安全の確保に関する業務を行わなければならない。
3　統括運行管理者は、前2項の規定による運行管理者の業務を統括しなければならない。

Q 運行管理者の資格者証の返納命令を受けた者について、再交付までの欠格期間を現行の2年から5年に延長する理由は？

A　現在は、運行管理者資格者証の返納を命じられた日、罰金以上の刑に処せられた日のいずれかから2年を経過していない者については、資格者証の交付を行わないこととしている。

　運行管理者の業務の重要性に鑑み、事業許可の欠格期間の延長と同様に、運行管理者資格者証の返納を命じられた者についても、欠格期間を2年から5年に延長した。これにより、不適格な者をより長期的に運行管理業務から排除するとともに、既存の運行管理者に対する法令遵守を促すことができると考えている。

3．道路運送法第38条関係

> （事業の休止及び廃止）
> 第38条　一般旅客自動車運送事業者（路線定期運行を行う一般乗合旅客自動車運送事業者を除く。）は、その事業を休止し、又は廃止しようとするときは、その30日前までに、その旨を国土交通大臣に届け出なければならない。
> 2　路線定期運行を行う一般乗合旅客自動車運送事業者は、その事業を休止し、又は廃止しようとするときは、その6月前（利用者の利便を阻害しないと認められる国土交通省令で定める場合にあつては、その30日前）までに、その旨を国土交通大臣に届け出なければならない。
> 3　第15条の2第2項から第5項までの規定は、前項の場合について準用する。
> 4　一般旅客自動車運送事業者は、その事業を休止し、又は廃止しようとするときは、あらかじめ、その旨を営業所その他の事業所において公衆に見やすいように掲示しなければならない。

Q　旅客自動車運送事業の休廃業に係る届出制度の詳細は？

A 事業の休廃止は基本的に事業者の経営判断に任されるべきものであることから、原則として事後届出とされているが、利用者利便への影響が大きい場合には事前届出とされていた。具体的には、
① 路線定期運行を行う乗合バス（路線バス）事業以外の休廃止の届出は、事業の休廃止の日から30日以内
② 路線バス事業については、事業の休廃止をしようとする日の6月前までの届出。ただし、他の事業者が既に競合して運行している等、利用者利便を阻害しない場合は30日前までの届出

とされていた。路線バス事業の休廃止が事前届出制とされているのは、地域住民の生活交通手段であり、突然休廃止された場合には利用者利便が大きく損なわれることから、地域公共交通を確保するための関係者間の協議（6月）や地域住民への周知（30日）が行われるよう

配慮されているからである。

Q 休廃止の届出を事後届出から30日前の事前届出とする理由は？

A 今回の軽井沢の事故を受け、重大事故を起こす等監査の端緒がないものの、潜在的な法令違反の発覚等を見越して廃業し、処分を免れるような、事後届出制を悪用した処分逃れを防止するため、乗合バス事業以外の一般旅客自動車運送事業についても事前届出制とした。

　日数については、事業廃止届出の提出直後に監査を実施し、行政処分を行うまでに要する期間として最低限必要な期間を確保することで、監査実施前に事業廃止届出が提出された場合であっても処分逃れを防止する一方、特段の悪意なく廃止しようとしている事業者にも一定期間事業継続を義務付けることとなる点を考慮し、30日とした。

Ⅲ 事業許可更新制の導入

1．道路運送法第8条関係

（一般貸切旅客自動車運送事業の許可の更新）
第8条　一般貸切旅客自動車運送事業の許可は、5年ごとにその更新を受けなければ、その期間の経過によつて、その効力を失う。
2　前項の更新の申請があつた場合において、同項の期間（以下この条において「有効期間」という。）の満了の日までにその申請に対する処分がなされないときは、従前の一般貸切旅客自動車運送事業の許可は、有効期間の満了後もその処分がなされるまでの間は、なおその効力を有する。
3　前項の場合において、一般貸切旅客自動車運送事業の許可の更新がなされたときは、その有効期間は、従前の有効期間の満了の日の翌日から起算するものとする。
4　第5条から前条までの規定は、第1項の一般貸切旅客自動車運送事業の許可の更新について準用する。

Q　貸切バスの事業許可に更新制を導入する理由は？

A　事業許可の更新とは、事業許可について、有効期間の満了に際して事業者の事業遂行能力を一定期間ごとに確認し、有効期間の延長ないし従前の許可に代えて新たな許可の処分をすることである。更新制は、事業参入時に確認した事業者の事業遂行能力を一定期間ごとに確認する必要がある場合に設けられるものである。

　改正前は、参入時には事業計画の適切さと事業者の事業遂行能力が審査されるとともに、参入後は国土交通大臣が安全規制等に係る法令順守の状況に関する報告徴収等（いわゆる監査）により確認し、法令違反等があった場合には、輸送の安全確保命令や事業改善命令、事業許可の取消し等を行うといった事後規制の仕組みにより担保されるこ

ととなっていた。しかしながら、近年は吹田スキーバス事故（平成19年）、関越自動車道高速ツアーバス事故（平成24年）、軽井沢スキーバス事故（平成28年）と人命にかかわる大きな事故が発生したため、既存事業者も含めて、定期的に事業遂行能力があるかどうかを確認し、安全に事業を遂行する能力のない悪質な事業者を排除する必要があることから、事業許可の更新制を導入した。

2．道路運送法第6条、施行規則第6条関係

（許可基準）
第6条　国土交通大臣は、一般旅客自動車運送事業の許可をしようとするときは、次の基準に適合するかどうかを審査して、これをしなければならない。
　一　当該事業の計画が輸送の安全を確保するため適切なものであること。
　二　前号に掲げるもののほか、当該事業の遂行上適切な計画を有するものであること。
　三　当該事業を自ら適確に遂行するに足る能力を有するものであること。

規則
（申請書に添付する書類）
第6条　法第5条第2項の書類は、次に掲げるものとする。
　一　事業用自動車の運行管理の体制を記載した書面
　二　事業の開始に要する資金及びその調達方法を記載した書面
　三　事業用自動車の乗務員の休憩、仮眠又は睡眠のための施設の概要を記載した書面
　四　事業用自動車の運行により生じた旅客その他の者の生命、身体又は財産の損害を賠償するための措置を講じていることを証する書類
　五　一般貸切旅客自動車運送事業の許可を受けようとする者にあつては、次に掲げる事項に関し、輸送の安全を確保するために、その者が行う投資の内容を定めた計画（以下「安全投資計画」という。）を記載した書類
　　イ　輸送に係る安全管理体制の確保に関する事項

ロ　事業用自動車の取得並びに点検及び整備に関する事項
　　ハ　その他投資の内容として必要な事項
　六　一般貸切旅客自動車運送事業の許可を受けようとする者にあつては、安全投資計画に従つて事業を遂行することについて十分な経理的基礎を有することを証する事業収支見積を記載した書類
　七　一般乗用旅客自動車運送事業の許可を受けようとする者であつて、その事業用自動車を当該許可を受けようとする者に限つて運転しようとするものにあつては、その旨を記載した書面
　八　既存の法人にあつては、次に掲げる書類
　　イ　定款又は寄附行為及び登記事項証明書
　　ロ　最近の事業年度における貸借対照表
　　ハ　役員又は社員の名簿及び履歴
　九　法人を設立しようとするものにあつては、次に掲げる書類
　　イ　定款（会社法（平成17年法律第86号）第30条第1項及びその準用規定により認証を必要とする場合には、認証のある定款）又は寄附行為の謄本
　　ロ　発起人、社員又は設立者の名簿及び履歴書
　　ハ　設立しようとする法人が株式会社であるときは、株式の引受けの状況及び見込みを記載した書類
　十　法人格なき組合にあつては、次に掲げる書類
　　イ　組合契約書の写し
　　ロ　組合員の資産目録
　　ハ　組合員の履歴書
　十一　個人にあつては、次に掲げる書類
　　イ　資産目録
　　ロ　戸籍抄本
　　ハ　履歴書
　十二　法第7条各号のいずれにも該当しない旨を証する書類
2　法第8条第1項の一般貸切旅客自動車運送事業の許可の更新を受けようとする者は、前項第2号及び第8号から第11号までに掲げる書類の添付を省略することができる。
3　法第4条の規定により一般乗用旅客自動車運送事業の許可を受けようとする者が、その事業用自動車を当該許可を受けようとする者に限つて

運転しようとする場合には、第1項第3号に掲げる書類の添付を省略することができる。
4　法第4条の規定により一般乗合旅客自動車運送事業の許可を受けようとする者が、申請書に第15条の12の運行計画と同一の内容を記載した書面を添付したときは、法第15条の3第1項の規定による運行計画の届出がなされたものとみなす。

Q 更新時には何を審査するのか？

更新時においても事業許可の審査基準（法第6条及びそれに基づく処理方針等）に基づき、
①　事業の計画が輸送の安全を確保するため適切なものであること（第1号）
②　事業の遂行上適切な計画を有するものであること（第2号）
③　当該事業を自ら適確に遂行するに足る能力を有するものであること（第3号）
を審査することとなる。

①は、輸送の安全の確保のための十分な体制が整っているかどうかを判断する最も重要な基準であり、具体的には運行管理者の選任、運転者の確保、運行管理体制、休憩仮眠施設の整備、営業所の適切な設置、自動車車庫の確保について審査している。

②は、事業遂行上適切な計画を有するかどうかを判断するものであり、①以外のもので、主に利用者利便を確保する上で十分な体制が整っているかどうかを判断する基準である。具体的には、各事業用施設の位置、規模及び使用権原、事業用自動車の確保及び数、路線や営業区域の設定、損害賠償保険の加入状況について審査している。

③は、申請者が事業を自ら適確に遂行する能力があるかどうかを判断するものであり、具体的には、適切な法令知識を有しているかどうか、過去の法令遵守状況がどうか、事業用施設等を確保する財産的基礎を有しているかどうかについて審査している。

また、今般の法改正と併せて、安全コストを適切に賄いつつ継続的に事業を遂行する経営体力を有するかどうかを確認するため、新規参入時と更新時に「安全投資計画」と「事業収支見積書」の提出を義務付けた（施行規則第6条第1項第5号及び第6号）。

Q 安全投資計画の内容は？

A 安全投資計画とは輸送に係る安全管理体制の確保に関する事項、事業用自動車の取得並びに点検及び整備に関する事項、その他投資の内容として必要な事項に関し、輸送の安全を確保するために、貸切バス事業者が行う投資の内容を定めた計画のことである。安全投資計画には次の事項を記載しなければならない。
　（イ）更新までの期間における事業の展望
　（ロ）更新までの期間に実施する事業及び安全投資の概要
　（ハ）運転者、運行管理者、整備管理者の確保予定人数
　（ニ）車両取得予定台数及び保有車両台数
　（ホ）車両の点検及び整備に関する計画
　（ヘ）ドライブレコーダーの導入計画
　（ト）初任運転者及び高齢運転者に対する適性診断の受診計画
　（チ）公益社団法人日本バス協会が実施する貸切バス事業者安全性評価認定制度への申請計画
　（リ）認定事業者による運輸安全マネジメント評価の活用計画
　（ヌ）その他安全の確保に対する投資計画

　このうち、（ロ）については、対応する計画、事業収支見積書の関連箇所を記載すること、（ハ）については、事業年度毎の運転者、運行管理者及び整備管理者の人数（非正規を含む。）を記載するものとし、適切な数の運転者（他の自動車運送事業の用に供する車両と兼務する者も含む。）、運行管理者及び整備管理者が選任されているかどうかを確認すること、（ホ）については、貸切バス予防整備ガイドライン別紙2を添付するものとし、別途定める基準を満たしているかを確認するものとすることが「「一般貸切旅客自動車運送業の許可及び事業計画変

更認可申請の処理について」の細部取扱いについて」(以下「細部取扱」という。)において定められている。

なお、安全投資計画は許可を受けようとする日を含む事業開始年度の開始日から、許可の有効期間満了の日までの事業年度ごとの計画とする。

Q 事業収支見積書の内容は？

A 事業収支見積書とは、安全投資計画に従って事業を遂行することについて十分な経理的基礎を有することを証する事業収支見積を記載した書類のことである。事業収支見積書には次の事項を記載しなければならない。

　（イ）営業収益
　（ロ）安全投資計画の記載事項（ハ）～（ヌ）に係る費用
　（ハ）適正化機関に納入する負担金の額
　（ニ）営業外収益
　（ホ）営業外費用
　（ヘ）他事業からの繰入

このうち、（イ）、（ロ）、（ハ）については、細部取扱において次のように定められている。

- （イ）の営業収益の内訳は

　運送収入…………運賃、料金及び利用料
　　・旅客運賃……旅客に係る運賃
　　・その他………旅客運賃以外の運送収入（例：道路利用料）
　運送雑収…………運送収入以外の営業収益（例：物品管理料、広告料、諸手数料、諸貸付料、雑収入）

となるが、営業収益については、車両一台ごとの収入を記載した書類を添付させるものとする。この場合において、運転者数及び車両数に対応した収入となっていなければならない。なお、更新時においては、一日一台あたりの収入実績が地方運輸局が管轄する地域ごとの平均収入と比べて高い場合にはそれを用いることができる。

- (ロ) の運転者等に係る費用の内訳は
  給与・手当……賃金として毎月従業員に支払われるもの
  賞　　与…………給与とは別に特別に支払われるもの
  法定福利費……健康保険、厚生年金保険、雇用保険、労働者災害補償保険等社会保険の保険料の事業主負担分
  厚生福利費……医療・医薬品代、健康診断、食事補助金、運動・娯楽用品代、慰安旅行費用、従業員に対する慶弔見舞金、厚生施設・備品の維持運営にかかる費用
  その他…………役員報酬、退職金等のその他の人件費の合計額
  　なお、法定福利費及び厚生福利費のうち、健康保険、厚生年金保険、雇用保険、労働者災害補償保険及び健康診断にかかる費用については別途明記しなければならない。また、給与については、運転者の労働時間を併せて記載しなければならない。
- (ロ) のうち、車両取得予定台数及び保有車両台数については、事業年度毎の事業用自動車の取得予定台数及び保有車両台数を記載するものとし、それぞれについて車種区分、初度登録年月、ドライブレコーダーの搭載の有無等を記載した事業用自動車一覧表を添付しなければならない。
- (ロ) のうち車両の点検及び整備に関する計画に係る費用については、別途定める費用が計上されていなければならない。
- (ハ) の適正化機関に納入する負担金の額については、更新する年に納入する負担金の額を目安として計画年度中の各年度に計上しなければならない。なお、地方バス協会が適正化機関から巡回指導業務を受託し、当該協会員からは負担金を徴収しない場合は、その協会員となっている事業者においては「０円」と記載する。
- (ロ) のうち、ドライブレコーダーの導入計画、初任運転者及び高齢運転者に対する適性診断の受診計画、公益社団法人日本バス協会の実施する貸切バス事業者安全性評価認定申請計画、認定事業者による運輸安全マネジメント評価計画、その他安全の確保に対する投資計画に係る費用については、その他運送費の内訳として別途明記しなければならない。

Ⅲ　事業許可更新制の導入

また、事業収支見積書には、許可を申請する年の直近1事業年度の貸借対照表及び損益計算書を添付しなければならない（新たに法人等を設立する場合を除く。）。なお、ここでいう「直近1事業年度」とは、許可を申請する事業者における事業年度終了後100日を経過している場合は前事業年度、経過していない場合は前々事業年度とされている。

Q 更新時の具体的な手続は？

A 事業許可の更新時においては、安全投資計画及び事業収支見積書に加えて「安全投資実績」及び「事業収支実績報告書」を提出しなければならない。これらは、今までにどのような安全投資を行ったか、またそれについて適切な資金を積んできたかということを確認するためのものである。

安全投資実績については、前回許可日が属する事業年度から許可を受けようとする日の直近事業年度までの間の実績を記載しなければならない。また、貸切バス予防整備ガイドライン別紙3及び前回許可申請時に提出した別紙2を添付しなければならない。ただし、平成29年3月31日までに許可を受けていた者及び平成29年3月31日までに受理された申請であって平成29年4月1日以降に許可を受けた者に限り、事業許可の初回更新時には添付は必要ないこととする。

事業収支実績報告書については、専門的な知見を有する者から見て、適切なものでなければならない。この「専門的な知見を有する者から見て、適切なものであること。」については、公認会計士、監査法人又は税理士が署名・押印した書面の提出を求め、これをもって「適切なものである」と判断することとされている。また、事業収支実績報告書の記載について、細部取扱において次のとおり定められている。

事業収支実績報告書については、前回許可日が属する事業年度から許可を受けようとする日の直近事業年度までの間の実績を記載するものとする。ただし、平成29年3月31日までに許可を受けていた者及

び平成29年3月31日までに受理された申請であって平成29年4月1日以降に許可を受けた者に限り、事業許可の初回更新時には、許可を受けようとする日の直近事業年度を含む過去5事業年度の実績を記載することとする。

　事業収支実績報告書には、許可を受けようとする日の直近1事業年度の貸借対照表及び前回許可日が属する事業年度から許可を受けようとする日の直近事業年度までの各事業年度の損益計算書を添付するものとする。

　申請日時点において、直近事業年度の会計処理が終了しておらず、許可を受けようとする日の直近1事業年度の貸借対照表及び損益計算書を提出できない場合においては、会計処理終了後速やかに直近事業年度の貸借対照表及び損益計算書を提出するものとする。

　なお、ここでいう「許可を受けようとする日」とは、当該許可の有効期間満了日の翌日とする。

Q 今回の制度改正で追加された審査基準は？

A (1) 新規許可の審査基準

　　安全投資計画等が新たに義務付けられたことに伴い、審査基準として次のものが追加された。これにより事業を的確に遂行するだけの財政的基盤のない者を排除することとしている。

①　安全投資計画の記載事項(ハ)〜(ヌ)に係る費用について所要の単価を下回る単価に基づく収支見積りとなっていないこと

②　事業収支見積書について計画期間中毎年連続で赤字となっていないこと

③　許可を申請する年の直近1事業年度において申請者の財務状況が債務超過ではないこと

(2) 許可の更新の審査基準

　　許可の更新時においても新規許可審査時と同様に、事業者の財務状況等を確認し、前記(1)①、②又は次のいずれかに該当する者については更新しないこととしている。

① 許可を申請する年の直近1事業年度において事業者の財務状況が債務超過であり、かつ直近3事業年度の収支が連続で赤字である場合
② 最低賃金法に基づく地域別最低賃金以上の賃金が支払われていない場合
③ 前回許可時から更新申請時までの間に毎年連続して、法、貨物自動車運送事業法、タクシー業務適正化特別措置法及び特定地域及び準特定地域における一般乗用旅客自動車運送事業の適正化及び活性化に関する特別措置法等の違反による輸送施設の使用停止処分以上又は使用制限(禁止)の処分を受けている場合
④ 前回許可時から更新申請時までの間に、法、貨物自動車運送事業法、タクシー業務適正化特別措置法及び特定地域及び準特定地域における一般乗用旅客自動車運送事業の適正化及び活性化に関する特別措置法等の違反による輸送施設の使用停止処分以上又は使用制限(禁止)の処分を受けた場合であって、更新許可申請時までに「自動車運送事業者における運輸安全マネジメント等の実施について(平成21年10月16日国官運安第156号・国自安第88号・国自旅第163号・国自貨第95号)」に基づき認定された事業者による運輸安全マネジメント評価を受けていない場合

このうち②については、申請日の直近1年間において、事業者の中で最も1か月の給与が低い運転者の当該期間の賃金支払内容を記載した書面及び「賃金台帳」等の確認書類の添付を求め、確認することとする。ただし、当該運転者を雇用している期間が1年間に満たない場合は、雇用している期間の書類の添付を求めることとする。

なお、法令に抵触するおそれがあると判断された場合には、是正を指導し、2か月以内に「賃金台帳」等の確認書類の提出を求め、是正したことを確認することとする。

Q 車両の点検及び整備に関する基準の内容は?

A 安全投資計画及び事業収支見積書において、車両の点検及び整備に関する事項を記載しなければならないこととなっているが、これについては、次の基準を満たさない場合には、新規事業の許可及び事業許可の更新は行われないこととなる。

① 安全投資計画
- 貸切バス予防整備ガイドライン別紙2については、次に定める項目に関する交換基準が定められているものとする。
- 次に定める項目以外の全ての項目については、点検基準が定められているものとする。

表2-1 交換基準を定める項目

装置名	項目
制動装置	エアードライヤー
	ブレーキチャンバー (エアーチャンバー)
緩衝装置	エアスプリングダイヤフラム
動力伝達装置	トランスミッションオイル
	デファレンシャルオイル
	クラッチブースター
原動機	エンジンオイル
	燃料フィルター
	セルモータ
	尿素水フィルター

② 事業収支見積書
　車両の点検及び整備に関する計画に係る費用について
- 営業費用のうち、事業用自動車の修繕費については、事業者の保有する車両の平均車齢に応じて、事業収支見積書に記載された計画期間を平均して1年あたり、以下の金額に保有車両数を乗じて算出した金額以上の費用が計上されているものとする。

Ⅲ 事業許可更新制の導入

(1) 年間平均走行距離が3万km以上の事業者
ⅰ) 平均車齢が1年から5年：28万円
ⅱ) 平均車齢が6年から10年：61万円
ⅲ) 平均車齢が11年から15年：61万円
ⅳ) 平均車齢が16年以上：80万円
(2) 年間平均走行距離が3万km未満の事業者
ⅰ) 平均車齢が1年から5年：10万円
ⅱ) 平均車齢が6年から10年：22万円
ⅲ) 平均車齢が11年から15年：29万円
ⅳ) 平均車齢が16年以上：45万円

ただし、本算出に用いる保有車両は、外注整備を行う車両のみとする。

- 自社整備を行う車両の場合においては、上記によらず、貸切バス予防整備ガイドラインの別紙2に定める内容を含めた見積額が修繕費に計上されているものとする。
- リース料に車両の点検及び整備に関する計画に係る費用が含まれている(いわゆるメンテナンスリース)場合においては、上記によらず、貸切バス予防整備ガイドラインの別紙2に定める内容を含めた見積額がリース料に計上されているものとする。

Q 事業者の安全投資状況は事業許可の更新時にしか確認しないのか？

更新許可申請時以外においても、安全投資を適切に実施していないおそれがある貸切バス事業者については、次のとおり安全投資状況を確認することとしている。

(1) **対象事業者**
① 貸切バス事業者に対する監査の結果、事業運営に必要な経費が賄えていないおそれがある法令違反が確認された事業者。
② 外部から寄せられた情報を勘案し、確認が必要と認められる事業者。

(2) 実施方法
① 対象事業者に対して、道路運送法第94条に基づき、当該事業者の直近1事業年度分の安全投資実績及び事業収支実績報告書を報告させることとする。
② 当該安全投資実績及び事業収支実績報告書を事業許可の更新に関する審査基準により、確認することとする。
③ ②の確認に際しては、必要に応じて事業者を呼出して確認することとする。

(3) 確認結果
① 安全投資実績等が事業許可の更新に関する審査基準を満たしていない場合については、是正指導文書を交付することとする。
② 健康保険、厚生年金保険、労働者災害補償保険及び雇用保険（以下「社会保険等」という。）加入義務者が社会保険等に加入していない場合については、日本年金機構地域部または都道府県労働局に対して情報を共有することとする。
③ 最低賃金法に基づく地域別最低賃金以上の賃金が支払われていない場合については、都道府県労働局に対して通報することとする。

3．道路運送法施行規則第14条～15条の3関係

> 規則
>
> （事業計画の変更の認可申請）
> 第14条　法第15条第1項の規定により、一般旅客自動車運送事業の事業計画の変更の認可を申請しようとする者は、次に掲げる事項を記載した事業計画変更認可申請書を提出するものとする。
> 　一　氏名又は名称及び住所並びに法人にあつては、その代表者の氏名
> 　二　事業の種別
> 　三　変更しようとする事項（書類及び図面により新旧の事業計画（変更に係る部分に限る。）を明示すること。）
> 2　前項の申請書には、第6条第1項に掲げる書類のうち事業計画の変更に伴いその内容が変更されるものを添付しなければならない。

3　国土交通大臣（事業計画の変更の認可の権限が地方運輸局長、運輸監理部長又は運輸支局長に委任されている場合にあつては、地方運輸局長、運輸監理部長又は運輸支局長）は、申請者に対し、前2項に規定するもののほか、当該申請者の登記事項証明書その他必要な書類の提出を求めることができる。

（事業計画の変更の届出等）
第15条　法第15条第3項の国土交通省令で定める事項は、次の各号に掲げる事業の種別（運行の態様の別を含む。）に応じ、それぞれ当該各号に定める事項とする。
　一　路線定期運行を行う一般乗合旅客自動車運送事業　営業所ごとに配置する事業用自動車の数（自動車車庫の収容能力の増加を伴う事業用自動車の数の増加に係るものを除く。以下この項において同じ。）並びにその常用車及び予備車の別の数並びにこれらのうち乗車定員11人未満の事業用自動車の数（事業用自動車の大きさ又は重量の増加を伴う事項を除く。次号において同じ。）
　二　路線不定期運行を行う一般乗合旅客自動車運送事業　営業所ごとに配置する事業用自動車の数及びそのうち乗車定員11人未満の事業用自動車の数、運行系統並びに発地の発車時刻又は着地の到着時刻
　三　区域運行を行う一般乗合旅客自動車運送事業　営業所ごとに配置する事業用自動車の数及びそのうち乗車定員11人未満の事業用自動車の数、運送の区間並びに発地の発車時刻若しくは着地の到着時刻又は運行間隔時間
　四　一般貸切旅客自動車運送事業　営業所ごとに配置する事業用自動車の数
　五　一般乗用旅客自動車運送事業　営業所ごとに配置する事業用自動車の数並びにその種別ごとの数及び国土交通大臣が定める区分ごとの数
2　前条の規定は、法第15条第3項の届出について準用する。この場合において、前条第1項中「事業計画変更認可申請書」とあるのは「事業計画変更事前届出書」と、同条第2項中「申請書」とあるのは「届出書」と読み替えるものとする。

第15条の2　法第15条第4項の国土交通省令で定める軽微な事項は、次のとおりとする。
　一　主たる事務所の名称及び位置
　二　営業所について、イからニまでに掲げる事業の種別（運行の態様の別を含む。）に応じ、それぞれイからニまでに定める事項
　　イ　路線定期運行又は路線不定期運行を行う一般乗合旅客自動車運送事業　名称及び位置
　　ロ　区域運行を行う一般乗合旅客自動車運送事業　名称及び位置（営業区域内における位置であつて、新設、変更又は当該営業区域内に他の営業所が存する場合における廃止に係るものに限る。）
　　ハ　一般貸切旅客自動車運送事業　名称
　　ニ　一般乗用旅客自動車運送事業　名称及び位置（営業区域内における位置であつて、新設、変更又は当該営業区域内に他の営業所が存する場合における廃止に係るものに限る。）
　三　停留所又は乗降地点の名称及び位置並びに停留所間又は乗降地点間のキロ程
2　第14条の規定は、法第15条第4項の届出について準用する。この場合において、第14条第1項中「事業計画変更認可申請書」とあるのは「事業計画変更事後届出書」と、同条第2項中「申請書」とあるのは「届出書」と読み替えるものとする。

（事業計画の変更の認可の申請又は届出に関する手続の省略）
第15条の3　法第19条第1項の認可、一般旅客自動車運送事業の管理の受委託の許可又は事業の譲渡及び譲受、合併、分割若しくは相続による事業継続の認可を申請しようとする者は、それらの許可又は認可に伴つて事業計画の変更（法第15条の2第1項の届出に係る事業計画の変更にあつては、同項の国土交通省令で定める場合における事業計画の変更に限る。）をしようとするときは、当該許可又は認可の申請書に変更しようとする事項を記載した書類（書類及び図面により新旧の事業計画（変更に係る部分に限る。）を明示すること。）を添付することにより、事業計画の変更の認可又は届出に関する手続を省略することができる。

Q 事業計画の変更の際にも安全投資計画及び事業収支見積書が必要となるのか？

A 事業計画の変更の認可申請又は届出を行う場合にも、事業計画の変更に伴いその内容が変更されるものを添付しなければならないとされていることから、事業計画の変更に伴い安全投資計画又は事業収支見積書に変更が生じる場合には、安全投資計画及び事業収支見積書を提出しなければならない。

Q 事業の譲渡譲受や合併・分割等が行われた場合には、更新期限はどうなるのか？

A (1) 事業の譲渡譲受
　　事業の譲渡譲受がなされた場合の事業許可の更新期限については、次のとおりとする。
　① 譲渡人及び譲受人のいずれも一般貸切旅客自動車運送事業者である場合には、譲受人の更新期限とする。
　② 譲渡人のみが一般貸切旅客自動車運送事業者である場合には、譲渡人の更新期限とする。
(2) 合併、分割又は相続
　　事業の合併の場合の事業許可の更新期限については、合併する者がいずれも一般貸切旅客自動車運送事業者である場合には、有効期間が短い者の更新期限とする。ただし、吸収合併する場合は、吸収合併する者の更新期限とする。
　　また、一般貸切旅客自動車運送事業の許可を受けていない者が一般貸切旅客自動車運送事業者を吸収合併する場合は、吸収される者の更新期限とする。
　　分割又は相続に係る事業許可の更新期限については、被承継人等の更新期限とする。

Q 安全投資計画及び事業収支見積書の提出が義務付けられたことに伴って標準処理期間も改正されるのか？

A 新規許可の申請時等に安全投資計画及び事業収支見積書の提出が義務付けられたことにより、地方運輸局等の審査により時間を要するため、標準処理期間を次のように改正することとした。

新たな標準処理期間は次のとおりである。

① 許可（法第4条第1項）
    3～4か月
② 更新許可（法第8条第1項）
    4～6か月
③ 事業計画変更認可（法第15条第1項）
    2～4か月
④ 運送約款の認可（法第11条第1項）
    1か月
⑤ 事業の管理の受委託の許可（法第35条第1項）
    2か月
⑥ 事業の譲渡及び譲受の認可（法第36条第1項）
    3～4か月
⑦ 法人の合併及び分割の認可（法第36条第2項）
    3～4か月
⑧ 相続の認可（法第37条第1項）
    2～3か月

Q 既存事業者の初回更新日はどのように決まるのか？

A 既存の貸切バス事業者についても更新制の対象とするため、現に許可を受けている既存事業者については、法施行日において新法に基づく有効期間5年の事業許可を受けたものとみなされている（改正道路運送法附則第3条第1項）。

一方で、既存事業者は、施行日（平成29年4月1日）時点で4,500

者程度の存在が見込まれ、特段の経過措置がなければ、施行日から5年で更新期限を一斉に迎え、事業許可の年間処理件数（100件前後）の約45倍の更新事務が一時期に集中することとなる。そこで、更新期限の集中により事務処理が困難に陥ることを防止するため、既存事業者の最初の更新期限は、「許可を受けたものとみなされた日から起算して5年を経過する日までの間において国土交通省令で定める期間を経過する日まで」とし、施行日から5年よりも一部前倒しする形で分散させている（改正道路運送法附則第3条第2項）。

　具体的な更新期限については、恣意性を排除し、事業者に対する平等性、公平性を確保する観点から、道路運送法が制定された当初から事業許可に更新制が導入されていたものと仮定して、許可を受けた年の西暦下一桁を基準として更新の順番を決めることとされた（「道路運送法施行規則の一部を改正する省令（平成28年国土交通省令第8号）」附則第2条）。

（例）2001年1月6日に許可を受けた者　⇒　2021年1月6日まで事業許可が有効

　既存事業者の初回更新日については、各地方運輸局のホームページにて公表されている。

　なお、平成29年4月1日から同年6月30日までに申請が必要な者については、事業許可の有効期限内に申請書を提出する必要があるが、経過措置として、安全投資計画及び収支見積書の提出期限は同年6月30日までとした。

　期限内に必要書類を提出した場合は、事業の許可は更新の許可又不許可の処分を受けるまで失効しないこととされた。

貸切バス事業許可の初回更新日

○既存事業者の初回更新の期限については、許可（免許を含む。）を受けた年の西暦下一桁に応じて年を決めることとし、当該事業者が許可を受けた日に応じて月日を決めることとする。
　（例）2001年1月6日に許可を受けた者 ⇒ 2021年1月6日まで事業許可が有効
○2017年4月1日から同年6月30日までに申請が必要な者については、事業許可の有効期限内に申請書を提出する必要があるが、経過措置として、安全投資計画及び収支見積書の提出期限は6月30日までとする。
○期限内に必要書類を提出した場合は、事業の許可は更新の許可又不許可の処分を受けるまで失効しない。
○初回更新日については平成28年度中に全事業者宛に通知するとともに、各事業者の更新期限に先立って、改めて通知することとする。

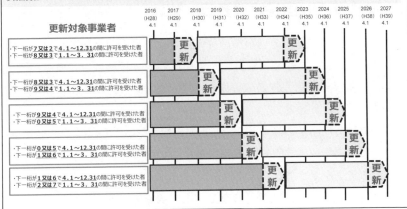

図2-3　初回更新サイクル

Ⅳ　更新申請マニュアル

1．安全投資計画等記載要領

　一般貸切旅客自動車運送事業の許可を受ける場合又は事業許可の更新を受ける場合には、安全投資計画及び事業収支見積書並びに安全投資実績及び事業収支実績報告書の提出が必要となる。許可は以下の手続きに従い受けることになる。

① 　申請書に必要事項を記入し、必要書類（添付書類一覧［P.83］参照）を添付の上、事業収支実績報告書については、公認会計士又は税理士の確認を受ける。

② 　公認会計士又は税理士は事業収支実績報告書と裏付けとなる資料に齟齬がないか等を確認し、別に定める「手続実施結果報告書」を発行する。

③ 　申請者は、必要に応じて申請書の修正や、添付書類の追加等を行った上で、②の手続実施結果報告書を添付の上、最寄りの運輸支局又は運輸監理部（更新の場合には主たる事務所が存する土地を管轄する地方運輸支局又は運輸監理部）に、申請書の内容が分かる者が申請書を持参・説明する。

＜安全投資計画等の記載方法について＞

　事業許可の申請について、平成29年4月1日より、従来の資料に加えて安全投資計画及び事業収支見積書の提出が義務付けられることとなった。これらの記載方法については、以下に示す。

(1) 安全投資計画

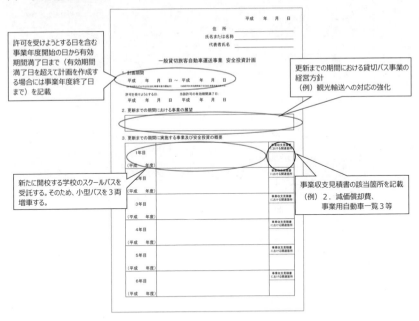

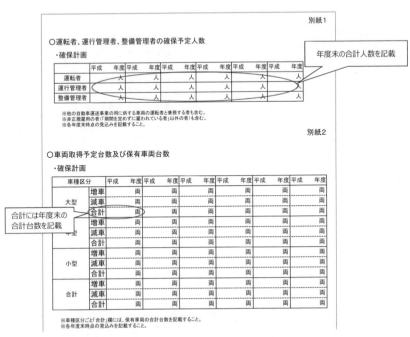

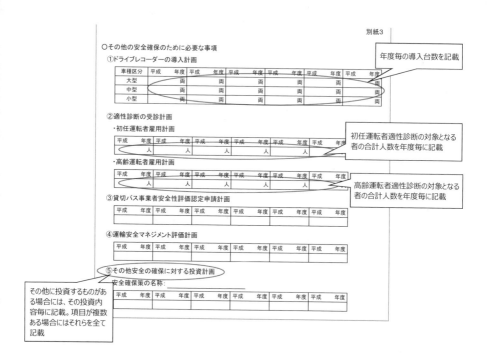

(2) 事業収支見積書

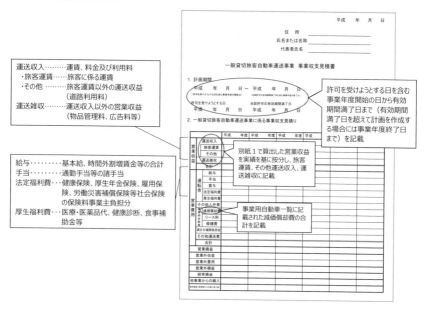

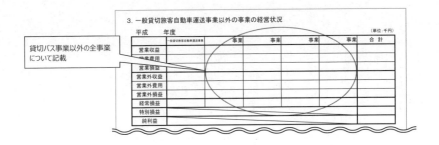

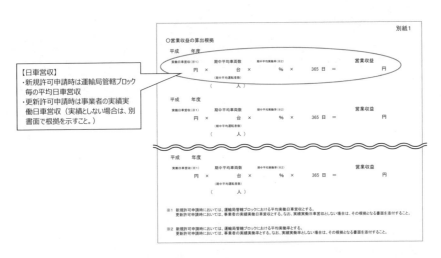

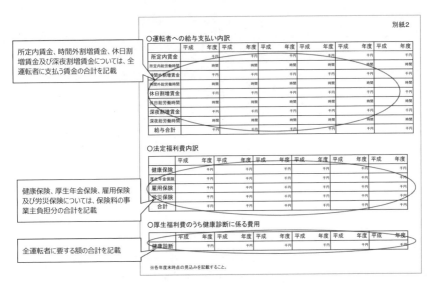

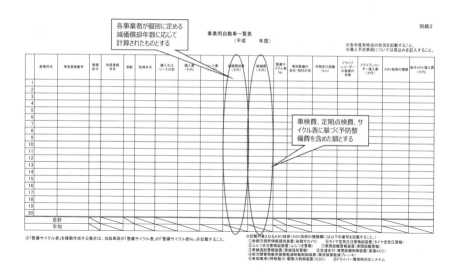

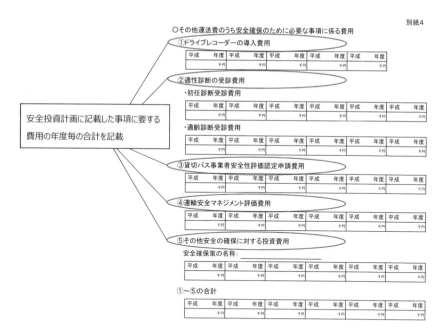

このほか、貸借対照表と損益計算書を添付する。

(3) 安全投資実績

平成　年　月　日

住　所　_____
氏名または名称　_____
代表者氏名　_____

一般貸切旅客自動車運送事業　安全投資実績

1. 前回許可時の計画に対する実績の評価
   別紙1のとおり

2. 運転者、運行管理者、整備管理者の確保実績

> 安全投資計画と同様に、過去の実績を記載

	平成　年度	平成　年度	平成　年度	平成　年度	平成　年度
運転者	人	人	人	人	人
運行管理者	人	人	人	人	人
整備管理者	人	人	人	人	人

※他の自動車運送事業の用に供する車両の運転業務に従事する者も含む。
※非正規雇用の者（「期間を定めずに雇われている者」以外の者）も含む。
※各年度末時点の実績を記入すること。

3. 車両の新規取得・代替の実績

車種区分		平成　年度	平成　年度	平成　年度	平成　年度	平成　年度
大型	増車	両	両	両	両	両
	減車	両	両	両	両	両
	合計	両	両	両	両	両
中型	増車	両	両	両	両	両
	減車	両	両	両	両	両
	合計	両	両	両	両	両
小型	増車	両	両	両	両	両
	減車	両	両	両	両	両
	合計	両	両	両	両	両

※車種区分ごとの「合計」欄には、保有車両の合計台数を記載すること。
※各年度末時点の実績を記入すること。

4. その他の安全確保のために必要な事項について
   別紙2のとおり

別紙1

1. 前回許可時の計画に対する実績の評価

	計画	実績	未達成の場合の理由
1年目 （平成　年度）			
2年目 （平成　年度）		実績	未達成の場合の理由
3年目 （平成　年度）		実績	未達成の場合の理由
4年目 （平成　年度）		実績	未達成の場合の理由
5年目 （平成　年度）		実績	未達成の場合の理由

> 計画の達成状況を記載。
> （例）スクールバスを受注。2台増車等

> 達成状況に対する評価と、達成できなかった場合にはその理由を記載。

※平成29年3月31日までに許可を受けていた事業者及び平成29年3月31日までに受理された申請であって、平成29年4月1日以降に許可を受けた事業者に限り、事業許可の初回更新時は添付不要とする。

別紙2

〇その他の安全確保のために必要な事項について

安全投資計画と同様に、過去の実績を記載

①ドライブレコーダーの導入実績

車種区分	平成　年度	平成　年度	平成　年度	平成　年度	平成　年度
大型	両	両	両	両	両
中型	両	両	両	両	両
小型	両	両	両	両	両

②適性診断の受診実績

・初任運転者雇用実績

平成　年度	平成　年度	平成　年度	平成　年度	平成　年度
人	人	人	人	人

・高齢運転者雇用実績

平成　年度	平成　年度	平成　年度	平成　年度	平成　年度
人	人	人	人	人

③貸切バス事業者安全性評価認定申請実績

平成　年度	平成　年度	平成　年度	平成　年度	平成　年度

④運輸安全マネジメント評価実績

平成　年度	平成　年度	平成　年度	平成　年度	平成　年度

⑤その他安全の確保に対する投資実績

安全確保策の名称：＿＿＿＿＿＿＿＿＿＿＿

平成　年度	平成　年度	平成　年度	平成　年度	平成　年度

(4) **事業収支実績報告書**

　事業収支見積書と同様に記載する。なお、記載する内容は、前回許可の更新を受けた年の事業年度開始日から、許可の有効期間満了日までの期間の実績となる。

2. 貸切バス予防整備ガイドライン
（平成29年3月28日 国土交通省自動車局）

(1) 本ガイドライン策定の背景及び目的

　平成28年1月15日に長野県軽井沢町においてスキーバス事故が発生し、乗客13名、乗員2名の計15名が死亡し、乗客26名が重軽傷を負いました。そのため、このような悲惨な事故を二度と起こさないという強い決意のもとに、平成28年6月に「総合的な対策」が軽井沢スキーバス事故対策検討委員会でとりまとめられ、その中で、貸切バスの車両整備の強化が求められています。

　車両整備については、道路運送車両法に基づき日常点検整備及び定期点検整備（以下「法定点検」という。）を確実に行うことが必要ですが、バス車両については、使われ方等により劣化や摩耗の進行状態が大きく異なるほか、事故の際の被害が甚大となるため、前回の点検整備の実施後の走行距離、部品交換後の経過時間、車齢等を踏まえ、蓄積した整備実績から得た知見等を生かし、適切な時期に必要な整備を行うことが強く求められています。

　バス事業者は、法定点検に加え、使用の条件を考慮して、定期に行う点検の基準を作成し、これに基づいた点検及び必要な整備を行うことを遵守しなければなりません（旅客自動車運送事業運輸規則第45条）。そのため、バス事業者が選任する整備管理者は、保有するバス車両について定期点検及び必要な整備の実施計画を作成し、実施する権限が与えられています（道路運送車両法施行規則第32条）。

　本ガイドラインでは、このような車両の状態に応じた予防整備（不具合発生の予防も含めた十分な整備）に関し、保守管理に関する十分な知見を有し、確実な整備を行っている貸切バス事業者の整備事例を交換基準事例として示すとともに、各々のバスの使用実態等を考慮しつつ、定期交換等の基準（以下「整備サイクル表」という。）を設定する方法を示します。貸切バス事業者の方々が本ガイドラインを参考に整備サイクル表を定め、これに基づき適切な整備を行うことを期待します。

(2) 交換基準事例及び整備サイクル表

　貸切バス事業者が法定点検に加え、予防整備を定期的に実施するための整備サイクル表を定める上での参考となるよう、整備項目等の交換基準事例を別紙1（P.62参照）に示します。

　A～F社は、保守管理に関する十分な知見を有している貸切バス事業者[※]です。運行形態や保有車両にそれぞれ違いがありますので、各事業者は別紙1の交換基準事例及び整備サイクル表の参考様式（別紙2［P.72］参照）を参考に以下の点に留意し、各事業者のバスの使用実態等を考慮しつつ整備サイクル表を設定して作業を行ってください。

　なお、整備サイクル表による整備は、法定点検に加えて行うものですので、法定点検は必ず実施してください。

※調査を行った貸切バス事業者は、車両整備に関して過去5年間行政処分を受けていない事業者であって、公益社団法人日本バス協会から「貸切バス事業者安全性評価認定制度」の認定を受けている事業者等の中から規模、運行形態を勘案し選定しています。

① 整備サイクル表の交換等を行う項目について

　各事業者は、別紙1の交換基準事例の整備項目を参考にバスの構造・装置に応じ項目を選定するとともに、定期交換等を行う項目を設定してください。定期交換等を行う項目として設定しないものについては、法定点検と併せて点検整備することとなります。

② 整備サイクル表の交換等を行う期間・距離について

　各事業者は①で設定した整備項目について、それぞれの事業者の状況（運行形態、保有車両数、保有車両の平均車齢、年間平均走行距離、不具合の発生履歴、蓄積している整備実績など）を考慮し定期交換等の期間・距離を設定してください。設定にあたっては、法定点検に加え交換等を行う期間・距離であることに注意してください。

　なお、別紙1に示す年間整備費用は法定点検、予防整備及び臨時整備にかかる全ての整備費用（1台当たり）を含んでいます。

(3) **整備サイクル表に基づく整備実施記録簿**

　整備サイクル表に基づく整備の実施状況を記録するための整備実施記録簿の参考様式を別紙3に示します。各事業者は別紙3（P.76参照）を参考に整備実施記録簿を用意し、実施状況を記録してください。また、車両の適切な管理の観点から整備実施記録簿は登録を抹消するまで保管することが望まれます。

(4) **整備サイクル表の見直し**

　各事業者は実績等を考慮し、整備サイクル表を適宜見直してください。

(5) **今後の運用**

　今後、国土交通省においては、整備サイクル表の作成及び整備の実施状況をフォローアップするため、監査時、事業更新時等において確認・収集していきます。

　また、収集する整備サイクル表及び整備サイクル表に基づく整備実施記録簿のデータを踏まえ、事故の発生状況等の相関について分析し、ガイドラインへの反映を検討します。

（別紙１）

貸切バスの定期交換等を行う項目及び交換基準事例一覧

装置名	項目		A社	B社	C社	D社	E社	F社	備考	参考情報：メーカー指定・定期交換部品（点検）				備考	代用的な車両での例
										A社		B社			
										新長期車	P所長期車	新長期車	P新長期車		
	運行形態 ※1		都市間中心	観光のみ	観光中心	観光のみ	観光のみ	観光のみ							
	保有車両数（大型）		15両	70両	60両	20両	20両	30両							
	（中型）		5両	2両	10両	2両	10両	10両							
	（小型）		―	―	―	2両	―	2両							
	平均車齢 ※2		7年	4年	7年	6年	8年	5年							
	年間平均走行距離 ※3		6万km	6万km	6万km	4万km	3万km	7万km							
	交換基準項目数 ※4		250万円	200万円	150万円	100万円	150万円	250万円							
			49	49	35	25	16	26							
かじ取装置	パワステオイル	交換または オーバーホール（期間）	4年	―	―	―	―	―		○	○	○	○		
		（距離）	―	―	―	―	―	―		1年 10万km	1年 10万km	1年 6万km	1年 6万km		
	パワステホース	交換または オーバーホール（期間）	―	2年（満正6年）	3,6年	7年	―	―	A社 満圧2年、低圧4年 パワステホースの都度交換	○	○	―	―		
		（距離）	―	―	―	―	―	―		4年	4年	―	―		
	パワステオイルフィルター	交換または オーバーホール（期間）	―	―	3,6年	―	―	―		○	○	―	―		
		（距離）	―	―	―	―	―	―		1年 10万km	1年 10万km	―	―		
	センターロッド ドラグリンク	交換または オーバーホール（期間）	―	2年	6年	―	―	―	B社 ロッド、リンクのジョイント交換 （またはオーバーホール）を行うものと思われる	―	―	―	―		
		（距離）	―	―	―	―	―	―		―	―	―	―		
	パワステ内部のゴム部品 （オイルポンプ、ステアリングギヤ）	交換または オーバーホール（期間）	―	―	―	―	―	―	A社 パワステポンプの都度OH	○	○	○	○		
		（距離）	―	―	―	―	―	―		4年	4年	4年	4年		
	ステアリングベベルギヤーの オイル	交換または オーバーホール（期間）	―	―	―	―	―	―		○	○	―	―		
		（距離）	―	―	―	―	―	―		4年	4年	―	―		
	エアードライヤー	交換または オーバーホール（期間）	1.3年	1年	2年	6年	1年	1年（老齢剤）		○	○	○	○		
		（距離）	―	―	―	―	―	―		1年 10万km	1年 10万km	1年 10万km	1年 6万km		
	ブレーキチャンバー （エアーチャンバー）	交換または オーバーホール（期間）	2.4年	3年	3年	2年	―	1年	A社 2年OH、4年で交換	○	○	○	○		
		（距離）	―	―	―	―	―	―		2年	2年	2年	2年		
	ブレーキバルブ	交換または オーバーホール（期間）	2年	―	3.5年	2年	―	―		○	○	○	○		
		（距離）	―	―	―	―	―	―		2年	2年	2年 5年（EBS）	2年		
	ブレーキホース	交換または オーバーホール（期間）	5年	3年	2年	6年	―	―		○	○	○	○		
		（距離）	―	―	―	―	―	―		2年	2年	2年	2年		

装置名	項目		A社	B社	C社	D社	E社	F社	備考	参考情報（メーカー指定・定期交換部品（点検））				代表的な車両での例
				交換基準事例										
制動装置	エキスパンダー	交換またはオーバーホール（期間）	－	○	○	－	－	○		○	○	○	○	
		（距離）	－	4年	2年	－	－	2年		3年	3年	3年	3年	
	スプリングブレーキチャンバー（ホイールパークチャンバー）	交換またはオーバーホール（期間）	－	○	○	○	－	○		○	○	○	○	ピギーバッグ交換
		（距離）	－	4年	2、3年	6年	－	2年		3年	3年	3年	3年	
	ブレーキブースター（エアーブースター）（エアーマスター）	交換またはオーバーホール（期間）	－	○	○	－	－	－	A社 空港車、一般車では、2年で設定 D社 小型切削車では、4年で設定	－	－	－	－	旧型車 エアー(オイル)ブレーキ車で設定あり
		（距離）	－	2年	2年	－	－	－		－	－	－	－	
	ホイールパーク用エアーホース	交換またはオーバーホール（期間）	－	○	○	－	－	－		○	○	○	○	ブレーキホース
		（距離）	－	6年	2、3年	－	－	－		2年	2年	2年	2年	
	ホイールパークコントロールバルブ	交換またはオーバーホール（期間）	－	○	－	－	－	－		－	○	－	－	
		（距離）	－	6年	－	－	－	－		－	5年	－	－	
	EHSスタートバルブ（ESスタートバルブ）	交換またはオーバーホール（期間）	－	－	○	－	－	－		○	○	○	○	
		（距離）	－	－	3年	－	－	－		2年	2年	2年	2年	
	ブレーキライニング	交換またはオーバーホール（期間）	－	○	－	－	－	－	A社 ブレーキシュー車検時点検、随時交換	－	－	－	－	
		（距離）	－	2年	－	－	－	－		－	－	－	－	
	リレーバルブ（クイックリリースバルブ）	交換またはオーバーホール（期間）	－	－	－	○	－	－	A社 空港車、一般車では、毎年設定 E社 その他の車両では1年で設定	－	－	－	－	旧型車 エアー(オイル)ブレーキ車で設定あり
		（距離）	－	－	－	2年	－	－		－	－	－	－	
	ブレーキホード	交換またはオーバーホール（期間）	－	－	－	○	－	－		－	－	－	－	
		（距離）	－	－	－	1年	－	－		－	－	－	－	
	セーフティバルブ	交換またはオーバーホール（期間）	－	－	－	－	－	－		○	○	○	○	
		（距離）	－	－	－	－	－	－		2年	2年	2年	2年	
	ABSコントロールバルブ	交換またはオーバーホール（期間）	－	－	－	－	－	－		○	○	○	○	
		（距離）	－	－	－	－	－	－		2年	2年	2年	2年	
	ストップランプスイッチ	交換またはオーバーホール（期間）	－	－	－	－	－	－		○	○	○	○	
		（距離）	－	－	－	－	－	－		2年	2年	2年	2年	

Ⅳ　更新申請マニュアル

装置名	項目	交換または オーバーホール	交換基準事例						備考	参考情報（メーカー指定・定期交換部品（点検）			代用的な車両での例
			A社	B社	C社	D社	E社	F社					
走行装置	ダブルチェックバルブ	交換または オーバーホール（期別）	ー	ー	ー	ー	ー	ー		ー	ー	○ 2年	○ 2年
		（距離）	ー	ー	ー	ー	ー	ー		ー	ー	ー	ー
	リターダオイル	交換または オーバーホール（期別）	ー	ー	ー	ー	ー	ー		○ 2年	ー	ー	ー
		（距離）	ー	ー	ー	ー	ー	ー		○ 5万km	○ 5万km	ー	ー
	エキスパンダー端部のダストブーツ	交換または オーバーホール（期別）	ー	ー	ー	ー	ー	ー		ー	ー	ー	○ 1年
		（距離）	ー	ー	ー	ー	ー	ー		ー	ー	ー	ー
	マルチプロテクションバルブ	交換または オーバーホール（期別）	ー	ー	ー	ー	ー	ー		○ 1年	ー	ー	ー
		（距離）	ー	ー	ー	ー	ー	ー		○ 10万km	ー	ー	ー
	チェックバルブ	交換または オーバーホール（期別）	ー	ー	ー	ー	ー	ー		○ 2年	ー	ー	ー
		（距離）	ー	ー	ー	ー	ー	ー		ー	ー	ー	ー
	ASRバルブ	交換または オーバーホール（期別）	ー	ー	ー	ー	ー	ー		○ 10年	ー	ー	ー
		（距離）	ー	ー	ー	ー	ー	ー		ー	ー	ー	ー
	ハブベアリングのグリース	交換または オーバーホール（期別）	ー	ー	ー	ー	ー	ー		○ 1年	○ 1年	○ 1年	○ 1年
		（距離）	○	ー	ー	ー	ー	ー		○ 5万km	○ 5万km	○ 5万km	○ 5万km
	ハブ	交換または オーバーホール（期別）	○ 80万km	ー	ー	ー	ー	ー	A社 ハブ交換と同時実施 （フロントアクスル）	ー	ー	ー	ー
		（距離）	○ 80万km	ー	ー	ー	ー	ー		ー	ー	ー	ー
	ホイールボルト （ホイールピン）	交換または オーバーホール（期別）	ー	ー	ー	ー	ー	ー		ー	ー	ー	ー
		（距離）	○ 80万km	ー	ー	ー	ー	ー		ー	ー	ー	ー
	ホイールベアリング	交換または オーバーホール（期別）	ー	ー	ー	ー	○ 4～5年	ー		ー	ー	ー	ー
		（距離）	ー	ー	ー	ー	ー	ー		ー	ー	ー	ー
	タイヤ	交換または オーバーホール（期別）	○ F:50,R:100万km	○ 3年	○ 5年	○ 6年	ー	○ 4年		ー	ー	○ 3年	○ 3年
	エアスプリングダイヤフラム	交換または オーバーホール（期別）	○ 1年	○ 1年	ー	○ 2年	ー	ー		ー	ー	ー	（点検） 1年
		（距離）	ー	ー	ー	ー	ー	ー		ー	ー	ー	ー
	エアサスレベリングバルブ	交換または オーバーホール（期別）	ー	ー	ー	ー	ー	ー		ー	（点検） 1年	（点検） 1年	（点検） 1年
		（距離）	ー	ー	ー	ー	ー	ー		ー	ー	ー	ー

装置名	項目		A社	B社	C社	D社	E社	F社	備考	参考情報：メーカー指定・定期交換部品（点検）			代用的な車両での例
						交換基準事例							
緩衝装置	フロントアームブッシュ	交換までは オーバーホール（期間）	－	－	－	－	－	－		－	－	－	－
		（距離）	－	－	－	－	－	－		－	－	－	－
	トルクロッド ラジアスロッド	（期間）	－	4年	－	－	－	6年		－	5年	－	－
		（距離）	－	－	－	－	－	－		－	－	40万km	－
	スタビライザーブッシュ	（期間）	－	O	－	－	－	4年		－	5年	－	－
		（距離）	－	5年	－	－	－	－		－	－	40万km	－
	ダイヤフラムピストン	（期間）	O	－	－	－	－	－		－	－	－	－
		（距離）	100万km	－	－	－	－	－		－	－	－	－
	サスペンションストッパ類	（期間）	－	－	－	－	－	－		－	5年	－	－
		（距離）	－	－	－	－	－	－		－	－	－	－
	車高センサ	（期間）	－	－	－	－	－	－		－	－	－	－
		（距離）	－	－	－	－	－	－		O	4年	4年	O
	トランスミッションオイル	（期間）	O	O	O	O	O	O		O	1年	1年	1年
		（距離）	6万km	1年	1年	1年	1年	1年		5万km	5万km	6万km	6万km
	デファレンシャルオイル	（期間）	O	O	O	O	O	O		O	1年	1年	1年
		（距離）	6万km	1年	1年	1年	1年	1年		5万km	5万km	6万km	6万km
	クラッチブースター	（期間）	O	O	O	O	O	O		－	－	－	－
		（距離）	2年	2年	1年	2年	1年	2年		－	－	－	－
	クラッチオイル	（期間）	O	O	O	O	O	O		－	－	－	－
		（距離）	1年	1年	1年	1年	1年	1年		－	－	－	－
	クラッチマスター	（期間）	O	O	O	O	－	O		－	－	－	－
		（距離）	2年	1年	3年	2年	－	2年		－	－	－	－
	FFシフト・GSU	（期間）	O	O	O	－	－	－	A社 T/M DOHC同時実施	O	4年	2年	2年
		（距離）	100〜110万km	7年	－	－	－	－		2年	4年	2年	2年

IV　更新申請マニュアル

装置名	項目		交換基準事例						備考	参考情報 メーカー指定・定期交換部品（点検）		代用的な車両での例
			A社	B社	C社	D社	E社	F社				
動力伝達装置	クラッチ	交換または オーバーホール（期間）	-	○ 7年	-	-	-	-		○	-	-
		（距離）	-	-	-	-	-	-		-	-	40万km
	シフトユニット マグネチック バルブ（シフト系）	交換または オーバーホール（期間）	-	○ 6年	-	-	-	-		○	4年	4年
		（距離）	-	-	-	-	-	-		-	-	-
	トランスミッション オイルフィルター	交換または オーバーホール（期間）	-	-	○ 1年	-	-	-		-	1年	1年
		（距離）	-	-	-	-	-	-		-	6万km	6万km
	トランスミッション	交換または オーバーホール（期間）	○ 100〜110万km	-	-	-	-	-		-	-	-
		（距離）	○ 100〜110万km	-	-	-	-	-		-	-	-
	デフレンジシャル	交換または オーバーホール（期間）	-	○ 6年	-	-	-	-		-	-	-
		（距離）	-	-	-	-	-	-		-	-	-
	クラッチエアホース	交換または オーバーホール（期間）	-	○ 6年	-	-	-	-		○	2年	2年
		（距離）	-	-	-	-	-	-		-	-	-
	クラッチオイルホース	交換または オーバーホール（期間）	-	-	○ 2年	-	-	-		○	2年	2年
		（距離）	-	-	-	-	-	-		-	-	-
	クラッチブースター ロッドエンド	交換または オーバーホール（期間）	-	-	-	-	-	-		-	2年	2年
		（距離）	-	-	-	-	-	-		-	-	-
	シフトユニットグリース	交換または オーバーホール（期間）	-	-	-	-	-	-		○	2年	2年
		（距離）	-	-	-	-	-	-		-	-	-
	シフトユニット減圧弁	交換または オーバーホール（期間）	-	-	-	-	-	-		○	2年	2年
		（距離）	-	-	-	-	-	-		-	-	-
	シフトユニットエアホース	交換または オーバーホール（期間）	-	-	-	-	-	-		-	2年	2年
		（距離）	-	-	-	-	-	-		-	-	-
	シフトユニット ギヤ位置センサー	交換または オーバーホール（期間）	-	-	-	-	-	-		○	2年	2年
		（距離）	-	-	-	-	-	-		-	-	-
	シフトユニット クラッチセンサー	交換または オーバーホール（期間）	-	-	-	-	-	-		○	2年	2年
		（距離）	-	-	-	-	-	-		-	-	-

装置名	項目		A社	B社	C社	D社	E社	F社	備考	参考情報：メーカー指定・定期交換部品(点検)		代用的な車両での例
	プロペラシャフトのユニバーサルジョイントキット	交換または オーバーホール (期間)	—	—	—	—	—	—		—	—	—
		(距離)	—	—	—	—	—	—		—	—	—
	トランスミッションオイルクーラー用ホース	交換または オーバーホール (期間)	—	—	—	—	—	—		○	—	○
		(距離)	—	—	—	—	—	—		10年	—	2年
電気装置	バッテリー	交換または オーバーホール (期間)	○ 3年	—	—	○ 6年	○ 4年	○ 2〜3年		—	—	—
		(距離)	—	—	—	—	—	—		—	—	—
	サブバッテリー	交換または オーバーホール (期間)	—	—	—	○ 6年	—	—		—	—	—
		(距離)	—	—	—	—	—	—		—	—	—
	エンジンオイル	交換または オーバーホール (期間)	○ 6万km	○ 3カ月	○ 6カ月	○ 1年	○ 2.5万km	○ 3カ月		○ 4.5万km	○ 6万km	○ 4.5万km
		(距離)	—	—	—	—	—	—		—	—	—
	燃料フィルター	交換または オーバーホール (期間)	○ 1年	○ 1年	○ 1年	—	○ 1年	○ 1年		○ 1年 5万km	○ 1年 6万km	○ 1年 6万km
		(距離)	—	—	—	—	—	—		—	—	—
	セルモータ	交換または オーバーホール (期間)	○ 4年	○ 3年	○ —	○ 6年	○ 30万km	—		—	—	—
		(距離)	—	—	—	—	—	—		—	—	—
	エンジンオイルエレメント	交換または オーバーホール (期間)	○ 6万km	○ 3カ月	○ 1年	—	○ 2.5万km	○ 1年	F社: 適時交換実施	○ 4.5万km	○ 6万km	○ 4.5万km
		(距離)	—	—	—	—	—	—		—	—	—
	尿素水フィルター	交換または オーバーホール (期間)	○ 1年	○ 1年	○ 2年 6.15万km	—	○ 1年	○ 1年		—	○ 1年 10万km	○ 1年 10万km
		(距離)	—	—	—	—	—	—		—	—	—
	オルタネータ	交換または オーバーホール (期間)	○ 30万km	○ 3年	○ 3年	○ 6年	○ 30万km	○ 6年		—	—	—
		(距離)	—	—	—	—	—	—		—	—	—
	LLC	交換または オーバーホール (期間)	—	○ 3年	○ 3年	—	—	○ 60万km	C社: 1.5万kmまたは定期点検時確認	○ 2年	○ 2年 40万km	○ 3年 60万km
		(距離)	—	—	—	—	—	—		—	—	—
	エアーエレメント	交換または オーバーホール (期間)	—	—	○ 2年 15万km	—	○ 1年	○ 1年	E社: 適時交換実施 F社: 適時交換実施	○ 1年 5万km	○ 1年 8万km	○ 1年 8万km
		(距離)	—	—	—	—	—	—		—	—	—
	ウォーターポンプ	交換または オーバーホール (期間)	○ 100〜110万km	○ 7年	○ 3年	○ 6年	—	—	F社: 半年毎に点検実施	○ 3年	—	—
		(距離)	—	—	—	—	—	—		—	—	—
	DPF/DPR	清掃 (期間)	○	○ 3年	—	—	○	—		(点検)1年 (清掃)3年	(点検)1年 (清掃)3年 30万km	(点検)1年
		(距離)	○ 6万km	—	—	—	—	—		(清掃)30万km	—	—

IV 更新申請マニュアル

装置名	項目		交換基準事例						備考	参考情報：メーカー指定・定期交換部品（点検） 代表的な車両での例		
			A社	B社	C社	D社	E社	F社				
原動機	ターボチャージャー	交換または オーバーホール（期間）	○	○ 7年	○	—	—	—		（点検）1年	（点検）1年	（点検）1年
		（距離）	100～110万km	—	50万km	—	—	—		—	—	9万km
	PCVバルブ （エアロイルミスト）	交換または オーバーホール（期間）	6ヶ月	—	1年	—	—	1年		1年/ 10万km	1年/ 10万km	—
	エンジン本体	交換または オーバーホール（距離）	—	—	○	○ 80～100万km	—	○ 70万km	A社: 発生の都度 F社: ヘッド脱着オーバーホール	—	—	—
	バルブクリアランス	調整（期間）	○	—	○ 2年	—	—	○ 4年		—	—	—
		（距離）	30万km	—	—	—	—	—		—	—	—
	エアーコンプレッサー	交換または オーバーホール（期間）	100～110万km	—	—	—	—	—		—	—	—
	サプライポンプ	交換または オーバーホール（距離）	90万km	—	50万km	—	—	—		—	—	—
	ラジエーター	交換または オーバーホール（期間）	—	○ 7年	—	—	—	—		—	—	—
		（距離）	100～110万km	—	—	—	—	—		—	—	—
	各種補機駆動ベルト	交換または オーバーホール（期間）	—	○ 2年	—	○	○ 1年	○		○ 7年 7.5万km	—	—
	Noxセンサ	交換または オーバーホール（期間）	—	—	—	—	—	○ 3年		○ 18万km	—	—
	アングルギヤーオイル	交換または オーバーホール（距離）	100～110万km	—	—	—	—	—		○ 3年	—	—
	尿素水ドージングホース	交換または オーバーホール（期間）	—	—	○ 3年	—	—	—		—	—	—
	シリンダヘッド	交換または オーバーホール（距離）	100～110万km	—	—	—	—	—		—	—	—
	インジェクター	交換または オーバーホール（距離）	100～110万km	—	—	—	—	—		—	—	—
	噴射ポンプ	交換または オーバーホール（期間）	—	○ 4年	—	—	—	—		—	—	—
		（距離）	100～110万km	—	—	—	—	—		—	—	—
	アングルギヤープーリー	交換または オーバーホール（距離）	100～110万km	—	—	—	—	—		—	—	—

装置名	項目		交換基準事例						備考	参考情報：メーカー指定・定期交換部品（点検）代用的な車両での例	
			A社	B社	C社	D社	E社	F社		定期交換部品（点検）	代用的な車両での例
ベルトドライブラプラリー	交換または	（期間）	–	○3年	–	–	–	–		–	–
	オーバーホール	（距離）	–	–	–	–	–	–		–	–
ベルトオートテンショナー	交換または	（期間）	–	○3年	–	–	–	–		–	–
	オーバーホール	（距離）	–	–	–	–	–	–		–	–
ファンドライブオイルフィルター	交換または	（期間）	–	–	○1年	–	–	–		–	–
	オーバーホール	（距離）	–	–	–	–	–	–		–	–
ファンプーリー	交換または	（期間）	○5年	–	–	–	–	–		–	–
	オーバーホール	（距離）	–	–	–	–	–	–		–	–
ラバーホース	交換または	（期間）	○	–	○3年	–	–	–		–	–
	オーバーホール	（距離）	50万km	–	–	–	–	–		–	–
セーフティスイッチ	交換または	（期間）	–	–	○3年	–	–	–		–	–
	オーバーホール	（距離）	–	–	–	–	–	–		–	–
セーフティバルブ	交換または	（期間）	–	–	–	–	–	–		–	–
	オーバーホール	（距離）	–	–	–	–	–	–		–	–
尿素SCR	点検	（期間）	–	–	–	–	–	○1年（点検）		–	–
ウォータセパレータエレメント	交換または	（期間）	–	–	–	–	–	–		○	○
	オーバーホール	（距離）	–	–	–	–	–	–		5万km	5万km
オイル・プレッシャージャージのホース、オイルプレッシャーセンジングユニットのホース	交換または	（期間）	–	–	–	–	–	–		○2年	○2年
	オーバーホール	（距離）	–	–	–	–	–	–		–	–
エアチャージのホース	交換または	（期間）	–	–	–	–	–	–		○2年	○2年
	オーバーホール	（距離）	–	–	–	–	–	–		–	–
DPF/DPR圧力センサ用配管ゴムホース	交換または	（期間）	–	–	–	–	–	–		○2年	○3年
	オーバーホール	（距離）	–	–	–	–	–	–		–	–
エンジンルーム外の燃料ホース	交換または	（期間）	–	–	–	–	–	–		○4年	○3年
	オーバーホール	（距離）	–	–	–	–	–	–		–	–
エンジンルーム内の燃料ホース	交換または	（期間）	–	–	–	–	–	–		○4年	○4年
	オーバーホール	（距離）	–	–	–	–	–	–		–	–

Ⅳ 更新申請マニュアル

装置名	項目		A社	B社	C社	D社	E社	F社	備考	参考情報 メーカー指定・定期交換部品(点検・代用的な車両での例)
			交換基準事例							
その他の装置 エアコン用 サブエンジン	エアコンエンジン	交換またはオーバーホール(期間)	○ 4年	○ 6年	—	—	—	—		—
		(距離)	—	—	—	—	—	—		—
	エアコンエンジンオイル	交換またはオーバーホール(期間)	6ヶ月	—	—	—	—	—		—
		(距離)	—	—	—	—	—	—		—
	エアコンエンジンコアモーター、エアコン用サブエンジン	交換またはオーバーホール(期間)	○ 1年	○ 2年	—	—	—	—		—
		(距離)	—	—	—	—	—	—		—
	エアコンエンジンセルモーター	交換またはオーバーホール(期間)	○ 4年	—	—	—	—	—		—
		(距離)	—	—	—	—	—	—		—
	エアコンエンジン燃料フィルター、エアフリーナー	交換またはオーバーホール(期間)	○ 1年	—	—	—	—	—		—
		(距離)	—	—	—	—	—	—		—
その他の装置	冷房装置	交換またはオーバーホール(期間)	○ 4年	—	—	○ 7年	—	○ 4年	A社 ゼロOHエアコン…高圧ホース・ストレーナー D社 冷房装置OH F社 エアコンプレッサOH	—
		(距離)	—	—	—	—	—	—		—
	暖房装置	交換またはオーバーホール(期間)	—	○ 2年	—	○ 5,7年	—	—	A社, D社 温水ポンプ・温水制御弁・ヒーターネースプリンクラー B社 温水モーター	—
		(距離)	○ 3,4年 80万km	○ 4年	—	○ 7年	—	—		—
	ワイパーモーター	交換またはオーバーホール(期間)	○	○ 4年	—	○ 7年	—	—	F社 運行実施	—
		(距離)	—	—	—	—	—	—		—
	ワイパーゴム	交換またはオーバーホール(期間)	—	—	—	—	○ 1年	—		—
		(距離)	—	—	—	—	—	—		—
	ウィンドーブラッシャーユニット	交換またはオーバーホール(期間)	—	○ 4年	—	—	—	—		—
		(距離)	—	—	—	—	—	—		—
	デフロスタープロアモーター、デフロスタコントロールユニット	交換またはオーバーホール(期間)	—	○ 4年	—	—	—	—		—
		(距離)	—	—	—	—	—	—		—
	トレ	交換またはオーバーホール(期間)	○ 4年	—	—	—	—	—	A社 湯沸・水ポットOH	—
		(距離)	—	—	—	—	—	—		—

装置名	項目			交換基準事例						備考	参考情報 メーカー指定・定期交換部品（点検）		代用的な車両での例
				A社	B社	C社	D社	E社	F社				
車体	交換または オーバーホール	（期間）		○	—	—	—	—	—	A社 4年時 シートカバー交換、車内清掃 7年時 改修キット、カーテンマット交換 F社 シート適時実施	—	—	—
				4、7年	—	—	—	—	—		—	—	—
		（距離）		—	—	—	—	—	—		—	—	—
	交換基準項目数			49	49	35	25	16	26				

表の見方

※1 運行形態：各社の運行形態を以下の通り分類したもの。
都市間中心：運送機の2地点間往復する運行が多い形態（例 スキーツアー、夜間高速ツアー）
都市内中心：ある圏内の複数の場所を巡る運行が多い形態（例 修学旅行、日帰りツアー）
観光中心：ある圏内の複数の場所を巡る運行のみ行っている形態（例 修学旅行、日帰りツアー）

※2 平均車齢：各社が保有する車両の平均車齢を表したもの。車齢の中央値とほぼ一致する。

※3 年間平均走行距離：各社が保有する貸切バス1台が1年間に走行する距離の平均値。

※4 年間平均整備費用：各社が保有する貸切バス1台にかかる整備費用。法定点検整備、予防整備及び臨時整備にかかる全ての整備費用を含む。

注：表中交換基準の設定がない項目については、法定点検を行い必要に応じ整備を行っている。

Ⅳ 更新申請マニュアル 71

(別紙2)

貸切バス予防整備ガイドライン　整備サイクル表参考様式

運送事業者名	
整備管理者名	
対象とする車種	
作成年月日	

装置名	項目	点検時確認	交換基準設定	交換基準		
				期間	距離	備考
かじ取装置	パワステオイル					
	パワステホース					
	パワステオイルフィルター					
	センターロッド ドラックリンク					
	パワステ内部のゴム部品 (オイルポンプ、ステアリングギヤー)					
	ステアリングベベルギヤーのオイル					
制動装置	エアードライヤー					
	ブレーキチャンバー (エアーチャンバー)					
	ブレーキバルブ					
	ブレーキホース					
	エキスパンダー					
	スプリングブレーキチャンバー (ピギーバッグ)(ホイールパークチャンバー)					
	ブレーキブースター (エアーブースター)(エアーマスター)					
	ホイールパーク用エアーホース					
	ホイールパークコントロールバルブ					
	EHSスタートバルブ (ESスタートバルブ)					
	ブレーキライニング					
	リレーバルブ (クイックリリースバルブ)					
	ブレーキフルード					
	セーフティバルブ					
	ABSコントロールバルブ					
	ストップランプスイッチ					
	ダブルチェックバルブ					
	リターダーオイル					
	エキスパンダー端部のダストブーツ					
	マルチプロテクションバルブ					

装置名	項目	点検時確認	交換基準設定	交換基準		
				期間	距離	備考
制動装置	チェックバルブ					
	ASRバルブ					
走行装置	ハブベアリングのグリース					
	ハブ					
	ホイールボルト (ホイールピン)					
	ホイールベアリング					
	タイヤ					
緩衝装置	エアスプリングダイヤフラム					
	エアサスレベリングバルブ					
	フロントアームブッシュ					
	トルクロッド ラジアスロッド					
	スタビライザーブッシュ					
	ダイヤフラムピストン					
	サスペンションストッパ類					
	車高センサ					
動力伝達装置	トランスミッションオイル					
	デファレンシャルオイル					
	クラッチブースター					
	クラッチオイル					
	クラッチマスター					
	FFシフト・GSU					
	クラッチ					
	シフトユニット マグネチックバルブ(シフト系)					
	トランスミッション オイルフィルター					
	トランスミッション					
	デファレンシャル					
	クラッチエアホース					
	クラッチオイルホース					
	クラッチブースター ロッドエンド					
	シフトユニットグリース					
	シフトユニット減圧弁					
	シフトユニットエアホース					
	シフトユニット ギヤ位置センサー					
	シフトユニット クラッチセンサー					

Ⅳ　更新申請マニュアル

装置名	項目	点検時確認	交換基準設定	交換基準		
				期間	距離	備考
動力伝達装置	プロペラシャフトのユニバーサルジョイントキット					
	トランスミッションオイルクーラー用ホース					
電気装置	バッテリー					
	サブバッテリー					
原動機	エンジンオイル					
	燃料フィルター					
	セルモータ					
	エンジンオイルエレメント					
	尿素水フィルター					
	オルタネータ					
	LLC					
	エアーエレメント					
	ウオーターポンプ					
	DPF/DPR					
	ターボチャージャー					
	PCVフィルター（エアオイルミスト）					
	エンジン本体					
	バルブクリアランス					
	エアーコンプレッサー					
	サプライポンプ					
	ラジエーター					
	各種補機駆動ベルト					
	Noxセンサ					
	アングルギヤーオイル					
	尿素水ドージングホース					
	シリンダヘッド					
	インジェクター					
	噴射ポンプ					
	アングルギヤープーリー					
	ベルトアイドラプーリー					
	ベルトオートテンショナー					
	ファンドライブオイル・フィルター					
	ファンプーリー					
	ラバーホース					

装置名	項目	点検時確認	交換基準設定	交換基準		
				期間	距離	備考
原動機	セーフティスイッチ					
	セーフティリレー					
	尿素SCR					
	ウオータセパレータエレメント					
	オイル・プレッシャ・ゲージのホース (オイル・プレッシャ・センディング・ユニットのホース)					
	エア・チャージのホース					
	DPF/DPR 圧力センサ用配管ゴムホース					
	エンジン・ルーム外の燃料ホース					
	エンジンルーム内の燃料ホース					
その他の装置 エアコン用 サブエンジン	エアコンエンジン					
	エアコンエンジンオイル					
	エアコンエンジンブロアーモーター					
	エアコンエンジンセルモーター					
	エアコンエンジン燃料フィルター、エアクリーナ					
その他の装置	冷房装置					
	暖房装置					
	ワイパーモーター					
	ワイパーゴム					
	ウィンカーフラッシャーユニット					
	デフロスタープロアモーター デフロスターコントロールユニット					
	トイレ					
	車体					

(別紙3)

貸切バス予防整備ガイドライン　整備実施記録簿参考様式

運送事業者名	
整備管理者名	
登録番号	
車台番号	
車両メーカー名	
初度登録年月	

装置名	項目	点検・交換基準	平成●年度	平成●年度	平成●年度	平成●年度	平成●年度
かじ取装置	パワステオイル						
	パワステホース						
	パワステオイルフィルター						
	センターロッド ドラッグリンク						
	パワステ内部のゴム部品 (オイルポンプ、ステアリングギヤー)						
	ステアリングベベルギヤーのオイル						
制動装置	エアードライヤー						
	ブレーキチャンバー (エアーチャンバー)						
	ブレーキバルブ						
	ブレーキホース						
	エキスパンダー						
	スプリングブレーキチャンバー (ピギーバッグ)(ホイールパークチャンバー)						
	ブレーキブースター (エアーブースター)(エアーマスター)						
	ホイールパーク用エアーホース						
	ホイールパークコントロールバルブ						
	EHSスタートバルブ (ESスタートバルブ)						
	ブレーキライニング						
	リレーバルブ (クイックリリースバルブ)						
	ブレーキフルード						
	セーフティバルブ						
	ABSコントロールバルブ						
	ストップランプスイッチ						
	ダブルチェックバルブ						
	リターダーオイル						
	エキスパンダー端部のダストブーツ						
	マルチプロテクションバルブ						

装置名	項目	点検・交換基準	平成●年度	平成●年度	平成●年度	平成●年度	平成●年度
制動装置	チェックバルブ						
	ASRバルブ						
走行装置	ハブベアリングのグリース						
	ハブ						
	ホイールボルト（ホイールピン）						
	ホイールベアリング						
	タイヤ						
緩衝装置	エアスプリングダイヤフラム						
	エアサスレベリングバルブ						
	フロントアームブッシュ						
	トルクロッド ラジアスロッド						
	スタビライザーブッシュ						
	ダイヤフラムピストン						
	サスペンションストッパ類						
	車高センサ						
動力伝達装置	トランスミッションオイル						
	デファレンシャルオイル						
	クラッチブースター						
	クラッチオイル						
	クラッチマスター						
	FFシフト・GSU						
	クラッチ						
	シフトユニット マグネチックバルブ（シフト系）						
	トランスミッションオイルフィルター						
	トランスミッション						
	デファレンシャル						
	クラッチエアホース						
	クラッチオイルホース						
	クラッチブースターロッドエンド						
	シフトユニットグリース						
	シフトユニット減圧弁						
	シフトユニットエアホース						
	シフトユニット ギヤ位置センサー						

装置名	項目	点検・交換基準	平成●年度	平成●年度	平成●年度	平成●年度	平成●年度
動力伝達装置	シフトユニット						
	クラッチセンサー						
	プロペラシャフトのユニバーサルジョイントキット						
	トランスミッションオイルクーラー用ホース						
電気装置	バッテリー						
	サブバッテリー						
原動機	エンジンオイル						
	燃料フィルター						
	セルモータ						
	エンジンオイルエレメント						
	尿素水フィルター						
	オルタネータ						
	LLC						
	エアーエレメント						
	ウオーターポンプ						
	DPF/DPR						
	ターボチャージャー						
	PCVフィルター（エアオイルミスト）						
	エンジン本体						
	バルブクリアランス						
	エアーコンプレッサー						
	サプライポンプ						
	ラジエーター						
	各種補機駆動ベルト						
	Noxセンサ						
	アングルギヤーオイル						
	尿素水ドージングホース						
	シリンダヘッド						
	インジェクター						
	噴射ポンプ						
	アングルギヤープーリー						
	ベルトアイドラプーリー						
	ベルトオートテンショナー						
	ファンドライブオイル・フィルター						
	ファンプーリー						

装置名	項目	点検・交換基準	平成●年度	平成●年度	平成●年度	平成●年度	平成●年度
原動機	ラバーホース						
	セーフティスイッチ						
	セーフティリレー						
	尿素SCR						
	ウオータセパレータエレメント						
	オイル・プレッシャ・ゲージのホース (オイル・プレッシャ・センディング・ユニットのホース)						
	エア・チャージのホース						
	DPF/DPR 圧力センサ用配管ゴムホース						
	エンジン・ルーム外の燃料ホース						
	エンジンルーム内の燃料ホース						
その他の装置 エアコン用 サブエンジン	エアコンエンジン						
	エアコンエンジンオイル						
	エアコンエンジンブロアーモーター						
	エアコンエンジンセルモーター						
	エアコンエンジン燃料フィルター、エアクリーナ						
その他の装置	冷房装置						
	暖房装置						
	ワイパーモーター						
	ワイパーゴム						
	ウィンカーフラッシャーユニット						
	デフロスターブロアモーター デフロスターコントロールユニット						
	トイレ						
	車体						

（参考・別紙2）

貸切バス予防整備ガイドライン　整備サイクル表参考様式・記載要領

運送事業者名	
整備管理者名	
対象とする車種	
作成年月日	

> お使いの車両ごとにその構造や使用状況等が大きく異なる場合など、整備サイクル表を複数作成することもあるかと思います。「対象とする車種」欄には、お使いのどの自動車についての整備サイクル表か確認できるように記載してください。

装置名	項目	点検時確認	交換基準設定	交換基準		備考
				期間	距離	
	パワステオイル		○		10万km	
	パワステホース		○	4年		
	パワステ（不明）		○	1年	10万km	
			○	6年		O/H
		12ヶ月				
	ステアリングベベルギヤーのオイル	12ヶ月				
	エアードライヤー					
制動装置	エキスパンダー					
	スプリングブレーキチャンバー（ピギーバッグ）（ホイールパークチャンバー）					
	ブレーキブースター（エアーブースター）（エアーマスター）		○	2年		
	ホイールパーク用エアーホース		○	6年		
	ホイールパークコントロールバルブ		○	6年		
	EHSスタートバルブ（ESスタートバルブ）	12ヶ月				
	ブレーキライニング		○	3年		
	リレーバルブ（クイックリリースバルブ）	12ヶ月				
	ブレーキフルード	12ヶ月				
	セーフティバルブ	12ヶ月				
	ABSコントロールバルブ	12ヶ月				
	ストップランプスイッチ	12ヶ月				
	ダブルチェックバルブ	12ヶ月				
	リターダーオイル	12ヶ月				
	エキスパンダー端部のダストブーツ	12ヶ月				
	マルチプロテクションバルブ	12ヶ月				

> 貸切バス予防整備ガイドライン別紙1に掲げられた項目を参考に、自社のバスについて定期的に交換が必要な部位について「項目」欄に記載してください。

> 貸切バス予防整備ガイドライン別紙1に掲げられた交換基準事例を参考に、「項目」欄の部位について定期点検時に必要に応じて確認する場合は、「点検時確認」欄に当該点検の間隔を記載してください。

> 貸切バス予防整備ガイドライン別紙1に掲げられた交換基準事例を参考に、「項目」欄の部位について自社の運行形態等を踏まえた交換基準を設定しその基準に応じ交換する場合は、「交換基準設定」欄に「○」を、「交換基準」欄に交換する基準を記載してください。
> 一定期間おきにオーバーホールを行うなど、交換とは別の作業をする際は「備考」欄にその旨記載してください。

> 一つの項目に対し、「点検時確認」欄又は「交換基準設定」欄のどちらか一方に記載があるようにしてください。

（参考・別紙3）

貸切バス予防整備ガイドライン　整備実施記録簿参考様式・記載要領

運送事業者名	
整備管理者名	
登録番号	
車台番号	
車両メーカー名	
初度登録年月	

> 同じ整備サイクル表を基に整備を行う場合でも、車両毎に車齢や走行距離など状態は異なるため、この記録簿は車両1台毎に作成してください。どの車両の記録簿かわかるように登録番号等を記載してください。

装置名	項目	点検・交換基準	平成29年度	平成30年度	平成31年度	平成32年度	平成33年度
かじ取装置	パワステオイル	交換 10万km		H30.8.23 99,432km		H32.9.4 206,789km	
	パワステホース	交換 4年				H32.9.4 206,789km	
	パワステオイルフィルター	交換 1年 10万	H29.9.2 50,123km	H30.8.23 99,432km	H31.8.27 149,876km	H32.9.4 206,789km	H32.9.4 250,789km
	センターロッド ドラックリンク	O/H 6年					
	（オパワ二中部のゴム部品）	点検					
制動装置	エ...						
	プ... （エ...）				H31.8.27 149,876km		
	ブレーキバルブ	交換 2年		H30.8.23 99,432km		H32.9.4 206,789km	
	ブレーキホース	交換 3年			H31.8.27 149,876km		
	エキスパンダー	交換 4年				H32.9.4 206,789km	
	スプリングブレーキチャンバー （ピギーバッグ）（ホイールパークチャンバー）	交換 4年				H32.9.4 206,789km	
	ブレーキブースター （エアーブースター）（エアーマスター）	交換 2年		H30.8.23 99,432km		H32.9.4 206,789km	
	ホイールパーク用エアーホース	交換 6年					
	ホイールパークコントロールバルブ	交換 6年					
	EHSスタートバルブ （ESスタートバルブ）	点検 12ヶ月					
	ブレーキライニング	交換 3年					
	リレーバルブ （クイックリリースバルブ）	点検 12ヶ月					
	ブレーキフルード	交換 12ヶ月					
	セーフティバルブ	点検 12ヶ月					
	ABSコントロールバルブ	点検 12ヶ月	H29.9.2 50,123km	H30.8.23 99,432km	H31.8.27 149,876km	H32.9.4 206,789km	H32.9.4 250,789km
	ストップランプスイッチ	点検 12ヶ月	H29.9.2 50,123km	H30.8.23 99,432km	H31.8.27 149,876km	H32.9.4 206,789km	H32.9.4 250,789km
	ダブルチェックバルブ	点検 12ヶ月	H29.9.2 50,123km	H30.8.23 99,432km	H31.8.27 149,876km	H32.9.4 206,789km	H32.9.4 250,789km
	リターダーオイル	点検 12ヶ月	H29.9.2 50,123km	H30.8.23 99,432km	H31.8.27 149,876km	H32.9.4 206,789km	H32.9.4 250,789km
	エキスパンダー端部のダストブーツ	点検 12ヶ月	H29.9.2 50,123km	H30.8.23 99,432km	H31.8.27 149,876km	H32.9.4 206,789km	H32.9.4 250,789km
	マルチプロテクションバルブ	点検 12ヶ月	H29.9.2 50,123km	H30.8.23 99,432km	H31.8.27 149,876km	H32.9.4 206,789km	H32.9.4 250,789km

> 整備サイクル表で作成した点検・交換基準を記載してください。ここでは例として、1行目に「点検時確認する項目なのか交換基準を設定する項目なのか」、2行目に「点検又は交換をする期間などの基準」を記載しています。

> 例示として各年度別の欄を示していますが、自社で管理しやすい期間の区切りで構いません。（例：各年別、など）
> また、5年度分の欄を示していますが、適宜変更して構いません。（例：10年度分の欄を掲載、など）

> 自社で定めた「整備サイクル表」に基づき、「項目」欄の部位について作業を行った年月日付及び交換時の総走行距離を記載してください。具体的には、「整備サイクル表」で「点検時確認」とした項目については定期点検を行った年月日及び交換時の総走行距離、「整備サイクル表」で「交換基準設定」とした項目については実際に交換を行った年月日及び交換時の総走行距離を記載してください。
> ※必要に応じ記入欄の大きさは調整してください。

3. 更新許可申請様式集

①一般貸切旅客自動車運送事業　更新許可申請書

```
                                     平成　　年　　月　　日
                    住　　所　　_____
                    氏名または名称　_____
                    代表者氏名　_____
                    連絡先（電話）　_____
                    連絡先（メール）　_____

        運輸局長　　殿

            一般貸切旅客自動車運送事業　更新許可申請書

  この度、下記のとおり一般貸切旅客自動車運送事業許可の更新を受けたいの
で、道路運送法第8条の規定により、関係書類を添えて申請致します。
                        記
1．氏名又は名称及び住所並びに法人にあっては、その代表者の氏名
    住　　　　所
    氏名又は名称
    代 表 者 氏 名

2．経営しようとする一般旅客自動車運送事業の種別
    一般貸切旅客自動車運送事業

3．事業計画
    別紙のとおり
```

②事業計画

```
                                                      別紙
                    事　業　計　画
1．営業区域


2．主たる事務所の名称及び位置
    名　　称
    位　　置
```

3．営業所の名称及び位置

名　称	位　置

4．営業所ごとに配置する事業用自動車の数

営業所の名称	小型車	中型車	大型車	合計
	両	両	両	両
	両	両	両	両

5．自動車車庫の位置及び収容能力

営業所の名称	位　置	収容能力
		m^2
		m^2

③添付書類一覧

添付書類一覧

●安全投資計画

添付資料名	チェック欄
貸切バス予防整備ガイドラインに基づく整備サイクル表	

●事業収支見積書

添付資料名	チェック欄
・更新許可申請の場合 　実績実働日車営収及び実績実働率がわかる書面 　実績実働日車営収及び実績実働率としない場合は、その根拠となる書面	
・新規許可申請の場合 　「(健康保険・厚生年金保険)新規適用届(写)」及び「労働保険／保健関係成立届(写)」等の確認書類、宣誓書など ・更新許可申請の場合 　「社会保険料納入証明(申請)書」、「社会保険料納入確認(申請)書」又は「(健康保険・厚生年金保険)納入告知書(事業主控)」及び「労働保険概算・増加概算・確定保険料申告書(事業主控)」	
健康診断に要する費用の見積額がわかる書面	

リースにより取得した（取得する予定の）車両のリース料がわかる書面 ・メンテナンスリースの場合 　上記に加えて、貸切バス整備ガイドラインに基づく整備サイクル表の内容を実施するために必要な経費の見積書（整備サイクル表の整備予定項目がわかるもの。）	
・メンテナンスリース以外の場合 　保有又は取得する車両の整備に係る見積書（貸切バス整備ガイドラインに基づく整備サイクル表の整備予定項目がわかるもの。また、整備工場の認証・指定番号の記載のあるもの。）	
自社整備の場合 　保有又は取得する車両の整備に係る見積書（貸切バス整備ガイドラインに基づく整備サイクル表の整備予定項目がわかるもの。また、整備工場の認証・指定番号の記載のあるもの。）	
その他の安全確保のために必要な事項について、実施するために必要な費用がわかる書面（見積書等）	
貸借対照表（直近1事業年度分、新たに法人等を設立する場合を除く）	
損益計算書（直近1事業年度分、新たに法人等を設立する場合を除く）	

●安全投資実績

添付資料名	チェック欄
前回更新時の貸切バス予防整備ガイドラインに基づく整備サイクル表[※1]	
貸切バス予防整備ガイドラインに基づく整備実施記録簿[※1]	

●事業収支実績報告書

添付資料名	チェック欄
事業者の中で給与が最も低い運転者の支払賃金の内訳がわかる書面（直近1年分の賃金台帳等）	
税理士又は公認会計士が確認を行った手続実施結果報告書	
貸借対照表（許可を受けようとする日の直近1事業年度分）	
損益計算書（前回許可時から更新申請時までの間の各事業年度分。初回更新時は許可を受けようとする日の直近1事業年度を含む過去5事業年度分。）	

※1　初回更新時は添付不要。
※2　重複する書面は省略して構わない。

④一般貸切旅客自動車運送事業　安全投資計画

平成　年　月　日

住　所　＿＿＿＿＿＿＿＿＿＿
氏名または名称　＿＿＿＿＿＿＿＿＿＿
代表者氏名　＿＿＿＿＿＿＿＿＿＿

一般貸切旅客自動車運送事業　安全投資計画

1．計画期間

　　平成　年　月　日　～　平成　年　月　日
　　（許可を受けようとする日を含む事業年度の開始日）　（当該許可の有効期間満了日を含む事業年度の終了日）

　許可を受けようとする日：　　　当該許可の有効期間満了日：
　　平成　年　月　日　　　平成　年　月　日

2．更新までの期間における事業の展望

3．更新までの期間に実施する事業及び安全投資の概要

		事業収支見積書における関連箇所
1年目 （平成　年度）		
2年目 （平成　年度）		
3年目 （平成　年度）		
4年目 （平成　年度）		
5年目 （平成　年度）		
6年目 （平成　年度）		

Ⅳ　更新申請マニュアル

> 4．運転者、運行管理者、整備管理者の確保予定人数
>   別紙1のとおり
> 5．車両取得予定台数及び保有車両台数
>   別紙2のとおり
> 6．その他の安全確保のために必要な事項
>   別紙3のとおり

⑤運転者、運行管理者、整備管理者の確保予定人数

別紙1

○運転者、運行管理者、整備管理者の確保予定人数

・確保計画

	平成　年度	平成　年度	平成　年度	平成　年度	平成　年度	平成　年度
運転者	人	人	人	人	人	人
運行管理者	人	人	人	人	人	人
整備管理者	人	人	人	人	人	人

※他の自動車運送事業の用に供する車両の運転者と兼務する者も含む。
※非正規雇用の者(「期間を定めずに雇われている者」以外の者)も含む。
※各年度末時点の見込みを記載すること。

⑥車両取得予定台数及び保有車両台数

別紙2

○車両取得予定台数及び保有車両台数

・確保計画

車種区分		平成　年度	平成　年度	平成　年度	平成　年度	平成　年度	平成　年度
大型	増車	両	両	両	両	両	両
	減車	両	両	両	両	両	両
	合計	両	両	両	両	両	両
中型	増車	両	両	両	両	両	両
	減車	両	両	両	両	両	両
	合計	両	両	両	両	両	両
小型	増車	両	両	両	両	両	両
	減車	両	両	両	両	両	両
	合計	両	両	両	両	両	両
合計	増車	両	両	両	両	両	両
	減車	両	両	両	両	両	両
	合計	両	両	両	両	両	両

※車種区分ごと「合計」欄には、保有車両の合計台数を記載すること。
※各年度末時点の見込みを記載すること。

⑦その他の安全確保のために必要な事項

別紙3

○その他の安全確保のために必要な事項

①ドライブレコーダーの導入計画

車種区分	平成　年度	平成　年度	平成　年度	平成　年度	平成　年度	平成　年度
大型	両	両	両	両	両	両
中型	両	両	両	両	両	両
小型	両	両	両	両	両	両
合計	両	両	両	両	両	両

②適性診断の受診計画

・初任運転者雇用計画

平成　年度	平成　年度	平成　年度	平成　年度	平成　年度	平成　年度
人	人	人	人	人	人

・高齢運転者雇用計画

平成　年度	平成　年度	平成　年度	平成　年度	平成　年度	平成　年度
人	人	人	人	人	人

③貸切バス事業者安全性評価認定申請計画

平成　年度	平成　年度	平成　年度	平成　年度	平成　年度	平成　年度

④運輸安全マネジメント評価計画

平成　年度	平成　年度	平成　年度	平成　年度	平成　年度	平成　年度

⑤その他安全の確保に対する投資計画

安全確保策の名称：_____

平成　年度	平成　年度	平成　年度	平成　年度	平成　年度	平成　年度

※各年度末時点の見込みを記載すること。なお、③、④については、実施予定年度に「○」を記入すること。

⑧一般貸切旅客自動車運送事業　事業収支見積書

　　　　　　　　　　　　　　　　　　　　　　　　　平成　　年　　月　　日
　　　　　　　　　　　　　　住　　所　　_____
　　　　　　　　　　　　　　氏名または名称　_____
　　　　　　　　　　　　　　代表者氏名　_____

一般貸切旅客自動車運送事業　事業収支見積書

1．計画期間
　　　平成　　年　　月　　日～平成　　年　　月　　日
　　（許可を受けようとする日を含む事業年度の開始日）　（当該許可の有効期間満了日を含む事業年度の終了日）

　　許可を受けようとする日：　　　当該許可の有効期間満了日：
　　　平成　　年　　月　　日　　平成　　年　　月　　日

2．一般貸切旅客自動車運送事業に係る事業収支見積り

（単位：千円）

		平成　年度	平成　年度	平成　年度	平成　年度	平成　年度	平成　年度
営業収益	運送収入						
	旅客運賃						
	その他						
	運送雑収						
	合計						
営業費用	運転者 給与						
	手当						
	賞与						
	法定福利費						
	厚生福利費						
	その他人件費						
	事業用自動車 減価償却費						
	リース料						
	修繕費						
	適正化機関負担金						
	その他運送費						
	合計						
営業損益							
営業外収益							
営業外費用							
営業外損益							
経常損益							
他事業からの繰入							
経常損益（他事業からの繰入参入後）							

3．一般貸切旅客自動車運送事業以外の事業の経営状況

平成　　年度　　　　　　　　　　　　　　　　　　　　　　　　　（単位：千円）

	一般貸切旅客自動車運送事業	事業	事業	事業	事業	合　計
営業収益						
営業費用						
営業損益						
営業外収益						
営業外費用						
営業外損益						
経常損益						
特別損益						
純利益						

平成　　年度　　　　　　　　　　　　　　　　　　　　　　　　　（単位：千円）

	一般貸切旅客自動車運送事業	事業	事業	事業	事業	合　計
営業収益						
営業費用						
営業損益						
営業外収益						
営業外費用						
営業外損益						
経常損益						
特別損益						
純利益						

平成　　年度　　　　　　　　　　　　　　　　　　　　　　　　　（単位：千円）

	一般貸切旅客自動車運送事業	事業	事業	事業	事業	合　計
営業収益						
営業費用						
営業損益						
営業外収益						
営業外費用						
営業外損益						
経常損益						
特別損益						
純利益						

平成　　年度　　　　　　　　　　　　　　　　　　　　　　（単位：千円）

	一般貸切旅客自動車運送事業	事業	事業	事業	事業	合　計
営業収益						
営業費用						
営業損益						
営業外収益						
営業外費用						
営業外損益						
経常損益						
特別損益						
純利益						

平成　　年度　　　　　　　　　　　　　　　　　　　　　　（単位：千円）

	一般貸切旅客自動車運送事業	事業	事業	事業	事業	合　計
営業収益						
営業費用						
営業損益						
営業外収益						
営業外費用						
営業外損益						
経常損益						
特別損益						
純利益						

平成　　年度　　　　　　　　　　　　　　　　　　　　　　（単位：千円）

	一般貸切旅客自動車運送事業	事業	事業	事業	事業	合　計
営業収益						
営業費用						
営業損益						
営業外収益						
営業外費用						
営業外損益						
経常損益						
特別損益						
純利益						

⑨営業収益の算出根拠

別紙1

○営業収益の算出根拠

平成　　年度

実働日車営収（※1）　　期中平均車両数　　期中平均実働率（※2）　　　　　　　営業収益

　　　　円　×　　　　台　×　　　　％　×　　365日　＝　　　　円

（期中平均運転者数）

（　　　　人）

平成　　年度

実働日車営収（※1）　　期中平均車両数　　期中平均実働率（※2）　　　　　　　営業収益

　　　　円　×　　　　台　×　　　　％　×　　365日　＝　　　　円

（期中平均運転者数）

（　　　　人）

平成　　年度

実働日車営収（※1）　　期中平均車両数　　期中平均実働率（※2）　　　　　　　営業収益

　　　　円　×　　　　台　×　　　　％　×　　365日　＝　　　　円

（期中平均運転者数）

（　　　　人）

平成　　年度

実働日車営収（※1）　　期中平均車両数　　期中平均実働率（※2）　　　　　　　営業収益

　　　　円　×　　　　台　×　　　　％　×　　365日　＝　　　　円

（期中平均運転者数）

（　　　　人）

平成　　年度

実働日車営収（※1）　　期中平均車両数　　期中平均実働率（※2）　　　　　　　営業収益

　　　　円　×　　　　台　×　　　　％　×　　365日　＝　　　　円

（期中平均運転者数）

（　　　　人）

平成　　年度

実働日車営収（※1）　　期中平均車両数　　期中平均実働率（※2）　　　　　　　営業収益

　　　　円　×　　　　台　×　　　　％　×　　365日　＝　　　　円

（期中平均運転者数）

（　　　　人）

※1　新規許可申請時においては、運輸局管轄ブロックにおける平均実働日車営収とする。
　　　更新許可申請時においては、事業者の実績実働日車営収とする。なお、実績実働日車営収としない場合は、その根拠となる書面を添付すること。
※2　新規許可申請時においては、運輸局管轄ブロックにおける平均実働率とする。
　　　更新許可申請時においては、事業者の実績実働率とする。なお、実績実働率としない場合は、その根拠となる書面を添付すること。

⑩ 運転者への給与支払い内訳、法定福利費内訳、厚生福利費のうち健康診断に係る費用

別紙2

○運転者への給与支払い内訳

	平成　年度	平成　年度	平成　年度	平成　年度	平成　年度	平成　年度
所定内賃金	千円	千円	千円	千円	千円	千円
所定内総労働時間	時間	時間	時間	時間	時間	時間
時間外割増賃金	千円	千円	千円	千円	千円	千円
時間外総労働時間	時間	時間	時間	時間	時間	時間
休日割増賃金	千円	千円	千円	千円	千円	千円
休日総労働時間	時間	時間	時間	時間	時間	時間
深夜割増賃金	千円	千円	千円	千円	千円	千円
深夜総労働時間	時間	時間	時間	時間	時間	時間
給与合計	千円	千円	千円	千円	千円	千円

○法定福利費内訳

	平成　年度	平成　年度	平成　年度	平成　年度	平成　年度	平成　年度
健康保険	千円	千円	千円	千円	千円	千円
厚生年金保険	千円	千円	千円	千円	千円	千円
雇用保険	千円	千円	千円	千円	千円	千円
労災保険	千円	千円	千円	千円	千円	千円
合計	千円	千円	千円	千円	千円	千円

○厚生福利費のうち健康診断に係る費用

	平成　年度	平成　年度	平成　年度	平成　年度	平成　年度	平成　年度
健康診断	千円	千円	千円	千円	千円	千円

※各年度末時点の見込みを記載すること。

⑪ 事業用自動車一覧表

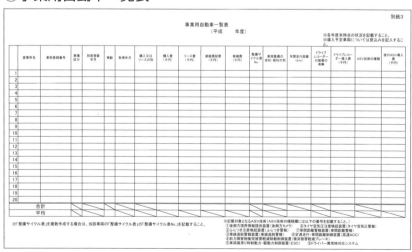

⑫その他運送費のうち安全確保のために必要な事項に係る費用

別紙4

○その他運送費のうち安全確保のために必要な事項に係る費用

①ドライブレコーダーの導入費用

平成　年度	平成　年度	平成　年度	平成　年度	平成　年度
千円	千円	千円	千円	千円

②適性診断の受診費用

・初任診断受診費用

平成　年度	平成　年度	平成　年度	平成　年度	平成　年度	平成　年度
千円	千円	千円	千円	千円	千円

・適齢診断受診費用

平成　年度	平成　年度	平成　年度	平成　年度	平成　年度	平成　年度
千円	千円	千円	千円	千円	千円

③貸切バス事業者安全性評価認定申請費用

平成　年度	平成　年度	平成　年度	平成　年度	平成　年度	平成　年度
千円	千円	千円	千円	千円	千円

④運輸安全マネジメント評価費用

平成　年度	平成　年度	平成　年度	平成　年度	平成　年度	平成　年度
千円	千円	千円	千円	千円	千円

⑤その他安全の確保に対する投資費用

安全確保策の名称：_____

平成　年度	平成　年度	平成　年度	平成　年度	平成　年度	平成　年度
千円	千円	千円	千円	千円	千円

①〜⑤の合計

平成　年度	平成　年度	平成　年度	平成　年度	平成　年度	平成　年度
千円	千円	千円	千円	千円	千円

※各年度末時点の見込みを記載すること。

⑬貸借対照表

貸 借 対 照 表
(平成　　年度)

(単位:千円)

科　目	金額	科　目	金額
(資産の部)		(負債の部)	
Ⅰ．流動資産		Ⅰ．流動負債	
現金預金		支払手形	
受取手形		買掛金	
未収運賃		短期借入金	
有価証券		1年以内返済予定の長期借入金	
商品		1年以内償還予定社債	
貯蔵品		未払金	
前払費用		未払費用	
前払金		未払法人税等	
未収消費税等		未払消費税等	
未収収益		前受金	
短期貸付金		預り金	
立替金		預り連絡運賃	
預け金		前受運賃	
未収金		前受収益	
		賞与引当金	
		繰延税金負債	
		買換資産特別勘定	
繰延税金資産		その他流動負債	
その他流動資産		《流動負債合計》	
貸倒引当金		Ⅱ．固定負債	
《流動資産合計》		社債	
Ⅱ．固定資産		長期借入金	
1．有形固定資産		退職給付引当金	
車両運搬具		役員退職慰労引当金	
建物		預かり保証金	
構築物		繰延税金負債	
機械装置		その他固定負債	
工具器具備品		《固定負債合計》	
		負債の部合計	
土地		(純資産の部)	
建設仮勘定		Ⅰ．株主資本	
(有形固定資産合計)		資本金	
2．無形固定資産		新株申込証拠金	
のれん		資本剰余金	
ソフトウェア		資本準備金	
電話加入権		その他資本剰余金	
その他			
(無形固定資産合計)		(資本剰余金合計)	
3．投資その他の資産		利益剰余金	
投資有価証券		利益準備金	
関係会社株式		任意積立金	
出資金		その他利益剰余金	
長期貸付金		(利益剰余金合計)	
長期前払費用		自己株式	
破産更正債権等		自己株式申込証拠金	
その他投資		《株主資本合計》	
繰延税金資産		Ⅱ．評価・換算差額等	
貸倒引当金		その他有価証券評価差額金	
(投資その他の資産合計)		土地差額再評価差額金	
《固定資産合計》		繰延ヘッジ損益	
Ⅲ．繰延資産		《評価・換算差額合計》	
		Ⅲ．新株予約権	
《繰延資産合計》		純資産の部合計	
資産の部合計		負債の部・純資産の部合計	

⑭損益計算書

損 益 計 算 書

平成　　年　　月　　日から平成　　年　　月　　日まで

(単位：千円)

科目			収益	費用	損益
経常損益	営業損益	旅客自動車運送事業 乗合			
		貸切			
		乗用			
		みなし4条			
		特定			
		その他事業			
		その他事業			
		計			
	営業外損益	金融損益			
		流動資産等売却損益			
		その他損益			
		計			
	合計				
特別損益	固定資産売却損益				
	前期損益修正損益				
	補助金に係る損益				
	その他特別損益				
	合計				
税引前当期純利益					
法人税等					
法人税等調整額					
当期純利益（当期純損失）					

⑮一般貸切旅客自動車運送事業　安全投資実績

　　　　　　　　　　　　　　　　　　　　　平成　年　月　日

　　　　　　　　　　　　住　　所　_____
　　　　　　　　　　　　氏名または名称　_____
　　　　　　　　　　　　代表者氏名　_____

　　　　　　　　一般貸切旅客自動車運送事業　安全投資実績

1．前回許可時の計画に対する実績の評価
　　別紙1のとおり

2．運転者、運行管理者、整備管理者の確保実績

	平成　年度	平成　年度	平成　年度	平成　年度	平成　年度
運転者	人	人	人	人	人
運行管理者	人	人	人	人	人
整備管理者	人	人	人	人	人

※他の自動車運送事業の用に供する車両の運転者と兼務する者も含む。
※非正規雇用の者（「期間を定めずに雇われている者」以外の者）も含む。
※各年度末時点の実績を記入すること。

3．車両の新規取得・代替の実績

車種区分		平成　年度	平成　年度	平成　年度	平成　年度	平成　年度
大型	増車	両	両	両	両	両
	減車	両	両	両	両	両
	合計	両	両	両	両	両
中型	増車	両	両	両	両	両
	減車	両	両	両	両	両
	合計	両	両	両	両	両
小型	増車	両	両	両	両	両
	減車	両	両	両	両	両
	合計	両	両	両	両	両

※車種区分ごと「合計」欄には、保有車両の合計台数を記載すること。
※各年度末時点の実績を記入すること。

4．その他の安全確保のために必要な事項について
　　別紙2のとおり

⑯前回許可時の計画に対する実績の評価

別紙1

1．前回許可時の計画に対する実績の評価

	計　画	実　績	未達成の場合の理由
1年目 （平成　年度）			
	計　画	実　績	未達成の場合の理由
2年目 （平成　年度）			
	計　画	実　績	未達成の場合の理由
3年目 （平成　年度）			
	計　画	実　績	未達成の場合の理由
4年目 （平成　年度）			
	計　画	実　績	未達成の場合の理由
5年目 （平成　年度）			

※平成29年3月31日までに許可を受けていた事業者及び平成29年3月31日までに受理された申請であって、平成29年4月1日以降に許可を受けた事業者に限り、事業許可の初回更新時は添付不要とする。

⑰その他の安全確保のために必要な事項について

別紙2

○その他の安全確保のために必要な事項について

①ドライブレコーダーの導入実績

車種区分	平成　年度	平成　年度	平成　年度	平成　年度	平成　年度
大型	両	両	両	両	両
中型	両	両	両	両	両
小型	両	両	両	両	両

②適性診断の受診実績

・初任運転者雇用実績

平成　年度	平成　年度	平成　年度	平成　年度	平成　年度
人	人	人	人	人

・高齢運転者雇用実績

平成　年度	平成　年度	平成　年度	平成　年度	平成　年度
人	人	人	人	人

③貸切バス事業者安全性評価認定申請実績

平成　年度	平成　年度	平成　年度	平成　年度	平成　年度

④運輸安全マネジメント評価実績

平成　年度	平成　年度	平成　年度	平成　年度	平成　年度

⑤その他安全の確保に対する投資実績

安全確保策の名称：＿＿＿＿＿＿＿＿＿＿＿＿＿＿＿＿＿

平成　年度	平成　年度	平成　年度	平成　年度	平成　年度

※各年度末時点の実績を記載すること。なお、③、④については、実施年度に「○」を記入すること。

⑱一般貸切旅客自動車運送事業　事業収支実績報告書

平成　　年　　月　　日

住　所　＿＿＿＿＿＿＿＿＿＿
氏名または名称　＿＿＿＿＿＿＿＿＿＿
代表者氏名　＿＿＿＿＿＿＿＿＿＿

一般貸切旅客自動車運送事業　事業収支実績報告書

1．一般貸切旅客自動車運送事業に係る事業収支実績

(単位：千円)

			平成　年度	平成　年度	平成　年度	平成　年度	平成　年度
営業収益	運送収入						
		旅客運賃					
		その他					
	運送雑収						
	合計						
営業費用	運転者	給与					
		手当					
		賞与					
		法定福利費					
		厚生福利費					
	その他人件費						
	事業用自動車	減価償却費					
		リース料					
		修繕費					
	適正化機関負担金						
	その他運送費						
	合計						
営業損益							
営業外収益							
営業外費用							
営業外損益							
経常損益							
他事業からの繰入							
経常損益(他事業からの繰入参入後)							

2．一般貸切旅客自動車運送事業以外の事業の経営状況

平成　　年度

(単位：千円)

	一般貸切旅客自動車運送事業	事業	事業	事業	事業	合　計
営業収益						
営業費用						
営業損益						
営業外収益						
営業外費用						
営業外損益						
経常損益						
特別損益						
純利益						

平成　　年度　　　　　　　　　　　　　　　　　　　　　　　　（単位：千円）

	一般貸切旅客自動車運送事業	事業	事業	事業	事業	合　計
営業収益						
営業費用						
営業損益						
営業外収益						
営業外費用						
営業外損益						
経常損益						
特別損益						
純利益						

平成　　年度　　　　　　　　　　　　　　　　　　　　　　　　（単位：千円）

	一般貸切旅客自動車運送事業	事業	事業	事業	事業	合　計
営業収益						
営業費用						
営業損益						
営業外収益						
営業外費用						
営業外損益						
経常損益						
特別損益						
純利益						

平成　　年度　　　　　　　　　　　　　　　　　　　　　　　　（単位：千円）

	一般貸切旅客自動車運送事業	事業	事業	事業	事業	合　計
営業収益						
営業費用						
営業損益						
営業外収益						
営業外費用						
営業外損益						
経常損益						
特別損益						
純利益						

平成　　年度　　　　　　　　　　　　　　　　　　　　　　　　（単位：千円）

	一般貸切旅客自動車運送事業	事業	事業	事業	事業	合　計
営業収益						
営業費用						
営業損益						
営業外収益						
営業外費用						
営業外損益						
経常損益						
特別損益						
純利益						

⑲ 運転者への給与支払い実績、法定福利費内訳（実績）、厚生福利費のうち健康診断に係る費用（実績）

別紙1

○運転者への給与支払い実績

	平成　年度	平成　年度	平成　年度	平成　年度	平成　年度
所定内賃金	千円	千円	千円	千円	千円
所定内総労働時間	時間	時間	時間	時間	時間
時間外割増賃金	千円	千円	千円	千円	千円
時間外総労働時間	時間	時間	時間	時間	時間
休日割増賃金	千円	千円	千円	千円	千円
休日総労働時間	時間	時間	時間	時間	時間
深夜割増賃金	千円	千円	千円	千円	千円
深夜総労働時間	時間	時間	時間	時間	時間
給与合計	千円	千円	千円	千円	千円

○法定福利費内訳（実績）

	平成　年度	平成　年度	平成　年度	平成　年度	平成　年度
健康保険	千円	千円	千円	千円	千円
厚生年金保険	千円	千円	千円	千円	千円
雇用保険	千円	千円	千円	千円	千円
労災保険	千円	千円	千円	千円	千円
合計	千円	千円	千円	千円	千円

○厚生福利費のうち健康診断に係る費用（実績）

	平成　年度	平成　年度	平成　年度	平成　年度	平成　年度
健康診断	千円	千円	千円	千円	千円

※各年度末時点の実績を記入すること。

⑳ 事業用自動車一覧表（実績）

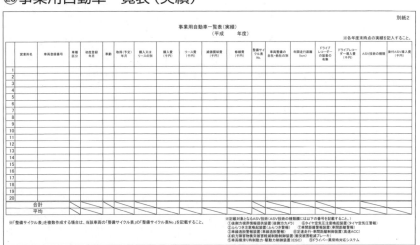

Ⅳ　更新申請マニュアル

㉑その他運送費のうち安全確保のために必要な事項に係る費用

別紙3

○その他運送費のうち安全確保のために必要な事項に係る費用

①ドライブレコーダーの導入実績

平成　年度	平成　年度	平成　年度	平成　年度	平成　年度
千円	千円	千円	千円	千円

②適性診断の受診実績

・初任診断受診実績

平成　年度	平成　年度	平成　年度	平成　年度	平成　年度
千円	千円	千円	千円	千円

・適齢診断受診実績

平成　年度	平成　年度	平成　年度	平成　年度	平成　年度
千円	千円	千円	千円	千円

③貸切バス事業者安全性評価認定申請実績

平成　年度	平成　年度	平成　年度	平成　年度	平成　年度
千円	千円	千円	千円	千円

④運輸安全マネジメント評価実績

平成　年度	平成　年度	平成　年度	平成　年度	平成　年度
千円	千円	千円	千円	千円

⑤その他安全の確保に対する投資実績

安全確保策の名称：＿＿＿＿＿＿＿＿＿＿＿＿＿＿＿＿

平成　年度	平成　年度	平成　年度	平成　年度	平成　年度
千円	千円	千円	千円	千円

※各年度末時点の実績を記入すること。

㉒貸借対照表

貸借対照表
（平成　　年度）

（単位：千円）

科　目	金額	科　目	金額
（資産の部）		（負債の部）	
Ⅰ．流動資産		Ⅰ．流動負債	
現金預金		支払手形	
受取手形		買掛金	
未収運賃		短期借入金	
有価証券		1年以内返済予定の長期借入金	
商品		1年以内償還予定社債	
貯蔵品		未払金	
前払費用		未払費用	
前払金		未払法人税等	
未収消費税等		未払消費税等	
未収収益		前受金	
短期貸付金		預り金	
立替金		預り連絡運賃	
預け金		前受運賃	
未収金		前受収益	
		賞与引当金	
		繰延税金負債	
		買換資産特別勘定	
繰延税金資産		その他流動負債	
その他流動資産		《流動負債合計》	
貸倒引当金		Ⅱ．固定負債	
《流動資産合計》		社債	
Ⅱ．固定資産		長期借入金	
1．有形固定資産		退職給付引当金	
車両運搬具		役員退職慰労引当金	
建物		預かり保証金	
構築物		繰延税金負債	
機械装置		その他固定負債	
工具器具備品		《固定負債合計》	
		負債の部合計	
土地		（純資産の部）	
建設仮勘定		Ⅰ．株主資本	
（有形固定資産合計）		資本金	
2．無形固定資産		新株申込証拠金	
のれん		資本剰余金	
ソフトウェア		資本準備金	
電話加入権		その他資本剰余金	
その他			
（無形固定資産合計）		（資本剰余金合計）	
3．投資その他の資産		利益剰余金	
投資有価証券		利益準備金	
関係会社株式		任意積立金	
出資金		その他利益剰余金	
長期貸付金		（利益剰余金合計）	
長期前払費用		自己株式	
破産更正債権等		自己株式申込証拠金	
その他投資		《株主資本合計》	
繰延税金資産		Ⅱ．評価・換算差額等	
貸倒引当金		その他有価証券評価差額金	
（投資その他の資産合計）		土地差額再評価差額金	
《固定資産合計》		繰延ヘッジ損益	
Ⅲ．繰延資産		《評価・換算差額合計》	
		Ⅲ．新株予約権	
《繰延資産合計》		純資産の部合計	
資産の部合計		負債の部・純資産の部合計	

㉓損益計算書

損 益 計 算 書
平成　年　月　日から平成　年　月　日まで

(単位：千円)

科目			収益	費用	損益
経常損益	営業損益	旅客自動車運送事業　乗合			
		貸切			
		乗用			
		みなし4条			
		特定			
		その他事業			
		その他事業			
		計			
	営業外損益	金融損益			
		流動資産等売却損益			
		その他損益			
		計			
	合計				
特別損益	固定資産売却損益				
	前期損益修正損益				
	補助金に係る損益				
	その他特別損益				
	合計				
税引前当期純利益					
法人税等					
法人税等調整額					
当期純利益（当期純損失）					

㉔-1 手続実施結果報告書（公認会計士用）

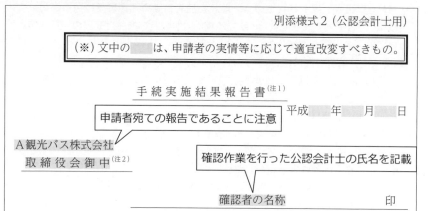

　私は、A観光バス株式会社（以下「会社」という。）からの依頼に基づき、会社の作成した平成○○年の一般貸切旅客自動車運送事業の許可申請書（以下「申請書」という。）における、許可申請のために必要な平成○○年○○月○○日から平成○○年○○月○○日までの事業年度に関連する事項について、以下の手続を実施した。なお、当該手続は、「道路運送法第６条」及び「同法施行規則第６条」の規定に基づき、申請書に記載された次の記載内容のみを対象として確認することを目的とするものであり、全体としての申請書を対象とするものではない。

(1)　事業収支実績報告書
(2)　事業収支実績報告書に添付された別紙１～別紙３
(3)　事業収支実績報告書に添付された貸借対照表及び損益計算書

　なお、上記の記載内容は、「道路運送法第６条」及び「同法施行規則第６条」の規定により一般貸切旅客自動車運送事業の許可申請を行うために、申請書様式上の記載に基づいて会社によって作成され、申請書に記載されたものである。

(注１) 公認会計士又は監査法人（公認会計士等）は、日本公認会計士協会専門業務実務指針4400「合意された手続業務に関する実務指針」に準拠して本業務を実施することができる。この場合、「その他の実施結果の利用者」に関しては、同実務指針Ａ９項及びA10項を参照する。また、表題を「合意された手続実施結果報告書」とする他、本文例の実施者の肩書、見出し、業務依頼者及び業務実施者の責任、職業倫理及び品質管理等について、同実務指針の文例を参照して、適宜改変することができる。
(注２) 又は、「代表取締役　×××××　殿」とする。

実施した手続の範囲及び内容^(注3)

　私は、申請書に記載されている一般貸切旅客自動車運送事業に係る事業収支実績報告書（別紙1～3を含む）並びに貸借対照表及び損益計算書の記載内容について以下の手続を実施した。

（事業収支実績報告書）
1．別紙1の所定内賃金、時間外割増賃金、休日割増賃金及び深夜割増賃金について、各年度の金額を賃金台帳等と突合した。
2．別紙1の健康保険、厚生年金保険、雇用保険及び労災保険の事業主負担額について、各年度の金額を領収済通知書等と突合した。
3．別紙1の健康診断に係る費用について、各年度の金額を健康診断の受診費用の請求書又は領収書と突合した。
4．別紙2の事業用自動車一覧表に記載された修繕費、ドライブレコーダー導入費及び後付ASV導入費について、各年度の金額を整備事業者等から受領した請求書又は領収書等と突合した。
5．別紙3のその他運送費のうち安全確保のために必要な事項に係る費用について、各年度の金額を請求書又は領収書と突合した。

（貸借対照表及び損益計算書）
6．貸借対照表及び損益計算書について、最終年度の確定決算に係る税務申告書に添付された貸借対照表及び損益計算書と突合した。

（突合した書類）
　　上記1．～6．について、突合した書類は以下のとおり。

1．	（例）総勘定元帳、賃金台帳
2．	（例）総勘定元帳、賃金台帳
3．	（例）医療機関が発行する領収書
4．	（例）固定資産台帳、整備会社が発行する領収書
5．	（例）自動車事故対策機構（NASVA）が発行する手数料を記載した領収書

手続の実施結果
（貸借対照表及び損益計算書）
1．上記手続6．について、貸借対照表及び損益計算書と確定決算に係る税務申告に添付された貸借対照表及び損益計算書と一致していることが確認された。

（注3）各手続において示されている書類は例示に過ぎず、必ずしもこれらの名称の書類を使用することを求めるものではない。許可申請を行う事業者の作成・保存している記録の実情に応じた書類を使用することができる。
　なお、別紙1から別紙3について、原則として、総勘定元帳等の会社が作成する帳簿と突合すれば足りる。会社が作成する帳簿により確認できないものについては、上記1．～5．のとおり、各種領収書等と突合することとする。

(事業収支実績報告書)^(注4)

2．上記の手続1．について、別紙1の所定内賃金、時間外割増賃金、休日割増賃金及び深夜割増賃金それぞれの合計額は、賃金台帳等に記載された額の合計と合致した。
3．上記手続2．について、別紙1の健康保険、厚生年金保険、雇用保険及び労災保険の事業主負担分の金額は、領収済通知書等に記載された支払額の合計と合致した。
4．上記手続3．について、別紙1の健康診断に係る費用は、請求書又は領収書に記載された支払額の合計と合致した。
5．上記の手続4．について、別紙2の修繕費、ドライブレコーダー導入費及び後付ＡＳＶ導入費のそれぞれの金額は、整備事業者等から受領した請求書又は領収書等に記載された支払額の合計と合致した。
6．上記の手続5．について、別紙3のその他運送費のうち安全確保のために必要な事項に係る費用それぞれの金額は、請求書又は領収書に記載された額の合計と合致した。

業務の特質

　上記の手続は、「道路運送法第6条」及び「同法施行規則第6条」に基づき実施したものであり、全体としての申請書並びに申請書上の所定内賃金、時間外割増賃金、休日割増賃金及び深夜割増賃金それぞれの合計額その他の各記載事項に対する監査意見又はレビューの結論の報告を目的とした一般に公正妥当と認められる監査の基準又はレビューの基準に準拠するものではない。
　したがって、私は、これらの申請書及び各記載事項について、いかなる結論の報告も、また保証を提供することもしない。また、実施した手続が十分であるかどうかについての結論の報告もしていない^(注5)。

配布及び利用制限

　本報告書は、会社の平成〇〇年の一般貸切旅客自動車運送事業の許可申請書に関連して作成されたものであり、許可申請以外の目的で使用されてはならず、配布及び利用されるべきものではない。

(注4) 会社が記載する台帳と突合した場合においては、そこに記載された額と合致したことを確認する。
(注5) 公認会計士等が業務を行う場合には、「日本公認会計士協会専門業務実務指針 4400」を参考として、例えば、次のような表現を「業務の特質」に追加することができる。
　「当監査法人が一般に公正妥当と認められる監査の基準若しくはレビューの基準に準拠してこれらの金額の監査若しくはレビューを実施した場合、手続を追加して実施した場合又は手続の範囲を拡大した場合、報告すべき事項が新たに発見される可能性がある」

㉔-2 手続実施結果報告書（税理士用）

別添様式2（税理士用）

（※）文中の_____は、申請者の実情等に応じて適宜改変すべきもの。

手 続 実 施 結 果 報 告 書

平成○○年○○月○○日

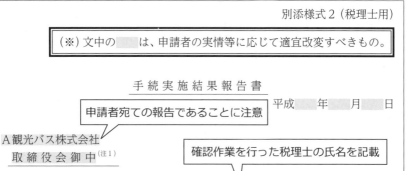

A観光バス株式会社
取 締 役 会 御 中 (注1)

確認者の名称　　　　　　　　印

　私は、A観光バス株式会社（以下「会社」という。）からの依頼に基づき、会社の作成した平成○○年の一般貸切旅客自動車運送事業の許可申請書（以下「申請書」という。）における、許可申請のために必要な平成○○年○○月○○日から平成○○年○○月○○日までの事業年度に関連する事項について、以下の手続を実施した。なお、当該手続は、「道路運送法第6条」及び「同法施行規則第6条」の規定に基づき、申請書に記載された次の記載内容のみを対象として確認することを目的とするものであり、全体としての申請書を対象とするものではない。

(1) 事業収支実績報告書
(2) 事業収支実績報告書に添付された別紙1～別紙3
(3) 事業収支実績報告書に添付された貸借対照表及び損益計算書

　なお、上記の記載内容は、「道路運送法第6条」及び「同法施行規則第6条」の規定により一般貸切旅客自動車運送事業の許可申請を行うために、申請書様式上の記載に基づいて会社によって作成され、申請書に記載されたものである。

<u>実施した手続の範囲及び内容</u>(注2)
　私は、申請書に記載されている一般貸切旅客自動車運送事業に係る事業収支実績報告書（別紙1～3を含む）並びに貸借対照表及び損益計算書の記載内容について以下の手続を実施した。

(注1) 又は、「代表取締役　　×××××　殿」とする。
(注2) 各手続において示されている書類は例示に過ぎず、必ずしもこれらの名称の書類を使用することを求めるものではない。許可申請を行う事業者の作成・保存している記録の実情に応じた書類を使用することができる。

1．（事業収支実績報告書）別紙1の所定内賃金、時間外割増賃金、休日割増賃金及び深夜割増賃金について、各年度の金額を賃金台帳等と突合した。
2．別紙1の健康保険、厚生年金保険、雇用保険及び労災保険の事業主負担額について、各年度の金額を領収済通知書等と突合した。
3．別紙1の健康診断に係る費用について、各年度の金額を健康診断の受診費用の請求書又は領収書と突合した。
4．別紙2の事業用自動車一覧表に記載された修繕費、ドライブレコーダー導入費及び後付ＡＳＶ導入費について、各年度の金額を整備事業者等から受領した請求書又は領収書等と突合した。
5．別紙3のその他運送費のうち安全確保のために必要な事項に係る費用について、各年度の金額を請求書又は領収書と突合した。
6．別紙1から別紙3について、原則として、総勘定元帳等の会社が作成する帳簿と突合すれば足りる。会社が作成する帳簿により確認できないものについては、上記1．～5．のとおり、各種領収書等と突合することとする。

（貸借対照表及び損益計算書）
7．貸借対照表及び損益計算書について、最終年度の確定決算に係る税務申告書に添付された貸借対照表及び損益計算書と突合した。

（突合した書類）
　上記1．～6．について、突合した書類は以下のとおり。

1．	（例）総勘定元帳、賃金台帳
2．	（例）総勘定元帳、賃金台帳
3．	（例）医療機関が発行する領収書
4．	（例）固定資産台帳、整備会社が発行する領収書
5．	（例）自動車事故対策機構（NASVA）が発行する手数料を記載した領収書

手続の実施結果
（貸借対照表及び損益計算書）
1．上記手続7．について、貸借対照表及び損益計算書と確定決算に係る税務申告に添付された貸借対照表及び損益計算書と一致していることが確認された。

（事業収支実績報告書）[注3]
2．上記の手続1．について、別紙1の所定内賃金、時間外割増賃金、休日割増賃金及び深夜割増賃金それぞれの合計額は、賃金台帳等に記載された額の合計と合致した。

（注3）会社が記載する台帳と突合した場合においては、そこに記載された額と合致したことを確認する。

3．上記手続2．について、別紙1の健康保険、厚生年金保険、雇用保険及び労災保険の事業主負担分の金額は、領収済通知書等に記載された支払額の合計と合致した。
4．上記手続3．について、別紙1の健康診断に係る費用は、請求書又は領収書に記載された支払額の合計と合致した。
5．上記の手続4．について、別紙2の修繕費、ドライブレコーダー導入費及び後付ＡＳＶ導入費のそれぞれの金額は、整備事業者等から受領した請求書又は領収書等に記載された支払額の合計と合致した。
6．上記の手続5．について、別紙3のその他運送費のうち安全確保のために必要な事項に係る費用それぞれの金額は、請求書又は領収書に記載された額の合計と合致した。

業務の特質
　上記の手続は、「道路運送法第6条」及び「同法施行規則第6条」に基づき実施したものであり、全体としての申請書並びに申請書上の所定内賃金、時間外割増賃金、休日割増賃金及び深夜割増賃金それぞれの合計額その他の各記載事項に対する監査意見又はレビューの結論の報告を目的とした一般に公正妥当と認められる監査の基準又はレビューの基準に準拠するものではない。
　したがって、私は、これらの申請書及び各記載事項について、いかなる結論の報告も、また保証を提供することもしない。また、実施した手続が十分であるかどうかについての結論の報告もしていない。

配布及び利用制限
　本報告書は、会社の平成○○年の一般貸切旅客自動車運送事業の許可申請書に関連して作成されたものであり、許可申請以外の目的で使用されてはならず、配布及び利用されるべきものではない。

㉕事業者の中で給与が最も低い運転者の賃金支払内容

別添様式3

事業者の中で給与が最も低い運転者の賃金支払内容

運転者氏名：	所属営業所所在地：

1 賃金について

抽出年月	

○賃金の種類及びその金額を記載ください。

①時間給の場合		円	
②日給の場合		円	
③月給の場合		円	（基本給を記載ください）

④その他の手当を支給している場合は記載ください。

a	家族手当		円
b	通勤手当		円
c	別居手当		円
d	子女教育手当		円
e	住宅手当		円
f	精皆勤手当		円
g	その他の手当		円

※注
1 aの手当は、扶養家族の人数またはこれを基礎とする家族手当額を基準として算出されるものです。
2 bの手当は、通勤距離または通勤に要する実際費用に応じて算定されるものです。
3 eの手当は、住宅に要する費用に応じて算出されるものです。
4 gの手当からは、以下の手当は除外します。
　①臨時に支払われる賃金（結婚手当、私傷病手当、加療見舞金、退職金等）
　②1箇月を超える期間ごとに支払われる賃金（賞与など）
　③所定労働時間を超える時間の労働に対して支払われる賃金（時間外割増賃金など）
　④所定労働日以外の日の労働に対して支払われる賃金（休日割増賃金など）
　⑤午後10時から午前5時までの間の労働に対して支払われる賃金のうち、通常の労働時間の賃金の計算額を超える部分（深夜割増賃金など）

| 抽出年月 | |

〇賃金の種類及びその金額を記載ください。

① 時間給の場合 [　　　] 円

② 日給の場合 [　　　] 円

③ 月給の場合 [　　　] 円 （基本給を記載ください）

④ その他の手当を支給している場合は記載ください。

　　a　家族手当　[　　　] 円
　　b　通勤手当　[　　　] 円
　　c　別居手当　[　　　] 円
　　d　子女教育手当　[　　　] 円
　　e　住宅手当　[　　　] 円
　　f　精皆勤手当　[　　　] 円
　　g　その他の手当　[　　　] 円

2　労働時間・労働日について

① 1日の所定労働時間 [　　　] 時間

（7時間30分であれば、7.5時間と記載）

② 年間の所定休日日数 [　　　] 日

③ 年間の所定労働日数　暦日数 [　　　] 日 － ② 0 ＝ 0 日

④ 1ヶ月の平均所定労働時間　①×③ 0 ÷ 12ヶ月 12 ＝ 0

※注
1　所定労働時間とは、就業規則等で定められた始業時刻から終業時刻までの時間から、休憩時間を差し引いた労働時間をいいます。
2　年間の所定労働日数とは、1年間の暦日から年間休日総数を除いた日数をいいます。なお、年間の所定休日日数とは、企業1年間分の休日の合計日数をいいます。休日とは、就業規則、労働協約又は労働契約等において、労働義務がないとされた週休日（日曜日、土曜日などの会社指定の休日）及び週休日以外の休日（国民の祝日・休日、年末年始、夏季休暇、会社記念日などで会社の休日とされている日）をいいます。ただし、年次有給休暇分や雇用調整、生産調整のための休業分は含まれません。

4．関係通知

○一般貸切旅客自動車運送事業の許可及び事業計画変更認可申請の処理について

> 平成11年12月13日 自旅第128号
> ・自環第241号
> 自動車交通局長から各地方運輸局長・
> 沖縄総合事務局長あて通達

最近改正　平成29年8月24日 国自旅第140号

1　平成11年5月21日に公布された道路運送法の一部を改正する法律（平成11年法律第48号）は、平成12年2月1日から施行されることとなるが、この改正は、一般貸切旅客自動車運送事業について、需給調整規制を廃止するとともに、運賃、料金の設定及び変更について届出制とすること等により、競争を通じた多様なサービスの提供を促進し、事業の効率化、活性化を図り、併せて、運行管理制度の充実を図ること等により輸送の安全を確保することを目的とするものである。

　従って、同法の施行に当たっては、その周知徹底に万全を期すとともに、上述の目的及び趣旨を十分に踏まえ、さらに下記の諸点に留意することとされたい。

記

(1)　同法の国会審議においては、衆議院運輸委員会では二項目、参議院交通・情報通信委員会では四項目の附帯決議がなされており、これら決議を十分に踏まえて運用すること。

(2)　許認可等に当たっては、公共の福祉、利用者の利便の増進等の行政目的の達成のため必要な最小限度の審査にとどめ、ますます多様化する利用者ニーズに適切に対応して事業者が多様なサービスの提供や事業の効率化、活性化を図ることが出来るよう、迅速かつ適切な審査を行うこと。

(3)　輸送の安全及び輸送秩序の維持を阻害する行為を防止するため実効性のある措置を講じることとし、関係行政機関とも十分な連携をとりながら厳正に対処すること。

(4)　道路運送法は、道路運送事業の公正な競争を確保することを目的としており、同法の運用にあたり公正競争の確保は極めて重要な視点であることから、十分留意すること。

(5) 中小事業者が、需給調整規制廃止に伴う環境の変化に的確に対応し、円滑かつ安定的に事業を行うことができるよう、十分留意すること。

2　一般貸切旅客自動車運送事業の許可及び事業計画変更認可申請の処理については、別紙のとおり処理方針を定めたので、各地方運輸局及び沖縄総合事務局（以下「各局等」という。）においては、その趣旨を十分理解のうえ、各局等で定めている審査基準について所要の改正を行い、迅速かつ的確な処理を図られたい。
　なお、平成9年1月24日付け自旅第10号「一般旅客自動車運送事業に係る当面の規制緩和等の措置について」は廃止する。
　各局等において本処理方針に基づき新たな審査基準を定めるときは、その内容を事前に本省と調整されたい。
　また、本件については、公益社団法人日本バス協会会長に対し別添のとおり通知したので申し添える。

別　紙

一般貸切旅客自動車運送事業の申請に対する処分の処理方針

以下の方針の定めるところにより行うものとする。

1．許可（道路運送法（昭和26年法律第183号。以下「法」という。）第4条第1項）

(1) 営業区域

　原則、都府県単位（北海道は運輸支局の管轄区域単位、沖縄は島しょ毎）とする。
　ただし、都府県（北海道は運輸支局の管轄区域をいう。以下同じ。）の境界に接する市町村（東京都特別区または政令指定都市に接する場合にあっては隣接する区をいう。以下同じ。）に営業所を設置する場合にあっては、山岳、河川、海峡等地形・地勢的要因による隔たりがなく、経済事情等に鑑み同一地域と認められる隣接都府県の隣接する市町村を含む区域を営業区域とすることができる。
　なお、隣接都府県の隣接する市町村を含む区域を設定した後に、合併等により、当該市町村区域の拡大があった場合は、拡大後の市町村を含む区域を営業区域とし、隣接都府県の隣接する市町村を含む区域を設定した後に、行政区の分割等により、当該市町村区域の縮小があった場合には、従前の区域を営業区域とするものとする。

(2) 営業所
① 営業区域内((1)ただし書きにより含むこととなる隣接する市町村の範囲を除く。)にあること。
なお、複数の営業区域を有するものにあっては、それぞれの営業区域内にあること。
② 申請者が、土地、建物について3年以上の使用権原を有するものであること。
③ 建築基準法(昭和25年法律第201号)、都市計画法(昭和43年法律第100号)、消防法(昭和23年法律第186号)、農地法(昭和27年法律第229号)等関係法令に抵触しないものであること。
④ 事業計画を的確に遂行するに足る規模のものであること。

(3) 事業用自動車
① 車種区分
車種区分については、大型車、中型車及び小型車の3区分とし、区分の基準は次のとおりとする。
大型車……車両の長さ9メートル以上又は旅客席数50人以上
中型車……大型車、小型車以外のもの
小型車……車両の長さ7メートル以下で、かつ旅客席数29人以下
② 事業用自動車
(イ) 申請者が使用権原を有するものであること。
(ロ) 事業用自動車として使用しようとする自動車が中古車(新車新規登録を受ける自動車以外の自動車をいう。)である場合、運輸開始までに道路運送車両法第48条に基づく定期点検整備を実施する計画があること。

(4) 車両数
最低車両数
営業所を要する営業区域毎に3両。ただし、大型車を使用する場合は、営業所を要する営業区域毎に5両。
なお、車両数が3両以上5両未満での申請の場合は、許可に際して中型車及び小型車を使用しての輸送に限定する旨の条件を付すこととする。

(5) 自動車車庫
① 原則として営業所に併設するものであること。ただし、併設できない場合は、営業所から直線で2キロメートルの範囲内にあって運行管理をはじめとする管理が十分可能であること。
② 車両と自動車車庫の境界及び車両相互間の間隔が50センチメート

ル以上確保され、かつ、営業所に配置する事業用自動車の全てを収容できるものであること。
③ 他の用途に使用される部分と明確に区画されていること。
④ 申請者が、土地、建物について3年以上の使用権原を有するものであること。
⑤ 建築基準法、都市計画法、消防法、農地法等関係法令の規定に抵触しないものであること。
⑥ 事業用自動車の点検、整備及び清掃のための施設が設けられていること。
⑦ 事業用自動車の出入りに支障のない構造であり、前面道路が車両制限令（昭和36年政令第265号）に抵触しないものであること。なお、前面道路が私道の場合にあっては、当該私道の通行に係る使用権原を有する者の承認があり、かつ、当該私道に接続する公道が車両制限令に抵触しないものであること。

(6) **休憩、仮眠又は睡眠のための施設**
① 原則として営業所又は自動車車庫に併設されているものであること。ただし、併設できない場合は、営業所及び自動車車庫のいずれからも直線で2キロメートルの範囲内にあること。
② 事業計画を的確に遂行するに足る規模を有し、適切な設備を有するものであること。
③ 申請者が、土地、建物について3年以上の使用権原を有するものであること。
④ 建築基準法、都市計画法、消防法、農地法等関係法令の規定に抵触しないものであること。

(7) **管理運営体制**
① 法人にあっては、当該法人の役員のうち1名以上が専従するものであること。
② 安全管理規程を定め、安全統括管理者を選任する計画があること。
③ 営業所ごとに、配置する事業用自動車の数により義務づけられる常勤の有資格の運行管理者の員数を確保する管理計画があること。
④ 運行管理の担当役員等運行管理に関する指揮命令系統が明確であること。
⑤ 自動車車庫を営業所に併設できない場合は、自動車車庫と営業所が常時密接な連絡をとれる体制が整備されるとともに、点呼等が確実に実施される体制が確立されていること。

⑥　事故防止についての教育及び指導体制を整え、かつ、事故の処理及び自動車事故報告規則（昭和26年運輸省令第104号）に基づく報告等の責任体制その他緊急時の連絡体制及び協力体制について明確に整備されていること。

⑦　上記③〜⑥の事項等を明記した運行管理規程等が定められていること。

⑧　原則として、常勤の有資格の整備管理者の選任計画があること。

　　ただし、一定の要件を満たすグループ企業（会社法（平成17年法律第86号）第2条第3号及び第4号に定める子会社及び親会社の関係にある企業及び同一の親会社を持つ子会社をいう。）に整備管理者を外部委託する場合は、事業用自動車の運行の可否の決定等整備管理に関する業務が確実に実施される体制が確立されていること。

⑨　利用者等からの苦情の処理に関する体制が整備されていること。

(8) **運転者**

①　事業計画を遂行するに足る員数の有資格の運転者を常時選任する計画があること。

②　運転者は、旅客自動車運送事業運輸規則（昭和31年運輸省令第44号）第36条第1項各号に該当する者ではないこと。

(9) **安全投資計画**

①　輸送の安全を確保しつつ事業を適確に遂行するために必要な投資が適切になされる計画となっていること。安全投資計画には次の（イ）〜（ヌ）のそれぞれについて記載するものとする。

　（イ）更新までの期間における事業の展望
　（ロ）更新までの期間に実施する事業及び安全投資の概要
　（ハ）運転者、運行管理者、整備管理者の確保予定人数
　（ニ）車両取得予定台数及び保有車両台数
　（ホ）車両の点検及び整備に関する計画
　（ヘ）ドライブレコーダーの導入計画
　（ト）初任運転者及び高齢運転者に対する適性診断の受診計画
　（チ）公益社団法人日本バス協会の実施する貸切バス事業者安全性評価認定申請計画
　（リ）認定事業者による運輸安全マネジメント評価計画
　（ヌ）その他安全の確保に対する投資計画

②　安全投資計画は許可を受けようとする日を含む事業年度開始の日から、当該許可の有効期間満了の日までの事業年度ごとの計画とする。

(10) **事業収支見積書**
　① 安全投資計画に従って事業を遂行することについて十分な経理的基礎を有していること。事業収支見積書には次の（イ）〜（ヘ）のそれぞれについて記載するものとする。
　　（イ）営業収益
　　（ロ）(9)①（ハ）〜（ヌ）に係る費用
　　（ハ）適正化機関に納入する負担金の額
　　（ニ）営業外収益
　　（ホ）営業外費用
　　（ヘ）他事業からの繰入
　② (9)①（ハ）〜（ヌ）に係る費用について所要の単価を下回る単価に基づく収支見積りとなっていないこと。
　③ 事業収支見積書について計画期間中毎年連続で赤字となっていないこと。
　④ 許可を申請する年の直近1事業年度において申請者の財務状況が債務超過ではないこと。

(11) **資金計画**
　① 所要資金の見積りが適切であり、かつ、資金計画が合理的かつ確実なものであること。なお、所要資金は次の（イ）〜（ト）の合計額とし、各費用ごとに以下に示すところにより計算されているものであること。
　　（イ）車両費　取得価額（未払い金を含む。）又はリースの場合は1年分の賃借料等
　　（ロ）土地費　取得価額（未払い金を含む。）又は1年分の賃借料等
　　（ハ）建物費　取得価額（未払い金を含む。）又は1年分の賃借料等
　　（ニ）機械器具及び什器備品　取得価額（未払い金を含む。）
　　（ホ）運転資金　人件費、燃料油脂費、修繕費等の2か月分
　　（ヘ）保険料等　保険料及び租税公課（1年分）
　　（ト）その他　創業費等開業に要する費用（全額）
　② 所要資金の50パーセント以上、かつ、事業開始当初に要する資金の100パーセント以上の自己資金が、申請日以降常時確保されていること。なお、事業開始当初に要する資金は、次の（イ）〜（ハ）の合計額となる。
　　（イ）①（イ）に係る頭金及び6か月分の分割支払金、又は、リースの場合は6か月分の賃借料等。ただし、一括払いによって取得する場合は、①（イ）と同額とする。

(ロ) ①（ロ）及び（ハ）に係る頭金及び6か月分の分割支払金、又は、6か月分の賃借料及び敷金等。ただし、一括払いによって取得する場合は、①（ロ）及び（ハ）と同額とする。

(ハ) ①（ニ）～（ト）に係る合計額

⑿ 法令遵守
① 申請者又は申請者が法人である場合にあってはその法人の代表権を有する常勤の役員が、一般貸切旅客自動車運送事業を適正に遂行するために必要な法令の知識を有する者であること。
② 健康保険法、厚生年金法、労働者災害補償保険法、雇用保険法（以下「社会保険等」という。）に基づく社会保険等加入義務者が社会保険等に加入すること。
③ 申請者又は申請者が法人である場合にあってはその法人の業務を執行する常勤の役員（いかなる名称によるかを問わず、これと同等以上の職権又は支配力を有する者を含む。以下同じ。）（以下「申請者等」という。）が、次の（イ）から（ニ）のすべてに該当する等法令遵守の点で問題のないこと。
(イ) 法、貨物自動車運送事業法（平成元年法律第83号）、タクシー業務適正化特別措置法（昭和45年法律第75号）及び特定地域及び準特定地域における一般乗用旅客自動車運送事業の適正化及び活性化に関する特別措置法（平成21年法律第64号）等の違反により申請日前3ヶ月間及び申請日以降に50日車以下の輸送施設の使用停止処分又は使用制限（禁止）の処分を受けた者（当該処分を受けた者が法人である場合における処分を受けた法人の処分を受ける原因となった事項が発生した当時現にその法人の業務を執行する常勤の役員として在任した者を含む。）ではないこと。
(ロ) 法、貨物自動車運送事業法、タクシー業務適正化特別措置法及び特定地域及び準特定地域における一般乗用旅客自動車運送事業の適正化及び活性化に関する特別措置法等の違反により申請日前6ヶ月間及び申請日以降に50日車を超え190日車以下の輸送施設の使用停止処分又は使用制限（禁止）の処分を受けた者（当該処分を受けた者が法人である場合における当該処分を受けた法人の処分を受ける原因となった事項が発生した当時現にその法人の業務を執行する常勤の役員として在任した者を含む。）ではないこと。
(ハ) 法、貨物自動車運送事業法、タクシー業務適正化特別措置法及び特定地域及び準特定地域における一般乗用旅客自動車運送事業の

適正化及び活性化に関する特別措置法等の違反により申請日前1年間及び申請日以降に190日車を超える輸送施設の使用停止処分以上又は使用制限（禁止）の処分を受けた者（当該処分を受けた者が法人である場合における当該処分を受けた法人の処分を受ける原因となった事項が発生した当時現にその法人の業務を執行する常勤の役員として在任した者を含む。）ではないこと。
　　　（二）申請者等が、一般旅客自動車運送事業又は特定旅客自動車運送事業の許可の取消しを受けた事業者において当該取消処分を受ける原因となった事項が発生した当時現に運行管理者であった者であって、申請日前5年間に法第23条の3の規定による運行管理者資格者証の返納を命じられた者ではないこと。
⒀　損害賠償能力
　旅客自動車運送事業者が事業用自動車の運行により生じた旅客その他の者の生命、身体又は財産の損害を賠償するために講じておくべき措置の基準を定める告示（平成17年国土交通省告示第503号）で定める基準に適合する任意保険又は共済に計画車両の全てが加入する計画があること。
　ただし、公営の事業者は、この限りではない。
⒁　許可等に付す条件等
　　①　離島での輸送、会葬者の輸送、車椅子での乗降装置及び車椅子固定設備等特殊な装備を施した車両を用いた輸送、法第21条第2号に基づく許可を受けて乗合運送を行うことを内容とする輸送等の特殊な申請については、その内容に応じ、それぞれの特性を踏まえて弾力的に判断することとし、許可に際しては、必要に応じ業務の範囲を当該輸送に限定する旨の条件等を付すこととする。
　　②　運輸開始までに社会保険等加入義務者が社会保険等に加入する旨の条件を付すこととする。
　　③　許可に際しては、営業所に常時設置され、インターネットに接続されたパソコンを全ての営業所に設置するとともに、当該パソコンに制度改正等に関する情報等を配信するためのメールアドレス（メールアドレスを変更した場合は変更後のメールアドレス）を運輸局等に対して通知する旨の条件を付すこととする。
　　④　許可に際しては、次回の許可更新期限を明記することとする。
⒂　申請時期
　許可の申請は、随時受け付けるものとする。
⒃　その他

一般貸切旅客自動車運送事業の許可書を交付する際には、別途通達するところにより、社会保険等の加入の指導の徹底を図ること。

２．事業許可の更新（法第８条）

(1)　１．(1)〜(14)（(10)④、(11)及び(12)③を除く。）の定めるところに準じて審査すること。ただし、貸切バス事業者安全性評価認定制度において一ツ星以上を取得している事業者にあっては、１．(12)①については確認しないものとする。

(2)　１．(9)及び(10)に加え、次の（イ）及び（ロ）を提出させることとする。なお、（ロ）については、専門的な知見を有する者から見て、適切なものであること。

　（イ）安全投資実績
　（ロ）事業収支実績報告書

(3)　(1)に定めるところによるほか、以下のいずれかに該当しないこと。ただし（イ）については、親会社等からの融資が確実に得られること等事業継続のための支援を受けることが客観的に説明される場合にはこの限りでない。

　（イ）許可を申請する年の直近１事業年度において事業者の財務状況が債務超過であり、かつ直近３事業年度の収支が連続で赤字である場合

　（ロ）最低賃金法に基づく地域別最低賃金以上の賃金が支払われていない場合

　（ハ）前回許可時から更新申請時までの間に毎年連続して、法、貨物自動車運送事業法、タクシー業務適正化特別措置法及び特定地域及び準特定地域における一般乗用旅客自動車運送事業の適正化及び活性化に関する特別措置法等の違反による輸送施設の使用停止処分以上又は使用制限（禁止）の処分を受けている場合

　（ニ）前回許可時から更新申請時までの間に、法、貨物自動車運送事業法、タクシー業務適正化特別措置法及び特定地域及び準特定地域における一般乗用旅客自動車運送事業の適正化及び活性化に関する特別措置法等の違反による輸送施設の使用停止処分以上又は使用制限（禁止）の処分を受けた場合であって、更新許可申請時までに「自動車運送事業者における運輸安全マネジメント等の実施について（平成21年10月16日国官運安第156号・国自安第88号・国自貨第95号）」に基づき認定された事業者による運輸安全マネジメント評価を受けていない場合

(4) 申請手続
　① 申請先については、主たる事務所が存する土地を管轄する運輸監理部又は運輸支局に提出するものとする。
　② 申請時期については、別途地方運輸局が定めるものとする。
(5) 更新時期の通知
　地方運輸局は更新の対象となる事業者に対してあらかじめ通知するものとする。

3．事業計画の変更の認可 (法第15条第1項)
(1)　1．(1)～(15) ((12)並びに(14)②及び③を除く。) の定めるところに準じて審査すること。この場合において、1．(11)②中「6か月分」とあるのは「2か月分」と読み替えるものとする。
(2)　事業規模の拡大となる申請については、申請者等が以下のすべてに該当するものであること等法令遵守の点で問題のないこと。
　① 法、貨物自動車運送事業法、タクシー業務適正化特別措置法及び特定地域及び準特定地域における一般乗用旅客自動車運送事業の適正化及び活性化に関する特別措置法等の違反により申請日前3ヶ月間及び申請日以降に50日車以下の輸送施設の使用停止処分又は使用制限 (禁止) の処分を受けた者 (当該処分を受けた者が法人である場合における当該処分を受けた法人の処分を受ける原因となった事項が発生した当時現にその法人の業務を執行する常勤の役員として在任した者を含む。) ではないこと。
　② 法、貨物自動車運送事業法、タクシー業務適正化特別措置法及び特定地域及び準特定地域における一般乗用旅客自動車運送事業の適正化及び活性化に関する特別措置法等の違反により申請日前6ヶ月間及び申請日以降に50日車を超え190日車以下の輸送施設の使用停止処分又は使用制限 (禁止) の処分を受けた者 (当該処分を受けた者が法人である場合における当該処分を受けた法人の処分を受ける原因となった事項が発生した当時現にその法人の業務を執行する常勤の役員として在任した者を含む。) ではないこと。
　③ 法、貨物自動車運送事業法、タクシー業務適正化特別措置法及び特定地域及び準特定地域における一般乗用旅客自動車運送事業の適正化及び活性化に関する特別措置法等の違反により申請日前1年間及び申請日以降に190日車を超える輸送施設の使用停止処分以上又は使用制限 (禁止) の処分を受けた者 (当該処分を受けた者が法人である場合にお

ける当該処分を受けた法人の処分を受ける原因となった事項が発生した当時現にその法人の業務を執行する常勤の役員として在任した者を含む。)ではないこと。
④ 法、貨物自動車運送事業法、タクシー業務適正化特別措置法及び特定地域及び準特定地域における一般乗用旅客自動車運送事業の適正化及び活性化に関する特別措置法等の違反により、輸送の安全の確保、公衆の利便を阻害する行為の禁止、公共の福祉を阻害している事実等に対し改善命令を受けた場合にあっては、申請日前にその命令された事項が改善されていること。
⑤ 申請日前1年間及び申請日以降に自らの責に帰する重大事故を発生させてないこと。
⑥ 申請日前1年間及び申請日以降に特に悪質と認められる道路交通法の違反(酒酔い運転、酒気帯び運転、過労運転、薬物等使用運転、無免許運転、無車検(無保険)運行及び救護義務違反(ひき逃げ)等)がないこと。
⑦ 旅客自動車運送事業等報告規則(昭和39年運輸省令第21号)及び自動車事故報告規則(昭和26年12月20日運輸省令第104号)に基づく各種報告書の提出を適切に行っていること。

4．事業の譲渡譲受の認可(法第36条第1項)
(1) 事業を譲り受けしようとする者について、1．(1)〜(15)の定めるところに準じて審査すること。ただし、譲受人が既存事業者の場合には、1．(11)②中「6か月分」とあるのは「2か月分」と読み替えるものとする。
(2) 事業の全部を譲渡譲受の対象とするものに限り適用することとし、事業の一部譲渡については、事業計画の変更の手続をとらせること。
(3) 事業許可の更新期限については、以下のとおりとする。
① 譲渡人及び譲受人のいずれも一般貸切旅客自動車運送事業者である場合には、譲受人の更新期限とする。
② 譲渡人のみが一般貸切旅客自動車運送事業者である場合には、譲渡人の更新期限とする。

5．合併、分割又は相続の認可(法第36条第2項又は法第37条第1項)
(1) 合併若しくは分割により事業を承継する法人又は相続人(以下「承継人等」という。)について、1．(1)〜(15)の定めるところに準じて審査すること。ただし、合併又は分割後において存続する事業者若しくは相続人が既

存事業者の場合には、1．⑾②中「6か月分」とあるのは「2か月分」と読み替えるものとする。
(2) 分割の認可については、分割後において存続する事業者が、1．⑷の基準を満たさない申請については、認可しないこととする。
(3) 分割の認可については、商法等の一部を改正する法律（平成12年法律第90号）附則第5条及び会社の分割に伴う労働契約の承継等に関する法律（平成12年法律第103号）に基づき、会社の分割に伴う労働契約の承継等が行われているものであること。
(4) 事業許可の更新期限については、合併する者がいずれも一般貸切旅客自動車運送事業者である場合には、有効期間が短い者の更新期限とする。ただし、吸収合併する場合は、吸収合併する者の更新期限とする。
　また、一般貸切旅客自動車運送事業の許可を受けていない者が一般貸切旅客自動車運送事業者を吸収合併する場合は、後者の更新期限とする。
(5) 分割又は相続に係る事業許可の更新期限については、被承継人等の更新期限とする。

6．事業の管理の受委託の許可（法第35条第1項）

平成16年6月30日付け国自総第141号、国自旅第81号、国自整第53号に定めるところによる。

7．運送約款の認可（法第11条第1項）

(1) 公衆の正当な利益を害するおそれがないものであること。
(2) 道路運送法施行規則（昭和26年運輸省令第75号）第12条各号に掲げる事項が明確に定められているものであること。

8．許可又は認可に付した条件の変更等

上記1．～5．の許可又は認可に付した条件又は期限について、変更若しくは解除又は期限の延長を行う場合には、上記1．～5．の定めるところにより審査すること。

9．挙証等

申請内容について、客観的な挙証があり、かつ、合理的な陳述がなされるものであること。

附　則（平成14年1月30日　国自旅第159号）

1．本処理方針は、平成14年2月1日以降に申請するものから適用するものとする。
2．1⑽②、2⑵①及び2⑵②におけるタクシー業務適正化特別措置法に基づく処分には、平成14年1月31日以前のタクシー業務適正化臨時措置法に基づく処分を含むものとする。

附　則（平成14年6月27日　国自旅第69号）
　　本処理方針は、平成14年7月1日以降に申請するものから適用するものとする。

附　則（平成16年6月30日　国自総第138号、国自旅第76号）
　　本処理方針は、平成16年8月1日以降に処分を行うものから適用するものとする。

附　則（平成17年4月28日　国自旅第23号）
　　本処理方針は、平成18年4月28日以降に申請を受け付けるものから適用するものとする。

附　則（平成18年1月20日　国自旅第226号）
　　本処理方針は、平成18年2月1日以降に申請を受け付けるものから適用するものとする。

附　則（平成18年9月29日　国自旅第183号）
　　本処理方針は、平成18年10月1日以降の処分から適用する。

附　則（平成19年7月25日　国自旅第107号）
1．本処理方針は、平成19年9月10日以降に申請を受け付けるものから適用するものとする。
2．「道路運送車両法の一部を改正する法律等の施行に伴う整備管理者制度の運用について」（平成15年3月18日、国自整第216号）の一部改正に伴い、整備管理者の外部委託が禁止される者について、同通達の施行時点で外部委託を行っている一般貸切旅客自動車運送事業者については施行日から2年間、施行前に一般貸切旅客自動車運送事業の許可を申請したものについては、その申請による運輸の開始の日から2年間、外部委託を継続することを可能とする。

附　則（平成20年6月27日　国自旅第117号）
　　本処理方針は、平成20年7月1日以降に申請を受け付けるものから適用するものとする。

附　則（平成21年9月29日　国自旅第146号）
　　本処理方針は、平成21年10月1日以降に申請を受け付けるものから適用するものとする。

附　則（平成25年10月31日　国自旅第271号）
　　本処理方針は、平成25年11月1日以降に申請を受け付けるものから適用するものとする。

附　則（平成26年1月24日　国自旅第436号）
　　本処理方針は、平成26年1月27日以降に申請を受け付けるものから適用するものとする。

附　則（平成26年10月10日　国自旅第172号）
　　本処理方針は、平成26年10月17日以降に申請を受け付けるものから適用するものとする。

附　則（平成28年11月1日　国自旅第200号）
　　本処理方針は、平成28年12月1日以降に申請を受け付けるものから適用するものとする。ただし、1．(12)③については、平成28年12月1日以降に新規許可処分を行うものから適用するものとする。

附　則（平成28年12月20日　国自旅第295号）
　　本処理方針は、平成28年12月20日以降に申請を受け付けるものから適用するものとする。

附　則（平成29年2月28日　国自旅第363号）
　1．本処理方針は、平成29年4月1日以降に申請を受け付けるものから適用するものとする。
　2．平成29年4月1日から6月30日までに許可の有効期間満了日を迎える事業者については許可の有効期間満了日までに申請書を提出するもの

とし、安全投資計画及び事業収支見積書並びに安全投資実績及び事業収支実績報告書は平成29年6月30日までに提出するものとする。
3．平成28年12月末日までに事業許可を受けた者については、平成29年3月末日までに、事業許可の初回更新日を通知するものとする。
4．2.(3)(ハ)及び(ニ)については、平成29年3月31日までに許可を受けていた者及び平成29年3月31日までに受理された申請であって、平成29年4月1日以降に許可を受けた者に限り事業許可の初回更新時には適用しないものとする。
5．3．事業計画の変更の認可について、平成29年3月31日までに事業許可を受けた者にあっては、当該事業者が初回更新を迎えるまでは、1.(9)及び(10)は適用しないものとする。

附　則（平成29年6月7日　国自旅第53号）
1．本処理方針は、平成29年4月1日以降に申請を受け付けるものから適用するものとする。

附　則（平成29年8月24日　国自旅第140号）
1．本附則は、平成29年4月1日以降に申請を受け付けるものから適用するものとする。
2．事業許可の更新について、平成29年3月31日までに事業の休止を届け出た者であって、平成29年4月1日から平成30年4月30日までの間に休止期限が到来し、かつ平成29年4月1日から平成29年11月24日までの間に許可の有効期間満了日を迎える事業者については、許可の有効期間満了日までに申請書を提出するものとし、道路運送法施行規則第6条第1項及び第2項に定める申請書に添付する書類、安全投資実績及び事業収支実績報告書は平成29年11月24日までに提出するものとする。

○「一般貸切旅客自動車運送事業の許可及び事業計画変更認可申請の処理について」(平成11年自旅第128号、自環第241号)の細部取扱いについて

平成14年1月31日 国自旅第163号
自動車局旅客課長から各地方運輸局自動車交通部長・沖縄総合事務局運輸部長あて通知

最近改正　平成29年6月7日 国自旅第54号

標記について、別紙「一般貸切旅客自動車運送事業の許可及び事業計画変更認可に関する処理方針」の一部改正(平成14年国自旅第159号)を通知したところであるが、申請事案の審査事務について、さらなる迅速化、透明化等を図るため、事案処理に係る細部取扱いを下記のとおり定めたので留意されたい。

記

1. 許可
   (2) 営業所 (P.115参照)
   ・営業所、事務所、出張所等いかなる名称によるかを問わず、当該施設において恒常的に運行管理等を行う施設を営業所とする。
     ②について
     ・自己保有の場合は登記簿謄本、借用の場合は契約期間が概ね3年以上の賃貸借契約書の提示又は写しの提出をもって、使用権原を有するものとする。
     ・ただし、賃貸借契約期間が3年未満であっても、契約期間満了時に自動的に当該契約が更新されるものと認められる場合に限っては、使用権原を有するものとみなす。
     ・その他の書類(借用の場合の登記簿謄本及び建物所有者の印鑑証明書等)については、提示又は写しの提出は求めないこととする。
     ③について
     ・関係法令に抵触しない旨の宣誓書の添付を求めることとし、その他関係書類については、提示又は写しの提出は求めないこととする。
   (3) 事業用自動車 (P.115参照)
     ②について
     (イ) リース車両については、リース契約期間が概ね1年以上であることとし、当該契約に係る契約書の提示又は写しの添付をもって、使用権原を有するものとする。

(ロ) 運輸開始までに道路運送車両法第48条に基づく定期点検整備を実施する計画があることについては、定期点検整備に係る概算見積書の写し、宣誓書などの添付をもって確認することとする。

(5) **自動車車庫** (P.115参照)

④について
・(2)②に同じ。

⑤について
・(2)③に同じ

⑥について
・整備とは、自動車点検基準(昭和26年運輸省令第70号)第6条に規定されている調整を意味する。

⑦について
・道路幅員証明書を求め確認するものとする。ただし、前面道路が出入りに支障がないことが明らかな場合は、この限りでない。

(6) **休憩、仮眠又は睡眠のための施設** (P.116参照)

③について
・(2)②に同じ。

④について
・(2)③に同じ。

(7) **管理運営体制** (P.116参照)

②について
・安全統括管理者として就任することを証する就任承諾書の提出を求める。

③について
・旅客自動車運送事業運輸規則(昭和31年運輸省令第44号)第47条の9に規定される要件を満たす計画を有するものとする。
・運行管理者の資格要件を証する運行管理者資格者証の写し及び運行管理者として就任することを証する就任承諾書の提出を求める。

④について
・複数の運行管理者を選任する営業所において運行管理者の業務を統括する運行管理者が運行管理規定により明確化されていることを含め、運行管理責任が分散しないような指揮命令系統を有するものとする。

⑤について
・常時密接な連絡をとれる体制とは、連絡網が規定されている等の趣旨であり、個別に判断するものとする。

・原則として、乗務員の点呼は対面により実施することとする。なお、対面して行うことが困難であると認められる場合にあっては、電話等の方法により行うこと。

⑥について

・事故防止等についての教育及び指導体制には、旅客又は公衆に対する公平かつ懇切な取扱いに関するものも含むものとする。

⑧について

・グループ企業に整備管理者を外部委託する場合は、「道路運送車両法の一部を改正する法律等の施行に伴う整備管理者制度の運用について」（平成15年3月18日、国自整第216号）5－3②に規定される要件を満たす計画を有するものとする。

⑨について

・旅客自動車運送事業運輸規則第3条に規定するところにより苦情を処理することが可能な体制を有するものとする。

(8) **運転者**（P.117参照）

①について

・運転者の資格を証する運転免許証の写し及び運転者として就任することを証する就任承諾書の提出を求める。

(9) **安全投資計画**（P.117参照）

①について

・（ロ）については、対応する計画、事業収支見積書の関連箇所を記載するものとする。

・（ハ）については、事業年度毎の運転者、運行管理者及び整備管理者の人数（非正規を含む）を記載するものとし、適切な数の運転者（他の自動車運送事業の用に供する車両に乗務する者も含む。）、運行管理者及び整備管理者が選任されているかどうかを確認するものとする。

・（ホ）については、貸切バス予防整備ガイドラインの別紙2及び別紙3を添付するものとし、別途定める基準を満たしているかを確認するものとする。なお、平成29年3月31日までに許可を受けていた者及び平成29年3月31日までに受理された申請であって平成29年4月1日以降に許可を受けた者に限り、事業許可の初回更新時には別紙3の添付は求めないものとする。

(10) **事業収支見積書**（P.118参照）

①について

・（イ）の営業収益の内訳は次のとおりとする。

運送収入………運賃、料金及び利用料
・旅客運賃……旅客に係る運賃
・その他………旅客運賃以外の運送収入（例：道路利用料）
運送雑収………運送収入以外の営業収益（例：物品管理料、広告料、諸手数料、諸貸付料、雑収入）

　このうち、営業収益については、車両一台ごとの収入を記載した書類を添付させるものとする。この場合において、運転者数及び車両数に対応した収入となっていなければならない。なお、更新時においては、一台あたりの収入実績が地方運輸局が管轄する地域ごとの平均収入と比べて高い場合にはそれを用いることができる。

・（ロ）のうち運転者等に係る費用の内訳は次のとおりとする。また、給与については、運転者の労働時間を併せて記載させるものとする。

給与・手当……賃金として毎月従業員に支払われるもの
賞与……………給与とは別に特別に支払われるもの
法定福利費……健康保険、厚生年金保険、雇用保険、労働者災害補償保険等社会保険の保険料の事業主負担分
厚生福利費……医療・医薬品代、健康診断、食事補助金、運動・娯楽用品代、慰安旅行費用、従業員に対する慶弔見舞金、厚生施設・備品の維持運営にかかる費用
その他…………役員報酬、退職金等のその他の人件費の合計額

　なお、法定福利費及び厚生福利費のうち、健康保険、厚生年金保険、雇用保険、労働者災害補償保険及び健康診断にかかる費用については別途明記することとする。

・（ロ）のうち、1.(9)①(ニ)については、事業年度毎の事業用自動車の取得予定台数及び保有車両台数を記載するものとし、それぞれについて車種区分、初度登録年月、ドライブレコーダーの搭載の有無等を記載した事業用自動車一覧表を添付するものとする。

・（ロ）のうち1.(9)①(ホ)に係る費用については、別途定める費用が計上されているかを確認するものとする。

・（ハ）の適正化機関に納入する負担金の額については、更新する年に納入する負担金の額を目安として計画年度中の各年度に計上することとする。なお、地方バス協会が適正化機関から巡回指導業務を受託し、当該協会員からは負担金を徴収しない場合は、その協会員となっている事業者においては「0円」と記載するものとする。

・（ロ）のうち、1.(9)①(ヘ)～(ヌ)に係る費用については、その他運送

費の内訳として別途明記することとする。
- 事業収支見積書には、許可を申請する年の直近1事業年度の貸借対照表及び損益計算書を添付するものとする（新たに法人等を設立する場合を除く。）なお、ここでいう「直近1事業年度」とは、許可を申請する事業者における事業年度終了後100日を経過している場合は前事業年度、経過していない場合は前々事業年度とする。

(11) **資金計画**（P.118参照）

①～②について
- 道路運送法施行規則（昭和26年運輸省令第75号）第6条第1項第2号に規定する添付書類は、別添様式1を例とする。
- 自己資金には、当該申請事業に係る預貯金のほか、処分権者の判断により預貯金以外の流動資産も含めることができることとする。
- 預貯金額は、申請日時点及び処分までの適宜の時点の残高証明書等の提示又は写しの提出をもって確認するものとする。
- 預貯金以外の流動資産額については、申請日時点の見込み貸借対照表等をもって確認するものとする。
- その他道路運送法施行規則第6条第1項第6号から第9号に規定する添付書類を基本とし審査すること。

(12) **法令遵守**（P.119参照）

①について
- 必要な法令の知識については、代表権を有する常勤の役員1名が管轄の地方運輸局等が行う法令試験に合格していることをもって、これを有するものとする。ただし、平成25年10月31日までに受理した申請であって平成29年3月31日までに許可を受けていた者のうち常勤の役員が存在しない場合においては、「代表権を有する常勤の役員」を「代表権を有する非常勤の役員」と読み替えるものとする。
- 取締役会非設置会社など代表取締役を選定していない申請者である場合は取締役を代表者とみなして試験を実施する。
- 公営事業者に関する役員の範囲は、組織規程、所掌事務規定、決裁権限規定、会計機関規定、内部会議規定、地方議会規定等の規定類や、実態としても、事業計画、職員の任免、事業資産の調達等一般貸切旅客自動車運送事業の運営に関する重要事項の決定に関して権限を有するか否かにより判断するものとする。
- 申請時に法令試験を受験する役員が代表権を有していない又は非常勤である場合は、法令試験実施日までに代表権を有する常勤役員である

ことを証するに足る書面(登記事項証明書、常勤・非常勤の別を記載する欄を設けた役員名簿)の提出を求める。

②について
- 「(健康保険・厚生年金保険)新規適用届(事業主控)」及び「労働保険／保険関係成立届(事業主控)」等の確認書類、宣誓書など、社会保険等加入義務者が社会保険等に加入する計画があることを証する書面の添付を求め、確認することとする。

  ただし、更新時においては上記によらず、申請日の直近2年分の「社会保険料納入証明(申請)書」、「社会保険料納入確認(申請)書」又は「(健康保険・厚生年金保険)納入告知書(事業主控)」及び「労働保険概算・増加概算・確定保険料申告書(事業主控)」の添付を求め、確認することとする。なお、社会保険等の加入が確認できない場合には、是正を指導し、2か月以内に上記確認書面の提出を求め、是正したことを確認することとする。

③について
- 本規定は、これらの処分を受けた者は事業を適切に運営しない蓋然性が極めて高いことから、道路運送法(昭和26年法律第183号。以下「法」という。)第7条の欠格事由の規定に準じて事業の適切な運営を確保する観点から設けたものであり、この他法令遵守の要件を付加することを妨げない。
- 本規定を適用する役員の範囲については、名目上の役員として経営を行わなくとも、相談役、顧問等として事業の経営に関与し、実質的に影響力を及ぼすおそれが否定できないことから、これらの者についても本規定の対象とすることとしたものであり、法第7条の趣旨を維持するものであるので留意すること。
- 「すべてに該当する等法令遵守の点で問題のないこと」には、自動車運転代行業の業務の適正化に関する法律(平成13年法律第57号)に基づき申請日前2年間及び申請日以降に営業の停止命令、認定の取消し又は営業の廃止命令の処分を受けた者(当該処分を受けた者が法人である場合における当該処分を受けた法人の処分を受ける原因となった事項が発生した当時現にその法人の業務を執行する常勤の役員として在任した者を含む。)でないことを含むものとする。
- 「処分を受けた者ではないこと」の判断については、処分権者が違反行為を行った事業者に対して、法、貨物自動車運送事業法(平成元年法律第83号)、タクシー業務適正化特別措置法(昭和45年法律第75号)及

び自動車運転代行業の業務の適正化に関する法律等に基づき行政処分を行った日（行政処分の命令書に記載された当該命令を発出した日）をもって判断するものとする。

⑬ **損害賠償能力**（P.120参照）

契約申込書の写し、見積書の写し、宣誓書など、計画車両の全てが任意保険又は共済に加入する計画があることを証する書類の添付を求め、確認することとする。

2．事業許可の更新

(2) **（イ）について**（P.121参照）

・安全投資実績については、前回許可日が属する事業年度から許可を受けようとする日の直近事業年度までの間の実績を記載することとする。ただし、平成29年3月31日までに許可を受けていた者及び平成29年3月31日までに受理された申請であって平成29年4月1日以降に許可を受けた者に限り、事業許可の初回更新時には、許可を受けようとする日の直近事業年度を含む過去5事業年度の実績を記載することとする。

(2) **（ロ）について**（P.121参照）

・「専門的な知見を有する者から見て、適切なものであること。」については、公認会計士、監査法人又は税理士が署名・押印した書面（別添様式2）の提出を求め、これをもって「適切なものである」と判断することとする。

・事業収支実績報告書については、前回許可日が属する事業年度から許可を受けようとする日の直近事業年度までの間の実績を記載するものとする。ただし、平成29年3月31日までに許可を受けていた者及び平成29年3月31日までに受理された申請であって平成29年4月1日以降に許可を受けた者に限り、事業許可の初回更新時には、許可を受けようとする日の直近事業年度を含む過去5事業年度の実績を記載することとする。

・事業収支実績報告書には、許可を受けようとする日の直近1事業年度の貸借対照表及び前回許可日が属する事業年度から許可を受けようとする日の直近事業年度までの各事業年度の損益計算書を添付するものとする。ただし、平成29年3月31日までに許可を受けていた者及び平成29年3月31日までに受理された申請であって平成29年4月1日以降に許可を受けた者に限り、事業許可の初回更新時には、許可を受けようとする日の直近事業年度を含む過去5事業年度の損益計算書を添付することとする。

・申請日時点において、直近事業年度の会計処理が終了しておらず、許可を

受けようとする日の直近１事業年度の貸借対照表及び損益計算書を提出できない場合においては、会計処理終了後速やかに直近事業年度の貸借対照表及び損益計算書を提出するものとする。
・なお、ここでいう「許可を受けようとする日」とは、当該許可の有効期間満了日の翌日とする。

(3) (ロ)について (P.121参照)
・申請日の直近１年間において、事業者の中で最も１か月の給与が低い運転者の当該期間の賃金支払内容を記載した書面（別添様式３）及び「賃金台帳」等の確認書類の添付を求め、確認することとする。ただし、当該運転者を雇用している期間が１年間に満たない場合は、雇用している期間の書類の添付を求めることとする。

　なお、法令に抵触するおそれがあると判断された場合には、是正を指導し、２か月以内に「賃金台帳」等の確認書類の提出を求め、是正したことを確認することとする。

３．事業計画の変更の認可等

(1)～(2)について (P.122参照)
・１．(1)～(11)、(13)～(15)の定めるところに準じる審査は、以下のとおり行うものとする。
  (a) 営業区域の拡大に係る申請については、事業の許可申請と同等の申請とみなし、１．(1)～(11)、(13)、(14)について十分な審査を行う。
  (b) 自動車車庫の新設、位置の変更に係る申請においては１．(2)④、(4)、(5)、(6)①について、収容能力の拡大に係る申請においては、１．(2)④、(4)、(5)について、また、収容能力の縮小に係る申請においては１．(4)、(5)について、それぞれ十分な審査を行う。
  (c) 自動車車庫の収容能力の増加を要する事業用自動車の数の変更に係る申請においては、１．(2)④・(4)・(5)・(6)①について十分な審査を行う。
  (d) 営業所の廃止に係る申請においては、１．(2)①・(5)①・(6)①について十分な審査を行う。
  (e) 営業区域の廃止に係る申請については、廃止しようとする営業区域内のすべての営業所及び自動車車庫の廃止の手続き並びに当該営業所に配置する事業用自動車の数の変更（すべての減車）の手続きを伴うものであることを確認することとする。

・事業規模の拡大となる申請は、営業区域の拡大、営業所の新設並びに自動車車庫の新設、位置の変更（収容能力の拡大を伴うものに限る。）及び収

容能力の拡大並びに自動車車庫の収容能力の増加を要する事業用自動車の数の変更に係るものとする。
- 経過措置として、平成14年1月31日現在で一般貸切旅客自動車運送事業を行っている者に係る1.⒀については、同日現在で基準を満たしていなかった者（その後基準を満たした者を除く。）の拡大前の営業区域内の車両に限り、当分の間は適用しない。
- 「すべてに該当するものであること等法令遵守の点で問題のないこと」には、自動車運転代行業の業務の適正化に関する法律に基づき申請日前2年間及び申請日以降に営業の停止命令、認定の取消し又は営業の廃止命令の処分を受けた者（当該処分を受けた者が法人である場合における当該処分を受けた法人の処分を受ける原因となった事項が発生した当時現にその法人の業務を執行する常勤の役員として存在した者を含む。）でないことを含むものとする。
- 「処分を受けた者でないこと」の判断については、処分権者が違反行為を行った事業者に対して、法、貨物自動車運送事業法、タクシー業務適正化特別措置法及び自動車運転代行業の業務の適正化に関する法律等に基づき行政処分を行った日（行政処分の命令書に記載された当該命令を発出した日）をもって判断するものとする。
- このほか、地域の実情に応じて法令遵守の要件を付加することができることとする。

4．事業の譲渡譲受の認可
⑴について（P.123参照）
- 譲受人が既存事業者の場合には、当該譲受人に対して実施する法令試験を省略する。
- 譲渡譲受事案の資金計画にあっては、譲渡譲受契約により取得する事業用資産を所要資金項目の対象外とし、流動資産額については、譲渡譲受時点の見込み貸借対照表の提出をもって確認するものとする。

5．合併、分割又は相続の認可
⑴について（P.123参照）
- 合併又は分割後において存続する事業者若しくは相続人が既存事業者の場合には、当該既存事業者たる法人の役員若しくは相続人に対して実施する法令試験を省略する。

⑶について（P.124参照）

・労働契約の承継等については、当該法律に基づく客観的な資料の提出を求めることとする。

9．挙証等（P.124参照）
・上記のほか、挙証等のため必要最小限の範囲で図面その他の資料の提出を求めることとする。

○一般貸切旅客自動車運送事業の許可等における車両の点検及び整備に関する基準について

> 平成29年6月7日 国自旅第55号
> 自動車局旅客課長から各地方運輸局自動車交通部長・沖縄総合事務局運輸部長あて通知

「「一般貸切旅客自動車運送事業の許可及び事業計画変更認可申請の処理について」（平成11年自旅第128号、自環第241号）の細部取扱いについて」（平成14年国自旅第163号）において、申請事案の審査事務について、事案処理に係る細部取扱いを定めたところであるが、車両の点検及び整備に関する基準については下記のとおり定めたので、その旨了知されるとともに、本件事務処理について遺漏のないよう取り計らわれたい。あわせて、管内の一般貸切旅客自動車運送事業者あて周知されたい。
　なお、本件については、別紙のとおり、公益社団法人日本バス協会会長あて通知したので申し添える。

記

1．安全投資計画
　車両の点検及び整備に関する計画について
　・貸切バス予防整備ガイドライン別紙2については、別添に定める項目に関する交換基準が定められているものとする。
　・別添に定める項目以外の全ての項目については、点検基準が定められているものとする。

2．事業収支見積書
　車両の点検及び整備に関する計画に係る費用について
　・営業費用のうち、事業用自動車の修繕費については、事業者の保有する車

両の平均車齢に応じて、事業収支見積書に記載された計画期間を平均して1年あたり、以下の金額に保有車両数を乗じて算出した金額以上の費用が計上されているものとする。

(1) 年間平均走行距離が3万km以上の事業者
　①平均車齢が1年から5年：28万円
　②平均車齢が6年から10年：61万円
　③平均車齢が11年から15年：61万円
　④平均車齢が16年以上：80万円

(2) 年間平均走行距離が3万km未満の事業者
　①平均車齢が1年から5年：10万円
　②平均車齢が6年から10年：22万円
　③平均車齢が11年から15年：29万円
　④平均車齢が16年以上：45万円

　ただし、本算出に用いる保有車両は、外注整備を行う車両のみとする。
・自社整備を行う車両の場合においては、上記によらず、貸切バス予防整備ガイドラインの別紙2に定める内容を含めた見積額が修繕費に計上されているものとする。
・リース料に車両の点検及び整備に関する計画に係る費用が含まれている（いわゆるメンテナンスリース）場合においては、上記によらず、貸切バス予防整備ガイドラインの別紙2に定める内容を含めた見積額がリース料に計上されているものとする。

（別　紙）

貸切バス予防整備ガイドライン別紙2に交換基準を定める項目

装置名	項目
制動装置	エアードライヤー
	ブレーキチャンバー（エアーチャンバー）
緩衝装置	エアスプリングダイヤフラム
動力伝達装置	トランスミッションオイル
	デファレンシャルオイル
	クラッチブースター
原動機	エンジンオイル
	燃料フィルター
	セルモータ
	尿素水フィルター

V　監査機能の補完・自主的改善の促進

1．道路運送法第43条の2、施行規則第34条、34条の2関係

（旅客自動車運送適正化事業実施機関の指定等）
第43条の2　国土交通大臣は、国土交通省令で定めるところにより、旅客自動車運送に関する秩序の確立に資することを目的とする一般社団法人又は一般財団法人であつて、次条に規定する事業を適正かつ確実に行うことができると認められるものとして国土交通省令で定めるものを、その申請により、運輸監理部及び運輸支局の管轄区域を勘案して国土交通大臣が定める区域（以下この章において単に「区域」という。）ごとに、かつ、旅客自動車運送事業の種別（第3条第1号イからハまで及び第2号に掲げる旅客自動車運送事業の別をいう。以下この章において単に「種別」という。）ごとに、旅客自動車運送適正化事業実施機関（以下「適正化機関」という。）として指定することができる。
2　国土交通大臣は、前項の規定による適正化機関の指定をしたときは、当該適正化機関の名称、住所及び事務所の所在地並びに当該指定に係る区域及び種別を公示しなければならない。
3　適正化機関は、その名称、住所又は事務所の所在地を変更しようとするときは、あらかじめ、その旨を国土交通大臣に届け出なければならない。
4　国土交通大臣は、前項の規定による届出があつたときは、その旨を公示しなければならない。

規則
（適正化機関の指定の申請）
第34条　法第43条の2第1項の規定により適正化機関の指定を申請しようとする法人は、次に掲げる事項を記載した適正化機関指定申請書を提出しなければならない。
一　名称及び住所並びに代表者の氏名
二　適正化事業を実施しようとする旅客自動車運送事業の種別

三　指定に係る区域
　四　事務所の所在地
　五　適正化事業の開始の予定日
2　前項の申請書には、次に掲げる書類を添付しなければならない。
　一　定款及び登記事項証明書
　二　最近の事業年度における貸借対照表
　三　役員の名簿及び履歴書
　四　指定の申請に関する意思の決定を証する書類
　五　組織及び運営に関する事項を記載した書類
　六　適正化事業の実施に関する計画を記載した書類
　七　その他参考となる事項を記載した書類

（適正化機関の名称等の変更の届出）
第34条の2　適正化機関は、法第43条の2第3項の規定による届出をしようとするときは、変更しようとする事項及び期日を記載した届出書を地方運輸局長に提出しなければならない。

Q　貸切バス事業について負担金徴収制度を設ける理由は？

A　近年、多数の法令違反を犯していた貸切バス事業者が、関越自動車道高速ツアーバス事故（平成24年4月）や軽井沢スキーバス事故（平成28年1月）など悲惨な事故を立て続けに起こしている。また、訪日外国人観光客の急増による輸送需要の増加を背景に、貸切バスの運転者が不足し、長時間勤務のおそれが増大している。

　こうした中で、利用者の安全の確保を図るために、不適格事業者に対し、法令遵守、運転者の労働環境の改善等、貸切バス事業の適正化を進めることが強く求められるようになっている。

　このような状況を受け、業界全体として自浄作用を働かせるとともに、国の監査を補完するため、適正化機関が巡回指導等を行う必要があり、今回の法改正により、その必要経費に充てるべく事業者から負担金を徴収することができる仕組みを創設した。

Q 適正化機関とは何か?

A 道路運送法には、適正化機関が旅客自動車運送事業者に対して巡回指導等の適正化事業を行い、事業者の法令遵守を促進する仕組みが設けられている(法第2章の2)。

　この制度は、平成25年の法改正(議員立法)により設けられたが、現状では、平成28年の道路運送法改正前においては、貸切バス事業の適正化機関は指定されておらず、適正化事業は実施されていなかった(当時指定されていたのは、東京都内のタクシー事業に関する適正化機関のみであった。)。

　現在、貸切バス事業に係る適正化機関は地方運輸局の管轄区域等ごとに、地方バス協会等が設立する法人(一般社団法人又は一般財団法人)や地方バス協会自身が指定されている。

貸切バス適正化機関の指定に係る進捗状況(H29.9.5時点) 国土交通省

ブロック	名称	事務所所在地	代表者	管内事業者数等※ (バス協会員(内数))	指定日 (巡回指導の開始日)
北海道	(一社)北海道貸切バス適正化センター	北海道札幌市 (北海道ハイヤー会館)	佐藤 馨一 (北海道大学名誉教授)	事業者　259 営業所　372 車　両　3,360	平成29年6月30日 (9月1日)
東 北	(一財)東北貸切バス適正化センター	宮城県仙台市 (民間ビル内)	北村 治 (前宮城県バス協会専務理事)	事業者　458 営業所　597 車　両　5,586	平成29年6月8日 (8月10日)
関 東	(一社)関東貸切バス適正化センター	埼玉県さいたま市 (埼玉県トラック総合会館)	鷹野 有宇喜 (前運輸審議会会長)	事業者　1,314 営業所　1,830　(893) 車　両　15,717(9,411)	平成29年5月12日 (8月9日)
北 信	(一社)北陸信越貸切バス適正化センター	新潟県新潟市 (民間ビル内)	藤堂 史明 (新潟大学准教授)	事業者　295 営業所　381　(247) 車　両　3,282(2,500)	平成29年6月29日 (8月9日)
中 部	(一財)中部貸切バス適正化センター	愛知県名古屋市 (民間ビル内)	加藤 博和 (名古屋大学教授)	事業者　379 営業所　561　(394) 車　両　5,840(4,788)	平成29年5月25日 (9月4日)
近 畿	(一財)近畿貸切バス適正化センター	大阪府寝屋川市 (近畿陸運協会館)	東 眞也 (元大阪バス協会会長)	事業者　421 営業所　673 車　両　6,790	平成29年6月19日 (8月21日)
中 国	(一社)中国貸切バス適正化センター	広島県広島市 (広島県バス協会入居ビル)	田中 一範 (田中倉庫運輸(株)社長)	事業者　331 営業所　437 車　両　3,280	平成29年5月30日 (8月24日)
四 国	(一社)四国バス協会	香川県高松市 (香川県バス協会内)	清水 一郎 (愛媛県バス協会会長)	事業者　154 営業所　181 車　両　1,410	平成29年5月16日 (8月24日)
九 州	(一社)九州貸切バス適正化センター	福岡県福岡市 (陸運会館)	原 重則 (元九州トラック協会会長)	事業者　452 営業所　631　(203) 車　両　5,449(1,728)	平成29年5月30日 (8月23日)
沖 縄	(一社)沖縄県バス協会	沖縄県那覇市 (沖縄県バス協会内)	合田 憲夫 (沖縄県バス協会会長)	事業者　60 営業所　74 車　両　1,139	平成29年6月26日 (8月9日)

※管内事業者数等はブロックにより時点が異なる。

図2-4　貸切バス適正化機関の指定

2．道路運送法第43条の11関係

> （一般貸切旅客自動車運送適正化機関の指定の基準）
> 第43条の11　第43条の2第1項の規定にかかわらず、一般貸切旅客自動車運送適正化機関の指定の申請が次の各号のいずれかに該当していると認める場合には、国土交通大臣は、同項の指定をしてはならない。
> 一　現に当該指定の申請に係る区域について一般貸切旅客自動車運送適正化機関があること。
> 二　申請者が一般貸切旅客自動車運送適正化事業（第43条の13第1項に規定する一般貸切旅客自動車運送適正化事業をいう。以下この条において同じ。）を公正かつ適確に実施することができないおそれがある者であること。
> 三　申請者が一般貸切旅客自動車運送適正化事業以外の事業を行う場合には、その事業を行うことによつて一般貸切旅客自動車運送適正化事業の公正かつ適確な実施に支障を及ぼすおそれがあるものであること。
> 四　申請者が第43条の20第1項の規定により指定を取り消され、その取消しの日から5年を経過しない者であること。
> 五　申請者の役員で一般貸切旅客自動車運送適正化事業に従事するもののうちに、禁錮以上の刑に処せられ、又はこの法律の規定により罰金の刑に処せられ、その執行を終わり、又は執行を受けることがなくなつた日から5年を経過しない者があること。

Q　貸切バス適正化機関の指定基準は？

今般の改正により、貸切バス適正化機関については、通常の適正化機関とは別に指定基準が定められている（第43条の11）。これは、

- そもそも適正化機関については国土交通大臣が指定権限を有しており、その運用に当たり適切に指定をすれば足りること
- 指定法人の欠格事由は、負担金徴収権限がある法人など、公的性格の強い業務を行う法人に限って法定されていること

を踏まえ、今回、特に負担金を徴収する一般貸切旅客自動車運送事業適正化機関に限って規定するものである。

具体的には①〜⑤までのとおりである。
① 現に当該指定の申請に係る区域について適正化機関がないこと。
② 事業の実施に関する計画を適確に実施するに足る経理的基礎及び技術的能力があること。
③ 申請者が適正化事業以外の事業を行う場合は、その事業を行うことによって適正化事業の公正かつ適確な実施に支障を及ぼすおそれがないこと。
④ 申請者が指定を取り消された者である場合は、その取消しの日から5年以上を経過していること。
⑤ 申請者の役員で適正化事業に従事する者のうちに、禁錮以上の刑に処せられ、又は法の規定により罰金の刑に処せられ、その執行を終わり、又は執行を受けることがなくなった日から5年を経過しない者がないこと。

このうち②については、次のような観点から審査がなされることとなる。
1) 申請者が適正化事業以外の事業を行わない場合は、適正化機関に適正化事業を統括する首席指導員を置くこと。
2) 首席指導員は、適正化機関の指定の申請を行う一般社団法人又は一般財団法人の役職員のうち、適正化事業を公正かつ適確に遂行・指導する能力のある者とすること。
3) 申請者が適正化事業以外の事業を行う場合は、適正化機関の内部組織として、適正化事業本部を置くこと。
4) 適正化事業本部には、適正化事業を統括する適正化事業本部長を置くこと。
5) 適正化事業本部長は、適正化機関の指定の申請を行う一般社団法人又は一般財団法人の役職員のうち、適正化事業を公正かつ適確に遂行・指導する能力のある者とすること。
6) 事業の実施に関する計画を公正かつ適確に行うため、必要な人員を配置する計画があること。また、能力ある人材の選任・育成を図る計画があること。

3．道路運送法第43条の3、第43条の10関係

(事業)
第43条の3　適正化機関は、その区域において、次に掲げる事業(以下「適正化事業」という。)を行うものとする。
一　輸送の安全を阻害する行為の防止その他この法律又はこの法律に基づく命令の遵守に関し旅客自動車運送事業者(前条第1項の指定に係る種別の旅客自動車運送事業を経営する者に限る。以下この節において同じ。)に対する指導を行うこと。
二　旅客自動車運送事業者以外の者の旅客自動車運送事業(前条第1項の指定に係る種別のものに限る。以下この節において同じ。)を経営する行為の防止を図るための啓発活動を行うこと。
三　前号に掲げるもののほか、旅客自動車運送に関する秩序の確立に資するための啓発活動及び広報活動を行うこと。
四　旅客自動車運送事業に関する旅客からの苦情を処理すること。
五　輸送の安全を確保するために行う旅客自動車運送事業者への通知、第1号の規定による指導の結果の国土交通大臣への報告その他国土交通大臣がこの法律の施行のためにする措置に対して協力すること。

(一般貸切旅客自動車運送適正化機関の事業)
第43条の10　一般貸切旅客自動車運送適正化機関は、その区域において、適正化事業のほか、次に掲げる事業を行うものとする。
一　一般貸切旅客自動車運送事業の用に供する自動車の運転者の育成を図るための研修を行うこと。
二　駐車場その他の一般貸切旅客自動車運送事業の適正な運営に資するための共同施設の設置及び運営を行うこと。

Q　貸切バス適正化機関の事業は？

A　適正化機関はその区域において、次の①〜⑦の事業(適正化事業)を行うものとされている。なお、これらの事業により得られる利益が貸切バス事業者全てに及ぶことから、事業者から徴収した負担金

はこれらの事業に充てることができるとされている。

① 輸送の安全を阻害する行為の防止その他この法律又はこの法律に基づく命令の遵守に関し旅客自動車運送事業者に対する指導を行うこと（法第43条の3第1号）。

【事業内容】
　適正化機関の指導員が貸切バス事業者の全ての営業所に立ち入り、輸送の安全確保等の法令遵守状況を確認し、貸切バス事業者に対する注意喚起及び改善指導を行う。

② 旅客自動車運送事業者以外の者の旅客自動車運送事業を経営する行為の防止を図るための啓発活動を行うこと（法第43条の3第2号）。

【事業内容】
　外国人観光客を含む利用者に対し、白バス行為（旅客自動車運送事業の許可を取得せずに同事業を行う行為）に対する注意喚起のキャンペーン等、自家用自動車による営業類似行為の防止を図るための啓発活動を実施する。

③ 前に掲げるもののほか、旅客自動車運送に関する秩序の確立に資するための啓発活動及び広報活動を行うこと（法第43条の3第3号）。

【事業内容】
　事業者に対する事故事例等の紹介・注意喚起や、下限割れ運賃により事業者が安全投資の削減を余儀なくされることを防止するため、旅行業者等に対する貸切バスの運賃・料金制度の遵守に係る啓発活動を行う。

④ 旅客自動車運送事業に関する旅客からの苦情を処理すること（法第43条の3第4号）。

【事業内容】
　貸切バス利用者からの苦情の受付や調査、事業者に対する改善指導を実施する。

⑤ 輸送の安全を確保するために行う旅客自動車運送事業者への通知、①の指導の結果の国土交通大臣への報告その他国土交通大臣がこの法律の施行のためにする措置に対して協力すること（法第43

条の3第5号)。

【事業内容】

　事業者による過労運転等の法令違反行為を確認した場合に、事業者に対して改善点を通知するとともに、地方運輸局等に対して情報提供を行う。また、地方運輸局等が行う街頭取締り等の活動に協力する。

　さらに、輸送の安全に係る法令改正等があった場合に、その内容の全事業者への周知徹底、法令遵守のために講ずべき措置の内容等について情報提供を行う。

⑥　一般貸切旅客自動車運送事業の用に供する自動車の運転者の育成を図るための研修を行うこと (法第43条の10第1号)。

【事業内容】

　安全確保に資する個々の運転者の質の向上を図るほか、過労運転等の一因でもある業界全体の運転者不足問題に対処するため、次の各事業を行う。

- 大型バスの運転技術、マナー等を向上させるための実技研修等の共同実施。
- 運転者になろうとする者の大型2種免許の取得支援。
- 貸切バス事業者の人材確保のための合同就職説明会等の開催支援。

⑦　駐車場その他の一般貸切旅客自動車運送事業として行う運送に関する秩序の確立に資するための共同施設の設置及び運営を行うこと (法第43条の10第2号)。

【事業内容】

　訪日外国人観光客の急増等に伴う観光バスの路上駐車問題やこれに伴い発生している安全面・サービス面の課題等に対処するため、以下の事業を行う。

- 貸切バスの運転者が一時待機中に車両を駐車し休憩できる施設の確保
- 貸切バスの利用者のための共同乗降場の設置
- 共同乗降場施設の高規格化 (待合室、トイレ等の整備)

Q 貸切バス適正化機関による巡回指導の目的は？

A 軽井沢スキーバス事故を踏まえ、悪質事業者の国への通報及び事業者の法令遵守状況の継続的な確認を通じて、国の監査機能を補完し業界の自主的改善を促進することにより、貸切バス事業における事故防止を徹底し業界全体の安全意識を向上させることを目的としている。

Q 巡回指導の対象となる事業者はどのように決めるのか？

A 貸切バス適正化機関は、地方運輸局等から次年度の監査対象事業者が記載された業務実施計画（部外秘）の提供を受け、当該監査対象事業者以外を巡回指導の対象として次年度の年間計画を作成し、地方運輸局等と意見交換を行い、年間計画で巡回指導の対象となった事業者の中から優先的に巡回指導を実施すべき事業者を決定することとなる。

なお、巡回指導対象事業者の決定にあたっては、次の安全に関する取り組み等を総合的に考慮するものとする。

① 過去の事故歴・行政処分歴
② 貸切バス事業者安全性評価認定
③ 運輸安全マネジメント評価
④ 利用者等からの苦情
⑤ ASV車両の導入状況　等

4．道路運送法施行規則第34条の4関係

> 規則
>
> （適正化事業指導員）
> 第34条の4　適正化機関は、法第43条の3第1号及び第2号に掲げる業務（以下「適正化事業指導業務」という。）を行わせるため、適正化事業指導員を選任しなければならない。
> 2　適正化機関は、適正化事業指導員に対し、第1号様式による身分を示す証明書を交付しなければならない。
> 3　適正化事業指導員は、適正化事業指導業務を行うに当たつては、前項の証明書を携帯し、関係者の請求があつたときは、これを提示しなければならない。

Q　巡回指導の体制やその頻度は？

A　巡回指導の体制については、原則、適正化事業指導員2名1組の体制で、事業者の営業所を直接訪問して実施する。

巡回指導の頻度については、貸切バス適正化機関の事業区域内に存する全ての営業所に対し、原則、毎年度1回実施するものとする（国が監査を実施した又は実施する予定の事業者（継続監視対象事業者）を除く。）。

なお、適正化機関の体制が整備されるまでの当面の間は、可能な範囲で巡回指導の実施に努めるものとされている。

Q　優良事業者に対する巡回指導の軽減措置はあるのか？

A　巡回指導の結果、貸切バス事業者安全性評価認定及び運輸安全マネジメント評価等を勘案し、優良であると認められる事業者に対しては巡回指導の頻度を軽減することを可能としている。ただし、頻度軽減は最大で2年間。

また、頻度軽減の対象となる事業者の割合は、当面の間は国の継続監視対象事業者数と同程度としている。

Q 巡回指導を行う場合の対象事項とその確認方法は？

 巡回指導は次の事項について行うものとされている。

① 許可、認可、届出等に係る事項の実施状況
② 貸切バスの運行の状況
③ 車両管理及び施設の状況
④ 労務の状況
⑤ その他巡回指導の目的を達成するために必要と認める事項

巡回指導の方法については、次のとおり。

(1) **実施通知**

地方運輸局等は、事前に巡回指導対象事業者に対して適正化機関による巡回指導が実施される旨の通知を行うこととする。

(2) **指導（点検）項目**

巡回指導時における指導（点検）項目は別途定める巡回指導マニュアルによる項目とし、指導（点検）項目ごとに巡回指導マニュアルに定める評価基準に基づき「適」又は「否」として判定するものとする。

なお、国の監査において法令違反が確認され、行政処分等を受けた事業者については、当該違反項目に係る改善状況の確認を重点的に行うものとする。

(3) **指導（点検）項目の省略**

巡回指導の対象事業者が巡回指導の実施前1年以内に（公社）日本バス協会の貸切バス事業者安全性評価認定を受け、当該評価において優良との評価を受けている項目については、巡回指導において指導（点検）を省略することができるものとする。

(4) **改善指導**

巡回指導終了時に講評を行うこととし、指導（点検）の結果「否」と判定された項目については、その場で改善を指導するとともに「改善要請書」を交付するものとする。

(5) 改善報告

　指導（点検）の結果「否」と判定した項目があった事業者に対し、巡回指導の翌日から起算して原則30日以内に「否」と判定された項目に係る関係書類を提出させることにより、その改善状況を適正化機関に報告するよう指導するものとする。

Q 巡回指導を行う場合の事業者の評価方法は？

　貸切バス適正化機関は、巡回指導実施時における「適」あるいは「否」の割合に応じ、評価結果をA～Eに分類する。

　A～Eの分類については、「適」あるいは「否」の判定を行った項目を100として、「適」の占める割合で評価する。

① 　A　「適」の割合が90％以上
② 　B　「適」の割合が70％以上90％未満
③ 　C　「適」の割合が50％以上70％未満
④ 　D　「適」の割合が20％以上50％未満
⑤ 　E　「適」の割合が20％未満

　なお、正当な理由なく巡回指導を拒否した場合等についてはEとなる。

　巡回指導により法令違反が確認された事業者で、改善報告を行わない者又は改善報告に未改善事項が確認された者について、改善報告提出期限の属する月の翌月末までに当月分を取りまとめのうえ地方運輸局等に対して報告が行われる。また、次のいずれかに該当する場合は、定期報告によらず直ちに地方運輸局等へ報告が行われる。

① 　正当な理由なく巡回指導を拒否した場合
② 　輸送の安全に関わる緊急を要する重大な法令違反で次のいずれかに該当する場合
　ア　運行管理者が全く不在（選任なし）の場合
　イ　全ての運転者が健康診断を受診していない場合
　ウ　運転者に対する指導監督及び特別な指導を全く実施していない場合

エ　整備管理者が全く不在（選任なし）の場合であって、事業用自動車の定期点検整備を全く実施していない場合

　これらの報告に基づき、地方運輸局は監査対象を見直し、法令違反の状況に応じて行政処分がなされることとなる。

Q 貸切バス事業者が巡回指導に従わなかった場合にはどうなるのか？

A 貸切バス事業者が巡回指導に応じなかった場合には、当該事業者は行政処分（60日車。再犯の場合には120日車）を受けることとなる。また、その場合には、貸切バス適正化機関から巡回指導を拒否したことを国に通報し、国自らが監査を実施し、監査で確認された法令違反と併せて行政処分が行われることとなる。

5．道路運送法第43条の15、道路運送法施行規則第34条の10関係

（負担金の徴収）
第43条の15　一般貸切旅客自動車運送適正化機関は、一般貸切旅客自動車運送適正化事業の実施に必要な経費に充てるため、第43条の2第1項の指定に係る区域内に営業所を有する一般貸切旅客自動車運送事業者から、負担金を徴収することができる。
2　一般貸切旅客自動車運送適正化機関は、毎事業年度、前項の負担金の額及び徴収方法について、国土交通大臣の認可を受けなければならない。
3　一般貸切旅客自動車運送適正化機関は、前項の認可を受けたときは、当該一般貸切旅客自動車運送適正化機関の第43条の2第1項の指定に係る区域内に営業所を有する一般貸切旅客自動車運送事業者に対し、その認可を受けた事項を記載した書面を添付して、負担金の額、納付期限及び納付方法を通知しなければならない。
4　一般貸切旅客自動車運送事業者は、前項の規定による通知に従い、一般貸切旅客自動車運送適正化機関に対し、負担金を納付する義務を負う。

5　第3項の規定による通知を受けた一般貸切旅客自動車運送事業者（以下この条において「納付義務者」という。）は、納付期限までにその負担金を納付しないときは、負担金の額に納付期限の翌日から当該負担金を納付する日までの日数1日につき国土交通省令で定める率を乗じて計算した金額に相当する金額の延滞金を納付する義務を負う。

6　一般貸切旅客自動車運送適正化機関は、国土交通省令で定める事由があると認めるときは、前項の規定による延滞金の納付を免除することができる。

7　一般貸切旅客自動車運送適正化機関は、納付義務者が納付期限までにその負担金を納付しないときは、督促状により、期限を指定して、督促しなければならない。この場合において、その期限は、督促状を発する日から起算して10日以上経過した日でなければならない。

8　一般貸切旅客自動車運送適正化機関は、前項の規定による督促を受けた納付義務者がその指定の期限までにその督促に係る負担金及び第5項の規定による延滞金を納付しないときは、国土交通大臣にその旨を報告することができる。

9　国土交通大臣は、前項の規定による報告があつたときは、納付義務者に対し、一般貸切旅客自動車運送適正化機関に負担金及び第5項の規定による延滞金を納付すべきことを命ずることができる。

規則

（負担金）

第34条の10　一般貸切旅客自動車運送適正化機関は、法第43条の15第2項の規定により負担金の額及び徴収方法について認可を受けようとするときは、負担金の額及び徴収方法を記載した申請書に負担金の額の算出の基礎を記載した書類を添付して地方運輸局長に提出しなければならない。

2　法第43条の15第5項の国土交通省令で定める率は、1万分の4とする。

3　法第43条の15第6項の国土交通省令で定める事由は、天災その他負担金を納付しないことについてのやむを得ない事由とする。

Q 負担金の額はどのように決めるのか？

負担金の額及びその徴収方法については、毎事業年度国土交通大臣の認可を受けなければならないとされている。

その際の具体的な負担金の定め方については、「一般貸切旅客自動車運送適正化機関が徴収する負担金の取扱いについて（平成29年3月31日国自旅第426号）」において定められている。

(1) **負担金の単価**

負担金の単価は、翌年度の適正化事業の実施に必要となる経費を積算し、この経費を適正化機関の管轄区域内に営業所を有する事業者の毎年2月1日現在における次のアからウのいずれかの数（事業を休止している事業者の数を除く。以下同じ。）で除した上で算出することとする。

なお、適正化機関が地方バス協会に対して会員事業者の巡回指導を委託する場合は、当該会員事業者に係る営業所数等は負担金の単価の算出から除くこととする。

ア　適正化機関の管轄区域内に存する営業所の数
イ　適正化機関の管轄区域内に存する事業用自動車の数
ウ　ア及びイを併用した数

＜計算方法＞

※ア又はイにより単価を算出する場合

・負担金の単価（営業所ごと）＝ 翌年度の事業経費 ÷ ア
・負担金の単価（事業用自動車ごと）＝ 翌年度の事業経費 ÷ イ

※ウにより単価を算出する場合

・翌年度の事業経費を合理的と認められる割合で按分し、それぞれの単価を算出する。

　負担金の単価A ＝ 翌年度の事業経費（按分後A）÷ ア
　負担金の単価B ＝ 翌年度の事業経費（按分後B）÷ イ

(2) **事業者ごとの負担金の額**

事業者ごとの負担金の額は、(1)により算出した負担金の単価に、適正化機関の管轄事業区域内の事業者ごとに毎年2月1日現在にお

ける当該事業者の営業所数等を乗じて算出することとする。なお、負担金の単価の10円以下の端数は10円単位に切り上げて算出することとする。

Q 負担金の徴収方法はどのように決めるのか?

A 負担金の徴収方法についても同様に、「一般貸切旅客自動車運送適正化機関が徴収する負担金の取扱いについて(平成29年3月31日国自旅第426号)」において定められている。

(1) **事業者への通知(請求)**

　適正化機関は翌年度の負担金の額及び徴収方法の認可を受けた後速やかに、書面により負担金の額及び徴収方法等を事業者に通知することとする。

　なお、負担金は一括納付を原則とする。ただし、適正化機関が徴収方法として半年ごと又は四半期ごと等の分割による徴収方法を定める場合にあってはこの限りではない。

　分割による納付を定める場合は負担金の額を等分することとし、10円以下の端数が生じた場合は10円単位に切り上げて算出することとする。

　通知にあたっては、分割する期間ごとに負担金の額、納付時期等についてもあわせて通知することとし、分割納付を選択した事業者に対しては、分割納付の時期ごとに、当該分割納付に係る徴収方法等について通知すること(別添様式)。

(2) **納付の方法**

　負担金の納付は原則として適正化機関が指定する口座への振込によることとする。

(3) **納付期限**

　負担金の納付期限は法第43条の15第7項に準じて納付通知を発する日から起算して10日以上を経過した日とし、最大で納付通知を発する日から1か月後を期限とすること。

(4) **負担金未納者に対する督促等**

　　負担金未納者に対する督促については、書面等により2回実施することとし、督促の記録については適切に保存すること。
　　督促後も正当な事由なく負担金を納付しない事業者に関しては、速やかに地方運輸局等に報告を行うこととする。

別添様式1

```
                                         番　　号
                                    平成　年　月　日
貸切バス事業者　殿
                    住　所
                    名　称　　〇〇法人〇〇貸切バス適正化センター
                    代表者


      平成〇〇年度に適正化事業にかかる負担金の額及び徴収方法
      並びに同負担金の請求について


　平成〇〇年度適正化事業にかかる負担金の額及び徴収方法については、このたび別添「認可書」(写)のとおり〇〇運輸局長の認可を受けたところです。
　つきましては、道路運送法第43条の15第3項の規定に従い通知しますので、同封の請求書により期限内に負担金を納付されますようお願いします。


(添付書類)
・平成〇〇年度負担金の額及び徴収方法の認可書(写)
・平成〇〇年度負担金の額及び徴収方法
・負担金請求書



                         問い合わせ先
                         電話
```

別添様式2

平成〇〇年度
負担金の額及び徴収方法

〇〇法人〇〇貸切バス適正化センター

１．負担金の額
　①　１両あたり１カ年……………………………………〇〇円
　②　１営業所あたり１カ年………………………………〇〇円

２．負担金の徴収方法
　(1)　負担金の請求
　　　平成〇〇年２月１日現在の貸切バス登録車両数(営業所数)をもって、１カ年分の負担金の額を算出し、期首において請求します。
　(2)　負担金の納付
　　　上記(1)により算出した１カ年分の負担金を一括納付して下さい。
　　　なお、分割納付を希望する場合は、１カ年分の負担金を〇〇ごとに分割して納付することができます。
　(3)　負担金の精算
　　　年度途中において事業計画の変更等が生じた場合の負担金の精算の要否については下表のとおりとなります。

事業廃止、許可取消	精算します
事業の休止、再開	精算します
事業の譲渡及び譲受	欄外記載(※1)
事業の分割、合併及び相続	欄外記載(※2)
事業計画の変更 ・区域の拡大に伴い、新たに適正化機関の管轄区域内に営業所を有することとなった場合 ・適正化機関の管轄区域内の全ての営業所を廃止し、当該区域内に営業所を有しないこととなった場合	精算します
事業計画の変更(上記以外)	精算しません

※１　年度途中に事業の譲渡及び譲受に係る認可を受けた事業者にあっては、譲渡人が負担金を一括納付していた場合には精算しないものとし、譲渡人が負担金を一括納付していない場合にあっては譲受人に対し未納分に係る負担金を請求します。

※２　年度途中に事業の分割、合併、相続の認可を受けた事業者にあっては、認可に伴い許可に基づく権利義務を承継することから精算をしません。

(4) 納付期限
　別紙請求書に記載のとおりとします。
(5) 延滞金について
　納付期限までに負担金の納付がない場合には、道路運送法（以下「法」という。）第43条の15第5項及び法施行規則第34条の10第2項の規定により、納付期限の翌日から負担金を納付する日までの日数1日につき1万分の4の延滞金を徴収します。

Q 事業年度中に新規事業許可を受けた場合や、許可を取り消された場合には、負担金は精算されるのか？

事業年度中に新規事業許可を受けた場合や、許可を取り消された場合などには、次のとおり負担金が精算されることとなる。

(1) 新規許可
　年度途中に新規許可を受けた事業者については、許可を受けた日の属する月の翌月分から当該年度末分までの負担金を請求することとする。

(2) 事業廃止、許可の取消し
　年度途中に事業を廃止した事業者又は許可の取消処分を受けた事業者については、許可取消処分の日又は事業を廃止した日の属する月の翌月分から当該年度末分までの負担金を精算することとする。

(3) 事業の休止又は再開
　年度途中に事業を休止又は再開した事業者については、事業の休止又は再開をした日の属する月の翌月分から当該年度末分までの負担金を精算する。

(4) 事業の譲渡及び譲受
　年度途中に事業の譲渡及び譲受に係る認可を受けた事業者にあっては、譲渡人が負担金を一括納付していた場合には精算を要しないものとし、譲渡人が負担金を一括納付していない場合にあっては譲受人に対し未納分に係る負担金を請求するものとする。

(5) 事業の分割、合併及び相続

年度途中に事業の分割、合併及び相続の認可を受けた事業者にあっては、認可に伴い許可に基づく権利義務を承継することから、負担金に係る精算を要しないものとする。

(6) 事業計画の変更

年度途中に適正化機関の管轄区域内に営業所を有していない事業者が営業区域の拡大に伴い当該適正化機関の管轄区域内に新たに営業所を有することとなった場合(適正化機関の管轄区域内に初めて営業所を設置することとなった場合に限る。)については、当該認可の日の属する月の翌月分から負担金を請求することとする。

また、年度途中に適正化機関の管轄区域内の全ての営業所を廃止し、当該適正化機関の管轄区域内に営業所が存在しないこととなった場合については、当該営業所の廃止の認可の日の属する月の翌月分から当該年度末分までの負担金を精算することとする。

(7) (6)以外の事業計画の変更

年度途中に上記(6)以外の事業計画の変更(同一区域内における営業所の新設及び廃止、事業用自動車の数の変更等)を行った事業者については、当該変更に係る負担金の精算は行わないこととする。

6．道路運送法第43条の15、道路運送法施行規則第34条の10関係

(負担金の徴収)

第43条の15　一般貸切旅客自動車運送適正化機関は、一般貸切旅客自動車運送適正化事業の実施に必要な経費に充てるため、第43条の2第1項の指定に係る区域内に営業所を有する一般貸切旅客自動車運送事業者から、負担金を徴収することができる。

2　一般貸切旅客自動車運送適正化機関は、毎事業年度、前項の負担金の額及び徴収方法について、国土交通大臣の認可を受けなければならない。

3　一般貸切旅客自動車運送適正化機関は、前項の認可を受けたときは、当該一般貸切旅客自動車運送適正化機関の第43条の2第1項の指定に係る区域内に営業所を有する一般貸切旅客自動車運送事業者に対し、その認可を受けた事項を記載した書面を添付して、負担金の額、納付期限及び納付方法を通知しなければならない。

4　一般貸切旅客自動車運送事業者は、前項の規定による通知に従い、一般貸切旅客自動車運送適正化機関に対し、負担金を納付する義務を負う。

5　第3項の規定による通知を受けた一般貸切旅客自動車運送事業者（以下この条において「納付義務者」という。）は、納付期限までにその負担金を納付しないときは、負担金の額に納付期限の翌日から当該負担金を納付する日までの日数1日につき国土交通省令で定める率を乗じて計算した金額に相当する金額の延滞金を納付する義務を負う。

6　一般貸切旅客自動車運送適正化機関は、国土交通省令で定める事由があると認めるときは、前項の規定による延滞金の納付を免除することができる。

7　一般貸切旅客自動車運送適正化機関は、納付義務者が納付期限までにその負担金を納付しないときは、督促状により、期限を指定して、督促しなければならない。この場合において、その期限は、督促状を発する日から起算して10日以上経過した日でなければならない。

8　一般貸切旅客自動車運送適正化機関は、前項の規定による督促を受けた納付義務者がその指定の期限までにその督促に係る負担金及び第5項の規定による延滞金を納付しないときは、国土交通大臣にその旨を報告することができる。

9　国土交通大臣は、前項の規定による報告があつたときは、納付義務者に対し、一般貸切旅客自動車運送適正化機関に負担金及び第五項の規定による延滞金を納付すべきことを命ずることができる。

> 規則

（負担金）
第34条の10　一般貸切旅客自動車運送適正化機関は、法第43条の15第2項の規定により負担金の額及び徴収方法について認可を受けようとするときは、負担金の額及び徴収方法を記載した申請書に負担金の額の算出の基礎を記載した書類を添付して地方運輸局長に提出しなければならない。

2　法第43条の15第5項の国土交通省令で定める率は、1万分の4とする。
　3　法第43条の15第6項の国土交通省令で定める事由は、天災その他負担金を納付しないことについてのやむを得ない事由とする。

Q　負担金を支払わない場合にはどうなるのか？

A　貸切バス事業者が期限までに負担金を納入しない場合には、貸切バス適正化機関は期限を指定して督促（書面等により2回）を行うこととなる。この督促を受けても負担金を納入しない場合には、国による納付命令を行い、この命令に従わない場合には、行政処分（60日車）を行うこととなる。国が再度納付命令を行ったにもかかわらず負担金を納入しない場合には、許可の取消し処分が行われる場合もある。

　なお、最初の負担金の請求期日を過ぎた場合には、納付期限の翌日から延滞金（年利14.6％）が発生することとなる。

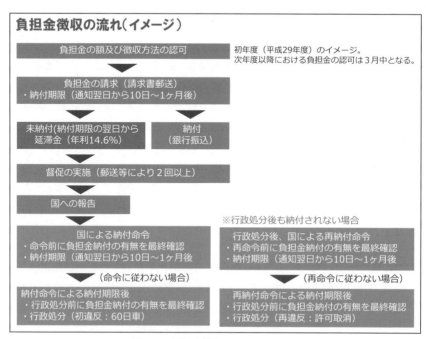

図2-5　負担金徴収フローチャート

7．道路運送法第43条の13・14、道路運送法施行規則第34条の8・9関係

（一般貸切旅客自動車運送適正化事業規程）
第43条の13　一般貸切旅客自動車運送適正化機関は、第43条の3及び第43条の10に規定する事業（以下「一般貸切旅客自動車運送適正化事業」という。）に関する規程（以下「一般貸切旅客自動車運送適正化事業規程」という。）を定め、一般貸切旅客自動車運送適正化事業の開始前に、国土交通大臣の認可を受けなければならない。これを変更しようとするときも、同様とする。
2　一般貸切旅客自動車運送適正化事業規程には、一般貸切旅客自動車運送適正化事業の実施の方法その他の国土交通省令で定める事項を定めておかなければならない。
3　国土交通大臣は、第1項の認可をした一般貸切旅客自動車運送適正化事業規程が一般貸切旅客自動車運送適正化事業の公正かつ適確な実施上不適当となつたと認めるときは、その一般貸切旅客自動車運送適正化機関に対し、これを変更すべきことを命ずることができる。

（事業計画等）
第43条の14　一般貸切旅客自動車運送適正化機関は、毎事業年度、一般貸切旅客自動車運送適正化事業に係る事業計画、収支予算及び資金計画を作成し、当該事業年度の開始前に（第43条の2第1項の指定を受けた日の属する事業年度にあつては、その指定を受けた後遅滞なく）、国土交通大臣の認可を受けなければならない。これを変更しようとするときも、同様とする。
2　一般貸切旅客自動車運送適正化機関は、毎事業年度、事業報告書、貸借対照表、収支決算書及び財産目録を作成し、当該事業年度の終了後3月以内に国土交通大臣に提出しなければならない。

規則
（一般貸切旅客自動車運送適正化事業規程で定めるべき事項）
第34条の8　法第43条の13第2項の国土交通省令で定める事項は、次に掲げるものとする。

一　一般貸切旅客自動車運送適正化事業を行う時間及び休日に関する事項
　　二　一般貸切旅客自動車運送適正化事業を行う事務所に関する事項
　　三　一般貸切旅客自動車運送適正化事業の実施の方法に関する事項
　　四　一般貸切旅客自動車運送適正化事業に関する書類の管理に関する事項
　　五　その他一般貸切旅客自動車運送適正化事業の実施に関し必要な事項

（一般貸切旅客自動車運送適正化事業に係る事業計画等）
第34条の9　一般貸切旅客自動車運送適正化機関は、法第43条の14第1項の規定により事業計画、収支予算及び資金計画の認可を受けようとするときは、その事業計画、収支予算及び資金計画を記載した申請書を毎事業年度開始の日の15日前までに（法第43条の2第1項の指定を受けた日の属する事業年度にあつては、その指定を受けた後遅滞なく）、地方運輸局長に提出しなければならない。
2　一般貸切旅客自動車運送適正化機関は、法第43条の14第1項の規定により事業計画、収支予算又は資金計画の変更の認可を受けようとするときは、変更しようとする事項及びその理由を記載した申請書を地方運輸局長に提出しなければならない。

Q 事業規程や事業計画などを国土交通大臣の認可にかからしめているのはなぜか？

A　今般の改正により貸切バス適正化機関に負担金徴収権限を付与するにあたって、事業の公正性・適確性を担保するため、事業規程については事業開始前に、事業計画、収支予算及び資金計画については、毎年度認可を求めることとしている（法第43条の13及び第43条の14）。

1．事業規程

　　事業規程とは貸切バス適正化機関が適正化事業を行うに当たって遵守すべき基本的な事項を定めたものである。
　　具体的には①〜⑤のとおりである。

①　貸切バス適正化事業を行う時間及び休日に関する事項
②　貸切バス適正化事業を行う事務所に関する事項
③　貸切バス適正化事業の実施の方法に関する事項
④　貸切バス適正化事業に関する書類の管理に関する事項
⑤　その他貸切バス適正化事業の実施に関し必要な事項

　事業規程の認可にあたっては、それぞれ次に掲げる観点から審査することとされている。
　①については、
- 休日を定める場合はその休日が明確に定められていること。
- 事業を実施する時間が明確に定められていること。
- 事業を実施する日及び時間が、一般貸切旅客自動車運送事業者及び旅客等にとって著しく利便を欠くものでないこと。

　②については、全ての事務所の所在地が定められていること。
　③については、
- 事業の基本的な実施方法について定められていること。
- 事業を行う体制が適切に定められていること。

　④については、事業に関する帳簿の作成及び保存について定められていること。
　⑤については、
（ⅰ）事業の委託に関する事項
- 事業を委託する場合、受託者との間で事業の委託に関する契約を締結するものであること。
- 事業の委託に関する契約には、委託する業務の内容、委託期間、受託者の善管注意義務等の基本的な事項の他、以下に関する事項が定められていること。また、委託の範囲については事業の一部に限ることとし、事業の全部を委託するものでないこと。
　　ア　委託者に対する報告に関する事項
　　イ　再委託の禁止に関する事項
- 委託事業はすべて委託者の名義で行い、第三者に対する責任は委託者が負担するものであること。ただし、委託者が受託者の責任によって生じた損害について受託者に求償することを妨げるもの

ではない。
- 事業を委託する場合は、委託先及び委託の内容等を法第43条の14に規定する事業計画に記載すること。

(ⅱ) 区分経理の方法その他の経理に関する事項
　　施行規則第34条の11で定めるところにより、適正化事業に関する経理と適正化事業以外の事業に関する経理とを明確に区分して整理することが適切に定められていること。

(ⅲ) 事業に関して知り得た情報の管理及び秘密の保持に関する事項
- 事業の実施における秘密の保持に関する事項が定められていること。
- 情報の漏えい対策に関する事項が定められていること。
- 事業の一部を委託する場合における秘密の保持に関する事項が定められていること。

(ⅳ) その他
- 適正化事業及びこれに附帯する事業以外の事業を行う場合は、その事業の内容が定められていること。
- 適正化事業を公正かつ適確に実施するために必要な事項が定められていること。
- 適正化事業を公正かつ適確に実施するにあたり、重大な支障が生じ、又は生ずるおそれがあると認められる場合には、国土交通大臣に速やかに報告することが定められていること。

2．事業計画等の認可

　事業計画、収支予算及び資金計画の認可を受けようとするときは、その事業計画、収支予算及び資金計画を記載した申請書を毎事業年度開始日の日の15日前までに地方運輸局長に提出しなければならない。

　事業計画、収支予算及び資金計画の認可に当たっては、事業を公正かつ適確に行うことができると認められるか等について、次の観点から審査することとしている。

(1) 事業の実施の方法その他の計画が、事業の適確な実施のために

適切なものであること。
　(2)　事業計画を適確に実施するに足りる経理的基礎及び技術的能力があること。
　(3)　適正化事業以外の事業を行っている場合は、その事業を行うことによって適正化事業が不公正になるおそれがないこと。
　(4)　事業を委託する場合は、委託先及び委託の内容等を記載すること。なお、委託契約書の写しの添付をもって委託の内容を記載したものとみなすこととする。

3．事業年度終了後の提出書類

　　貸切バス適正化機関は、毎事業年度、事業報告書、貸借対照表、収支決算書及び財産目録を作成し、事業年度の終了後3か月以内に提出しなければならないこととされている。事業報告書、収支報告書については一般的な法人は提出を求められるものであるが、貸切バス適正化機関については、乗降場の設置など資金の借入れを行い、かつ財産を形成する事業も想定されることから、貸借対照表及び財産目録の提出を求めることとしている。

8．道路運送法第43条の19・20関係

（監督命令）
第43条の19　国土交通大臣は、この法律を施行するため必要があると認めるときは、一般貸切旅客自動車運送適正化機関に対し、一般貸切旅客自動車運送適正化事業に関し監督上必要な命令をすることができる。

（一般貸切旅客自動車運送適正化機関の指定の取消し等）
第43条の20　国土交通大臣は、一般貸切旅客自動車運送適正化機関が次の各号のいずれかに該当するときは、第43条の2第1項の指定を取り消すことができる。
　一　この法律又はこの法律に基づく命令に違反したとき。
　二　第43条の11第2号又は第3号に該当することとなつたとき。

三　第43条の13第1項の認可を受けた一般貸切旅客自動車運送適正化事業規程によらないで一般貸切旅客自動車運送適正化事業を行つたとき。
　四　第43条の13第3項、第43条の18第2項又は前条の規定による命令に違反したとき。
　五　第43条の15第2項の認可を受けた事項に違反して、負担金を徴収したとき。
　六　不当に一般貸切旅客自動車運送適正化事業を実施しなかつたとき。
2　国土交通大臣は、前項の規定により第43条の2第1項の指定を取り消したときは、その旨を公示しなければならない。

Q　貸切バス適正化機関に対して可能な指導監督の内容は？

A

1．監督命令

　貸切バス適正化機関は、事業者から負担金を徴収し適正化事業を行う公共性の高い法人であり、仮に一般貸切旅客自動車運送適正化機関の行う適正化事業以外の他事業の失敗等のために法人自体の存続が不可能となるような事態が生じる場合には、事業者から徴収した負担金が適正化事業に充てられず、適正化事業が適切に実施されなくなるおそれがある。こうしたことを防止するため、一般貸切旅客自動車運送適正化機関については、監督命令を可能としている。

　監督命令は、その内容が業務内容に直接関係するものに限られず、包括的な内容を命ずることを可能とするものである。その趣旨は、法人の行う業務が高度な公共性を帯びていることを踏まえ、法人の業務のみならず、法人そのものの運営の公正性・適確性の担保を通じ、法人の業務の適正な継続等を図ることにある。例えば、貸切バス適正化機関の業務以外に係る資料の提出を求めるような必要が生じた場合等に所要の命令ができる。

2．貸切バス適正化機関に対する指導等

（1）適正化機関の組織及び運営方法

　適正化事業を適確に実施するため、適正化機関の組織及び運営方

法に関し、次の事項について地方運輸局から貸切バス適正化機関に対して指導することとしている。
① 適正化事業指導業務を行わせるための指導員は、輸送の安全を阻害する行為の防止その他旅客自動車の輸送秩序の改善に関する知識等を有し、かつ、適正化事業を公正かつ適確に遂行できる者を選任すること。
② 適正化機関が取得した個人情報その他の職務上知り得た情報の適正な取扱いは、業務の適切かつ円滑な遂行の重要な基盤であるとともに、社会的信頼に関わるものであることから、情報管理に関する規程を整備するとともに、これらの情報の安全管理のために、管理責任者の配置、個人情報等にアクセスすることが認められる者の範囲の限定等の必要かつ適切な措置を講じること。
③ 適正化事業に関する事項を定款、事業規程等に明記するとともに、適正化事業の実施に係る規程等を整備すること。
④ 適正化機関に係る経理、就業等について、規程等に定めるように努めること。

(2) **適正化機関の中立性・透明性**
　適正化事業の健全な推進を図るため、適正化機関の中立性・透明性が確保されるよう適正化事業の実施状況等について定期的に報告を求め、定期的に立入指導を行うなどにより、次の事項について地方運輸局から貸切バス適正化機関に対して指導することとしている。
① 適正化事業に係る組織・運営と他部門の組織・運営について、定款、規程等の整備などにより、明確に区分する措置を講じること。
② 適正化機関が、他部門と事務室を共同使用している場合には、間仕切り、表示等によりその区分を明確にするように努めること。なお、事務室区分の明確化については、適正化機関が適正化業務を遂行する上で、事業者又は第三者から明確に中立性・透明性が確保されていることについて、外形的に示すことを念頭に指導すること。
③ 旅客自動車運送事業者及び利用者等からの苦情について、適正かつ円滑な処理が図られるよう、体制の整備、対応マニュアルの

策定、適正な管理の確保等を図ること。
④　公正かつ着実な指導、苦情処理等に対応可能な要員の確保を図ること。

(3) **適正化事業指導業務の公正かつ適確な実施**
適正化事業指導業務が公正かつ適確に実施されるよう次の事項について地方運輸局から貸切バス適正化機関に対して指導することとしている。

① 指導対象事業者の選定
指導対象事業者を選定するに当たっては、地方運輸局等の監査方針等との連携を十分に図るとともに、個々の事業者に対する適正化の指導の必要性を勘案した指導内容及び頻度とすること。

② 指導における事業者評価
指導により事業者評価を行おうとする場合、明確な基準に基づき、均一化された判断により、公正かつ適確になされるよう徹底を図るとともに、調査事項の確認状況、評価の判断理由等について記録するなど指導時の事業者評価結果について説明に応じられる措置を講じること。

③ 適正化事業指導業務の公正かつ適確な実施
適正化事業指導業務が公正かつ適確に行われることによって、旅客自動車運送事業の適正化が促進されることについて指導員自身の理解をさらに深めること等により、適正化事業指導業務における改善指導等の厳正な実施を図ること。

(4) **適正化事業の円滑な実施に向けた配慮**
適正化機関との連携強化に当たっては、一般貸切旅客自動車運送事業の適正化の効果が最大限発揮されるよう、次の事項について配慮するよう地方運輸局から貸切バス適正化機関に対して指導することとしている。

① 適正化事業の制度に関する周知
一般貸切旅客自動車運送事業者に対し、適正化事業の制度に関する周知を行い、適正化機関から法第43条の4第2項又は第43条の5第1項の規定による文書若しくは口頭による説明又は資料

の提出の求めがあったときは、適切に対応するように指導すること。
② 適正化事業への支援
　適正化機関の指導に際し、協力依頼文書の発出等により、適正化事業が円滑に実施されるよう協力すること。なお、協力依頼文書を発出する場合は、指導の法的位置付け等を明確にした内容とすること。

(5) **適正化機関との連絡等**
　事業者への指導、監査等を効率的、効果的に推進するため、以下の事項に配意しつつ、地方運輸局は適正化機関との連携を図ることとしている。
① 監査方針の周知等
　地方運輸局等による監査、行政処分等が効率的かつ効果的に実施できるよう、適正化機関に対して監査方針及び行政処分等の基準の周知を図ること。また、適正化事業の推進状況（指導結果、指導事項の改善状況等）等の情報については、定期的な報告を求め実態把握に努めること。
② 適正化事業との連携
　指導の拒否又は輸送の安全に関わる緊急を要する重大な法令違反のある事業者が認められた場合には、監査方針及び行政処分等の基準に則り、迅速かつ厳正に措置すること。また、指導によっても改善がなされない事業者やその他違法性が疑われる事業者、あるいは、利用者等からの苦情が多い事業者については、必要に応じて相互に情報交換を行い、適切に対応すること。
③ 報告連絡体制の構築
　法令違反の状況を踏まえて継続的に監視すべき事業者に対する指導、監査等の相互の連携の実効を挙げるため、適正化機関に対して必要な報告を求めるほか、適宜情報交換の機会を設けるなど報告連絡体制を構築するものとする。その際、地方運輸局等は適正化機関に対し監督権限に基づき秘密保持を徹底させた上で、適正化事業の実施に関し必要となる情報を提供するものとする。

9．道路運送法第43条の20・21関係

（一般貸切旅客自動車運送適正化機関の指定の取消し等）
第43条の20　国土交通大臣は、一般貸切旅客自動車運送適正化機関が次の各号のいずれかに該当するときは、第43条の2第1項の指定を取り消すことができる。
一　この法律又はこの法律に基づく命令に違反したとき。
二　第43条の11第2号又は第3号に該当することとなつたとき。
三　第43条の13第1項の認可を受けた一般貸切旅客自動車運送適正化事業規程によらないで一般貸切旅客自動車運送適正化事業を行つたとき。
四　第43条の13第3項、第43条の18第2項又は前条の規定による命令に違反したとき。
五　第43条の15第2項の認可を受けた事項に違反して、負担金を徴収したとき。
六　不当に一般貸切旅客自動車運送適正化事業を実施しなかつたとき。
2　国土交通大臣は、前項の規定により第43条の2第1項の指定を取り消したときは、その旨を公示しなければならない。

（一般貸切旅客自動車運送適正化機関の指定を取り消した場合における経過措置）
第43条の21　前条第1項の規定により第43条の2第1項の指定を取り消した場合において、国土交通大臣がその取消し後に同一の区域について新たに一般貸切旅客自動車運送適正化機関を指定したときは、取消しに係る一般貸切旅客自動車運送適正化機関の一般貸切旅客自動車運送適正化事業に係る財産は、新たに指定を受けた一般貸切旅客自動車運送適正化機関に帰属する。
2　前項に定めるもののほか、前条第1項の規定により第43条の2第1項の指定を取り消した場合における一般貸切旅客自動車運送適正化事業に係る財産の管理その他所要の経過措置（罰則に関する経過措置を含む。）は、合理的に必要と判断される範囲内において、政令で定めることができる。

Q 貸切バス適正化機関が不正をした場合には指定を取り消されることがあるのか？

 貸切バス適正化機関が次のいずれかに該当するときは、指定を取り消すことができる（法第43条の20）。
① 道路運送法又は道路運送法に基づく命令に違反したとき。
② 貸切バス適正化事業を公正かつ適確に実施すること又は貸切バス適正化事業以外の事業を行うことによって貸切バス適正化事業を公正かつ適確に実施することができなくなったとき。
③ 事業規程によらないで貸切バス適正化事業を行ったとき。
④ 事業規程の変更命令、役員の解任命令又は監督命令に違反したとき。
⑤ 認可を受けた事項に違反して、負担金を徴収したとき。
⑥ 不当に貸切バス適正化事業を実施しなかったとき。

⑤とは例えば、認可を受けた負担金の額と異なる額を徴収したり、認可を受けた徴収方法によらないで徴収した場合（例えば毎月徴収すると決めて認可を受けたときに1年に1回まとめて徴収する等）を指す。また、⑥とは例えば役員を含めた組織的なサボタージュを指す。

なお、貸切バス適正化機関が指定を取り消され、同一の区域について新たに貸切バス適正化機関が指定されたときは、その財産を新たに指定を受けた貸切バス適正化事業が引き継ぐこととなる。

> **参考** 適正化通達

民間団体等による一般貸切旅客自動車運送の適正化に関する事業について

> 平成29年3月31日 国自旅第424号
> 自動車局旅客課長から各地方運輸局自動車交通部長・関東・近畿運輸局自動車監査指導部長・沖縄総合事務局運輸部長あて通達

　道路運送法（昭和26年法律第183号。以下「法」という。）第43条の9に規定する一般貸切旅客自動車運送適正化機関（以下「適正化機関」という。）の指定及び事業規程の認可等にあたり下記のとおり留意事項を取りまとめたので、事務処理に遺漏なきを期されたい。

記

1．適正化機関の指定等
(1) 適正化機関の指定
　適正化機関は、一般貸切旅客自動車運送に関する秩序の確立に資することを目的とする一般社団法人又は一般財団法人を、その申請により、区域ごとに指定することができる。

　指定に当たっては、法第43条の3及び法第43条の10に規定する事業を公正かつ適確に行うことができると認められるか等について、以下により審査することとされたい。

① 　現に当該指定の申請に係る区域について適正化機関がないこと。
② 　事業の実施に関する計画を適確に実施するに足る経理的基礎及び技術的能力があること。
　1）申請者が適正化事業以外の事業を行わない場合は、適正化機関に適正化事業を統括する首席指導員を置くこと。
　2）首席指導員は、適正化機関の指定の申請を行う一般社団法人又は一般財団法人の役職員のうち、適正化事業を公正かつ適確に遂行・指導する能力のある者とすること。
　3）申請者が適正化事業以外の事業を行う場合は、適正化機関の内部組織として、適正化事業本部を置くこと。
　4）適正化事業本部には、適正化事業を統括する適正化事業本部長

を置くこと。
　　　5）適正化事業本部長は、適正化機関の指定の申請を行う一般社団法人又は一般財団法人の役職員のうち、適正化事業を公正かつ適確に遂行・指導する能力のある者とすること。
　　　6）事業の実施に関する計画を公正かつ適確に行うため、必要な人員を配置する計画があること。また、能力ある人材の選任・育成を図る計画があること。
　　③　申請者が適正化事業以外の事業を行う場合は、その事業を行うことによって適正化事業の公正かつ適確な実施に支障を及ぼすおそれがないこと。
　　④　申請者が法第43条の20第1項の規定により指定を取り消された者である場合は、その取消しの日から5年以上を経過していること。
　　⑤　申請者の役員で適正化事業に従事する者のうちに、禁錮以上の刑に処せられ、又は法の規定により罰金の刑に処せられ、その執行を終わり、又は執行を受けることがなくなった日から5年を経過しない者がないこと。
　(2)　**適正化機関の公示**
　　適正化機関の指定をしたときは、法第43条の2第2項により公示することとされたい。

2．適正化機関の事業規程の認可について

　法第43条の13に規定する適正化機関の事業規程に関しては、以下により審査することとされたい。
　(1)　**事業を行う時間及び休日に関する事項**
　　①　休日を定める場合はその休日が明確に定められていること。
　　②　事業を実施する時間が明確に定められていること。
　　③　事業を実施する日及び時間が、一般貸切旅客自動車運送事業者及び旅客等にとって著しく利便を欠くものでないこと。
　(2)　**事業を行う事務所に関する事項**
　　全ての事務所の所在地が定められていること。
　(3)　**事業の実施の方法に関する事項**
　　①　事業の基本的な実施方法について定められていること。
　　②　事業を行う体制が適切に定められていること。
　(4)　**事業に関する書類の管理に関する事項**
　　事業に関する帳簿の作成及び保存について定められていること。

(5) その他必要な事項
① 事業の委託に関する事項
 1）事業を委託する場合、受託者との間で事業の委託に関する契約を締結するものであること。
 2）事業の委託に関する契約には、委託する業務の内容、委託期間、受託者の善管注意義務等の基本的な事項の他、以下に関する事項が定められていること。また、委託の範囲については事業の一部に限ることとし、事業の全部を委託するものでないこと。
  ア　委託者に対する報告に関する事項
  イ　再委託の禁止に関する事項
 3）委託事業はすべて委託者の名義で行い、第三者に対する責任は委託者が負担するものであること。ただし、委託者が受託者の責任によって生じた損害について受託者に求償することを妨げるものではない。
 4）事業を委託する場合は、委託先及び委託の内容等を法第43条の14に規定する事業計画に記載すること。
② 区分経理の方法その他の経理に関する事項
　法施行規則第34条の11で定めるところにより、適正化事業に関する経理と適正化事業以外の事業に関する経理とを明確に区分して整理することが適切に定められていること。
③ 事業に関して知り得た情報の管理及び秘密の保持に関する事項
 1）事業の実施における秘密の保持に関する事項が定められていること。
 2）情報の漏えい対策に関する事項が定められていること。
 3）事業の一部を委託する場合における秘密の保持に関する事項が定められていること。
④ その他
 1）適正化事業及びこれに附帯する事業以外の事業を行う場合は、その事業の内容が定められていること。
 2）適正化事業を公正かつ適確に実施するために必要な事項が定められていること。
 3）適正化事業を公正かつ適確に実施するにあたり、重大な支障が生じ、又は生ずるおそれがあると認められる場合には、国土交通大臣に速やかに報告することが定められていること。

3．事業計画等の認可

法第43条の14に規定する事業計画、収支予算及び資金計画の認可に当たっては、事業を公正かつ適確に行うことができると認められるか等について、以下により審査することとされたい。
(1) 事業の実施の方法その他の計画が、事業の適確な実施のために適切なものであること。
(2) 事業計画を適確に実施するに足りる経理的基礎及び技術的能力があることについて、1(1)②1)～6)に準じて審査すること。
(3) 適正化事業以外の事業を行っている場合は、その事業を行うことによって適正化事業が不公正になるおそれがないこと。
(4) 事業を委託する場合は、委託先及び委託の内容等を記載すること。なお、委託契約書の写しの添付をもって委託の内容を記載したものとみなすこととする。

4．適正化機関に対する指導等
(1) 適正化機関の組織及び運営方法

適正化事業を適確に実施するため、適正化機関の組織及び運営方法に関し、以下の事項について指導されたい。
① 法第43条の3第1号及び第2号に掲げる業務（以下「適正化事業指導業務」という。）を行わせるための適正化事業指導員（以下「指導員」という。）は、輸送の安全を阻害する行為の防止その他旅客自動車の輸送秩序の改善に関する知識等を有し、かつ、適正化事業を公正かつ適確に遂行できる者を選任すること。
② 適正化機関が取得した個人情報その他の職務上知り得た情報の適正な取扱いは、業務の適切かつ円滑な遂行の重要な基盤であるとともに、社会的信頼に関わるものであることから、情報管理に関する規程を整備するとともに、これらの情報の安全管理のために、管理責任者の配置、個人情報等にアクセスすることが認められる者の範囲の限定等の必要かつ適切な措置を講じること。
③ 適正化事業に関する事項を定款、事業規程等に明記するとともに、適正化事業の実施に係る規程等を整備すること。
④ 適正化機関に係る経理、就業等について、規程等に定めるように努めること。

(2) 適正化機関の中立性・透明性

適正化事業の健全な推進を図るため、適正化機関の中立性・透明性が

確保されるよう適正化事業の実施状況等について定期的に報告を求め、定期的に立入指導を行うなどにより、以下の事項について指導されたい。
　① 適正化事業に係る組織・運営と他部門の組織・運営について、定款、規程等の整備などにより、明確に区分する措置を講じること。
　② 適正化機関が、他部門と事務室を共同使用している場合には、間仕切り、表示等によりその区分を明確にするように努めること。なお、事務室区分の明確化については、適正化機関が適正化業務を遂行する上で、事業者又は第三者から明確に中立性・透明性が確保されていることについて、外形的に示すことを念頭に指導すること。
　③ 旅客自動車運送事業者及び利用者等からの苦情について、適正かつ円滑な処理が図られるよう、体制の整備、対応マニュアルの策定、適正な管理の確保等を図ること。
　④ 公正かつ着実な指導、苦情処理等に対応可能な要員の確保を図ること。

(3) **適正化事業指導業務の公正かつ適確な実施**
　適正化事業指導業務が公正かつ適確に実施されるよう以下の事項について指導されたい。
　① 指導対象事業者の選定
　　指導対象事業者を選定するに当たっては、地方運輸局（沖縄総合事務局を含む。）及び運輸支局（運輸監理部を含む。以下、「地方運輸局及び運輸支局」を「地方運輸局等」という。）の監査方針等との連携を十分に図るとともに、個々の事業者に対する適正化の指導の必要性を勘案した指導内容及び頻度とすること。
　② 指導における事業者評価
　　指導により事業者評価を行おうとする場合、明確な基準に基づき、均一化された判断により、公正かつ適確になされるよう徹底を図るとともに、調査事項の確認状況、評価の判断理由等について記録するなど指導時の事業者評価結果について説明に応じられる措置を講じること。
　③ 適正化事業指導業務の公正かつ適確な実施
　　適正化事業指導業務が公正かつ適確に行われることによって、旅客自動車運送事業の適正化が促進されることについて指導員自身の理解をさらに深めること等により、適正化事業指導業務における改善指導等の厳正な実施を図ること。

(4) **適正化事業の円滑な実施に向けた配慮**
　適正化機関との連携強化に当たっては、一般貸切旅客自動車運送事業

の適正化の効果が最大限発揮されるよう、以下の事項について配慮されたい。
　① 適正化事業の制度に関する周知
　　一般貸切旅客自動車運送事業者に対し、適正化事業の制度に関する周知を行い、適正化機関から法第43条の４第２項又は第43条の５第１項の規定による文書若しくは口頭による説明又は資料の提出の求めがあったときは、適切に対応するように指導すること。
　② 適正化事業への支援
　　適正化機関の指導に際し、協力依頼文書の発出等により、適正化事業が円滑に実施されるよう協力すること。なお、協力依頼文書を発出する場合は、指導の法的位置づけ等を明確にした内容とすること。

(5) **適正化機関との連絡等**
　事業者への指導、監査等を効率的、効果的に推進するため、以下の事項に配意しつつ、適正化機関との連携を図られたい。
　① 監査方針の周知等
　　地方運輸局等による監査、行政処分等が効率的かつ効果的に実施できるよう、適正化機関に対して監査方針及び行政処分等の基準の周知を図ること。また、適正化事業の推進状況（指導結果、指導事項の改善状況等）等の情報については、定期的な報告を求め実態把握に努めること。
　② 適正化事業との連携
　　指導の拒否又は輸送の安全に関わる緊急を要する重大な法令違反のある事業者が認められた場合には、監査方針及び行政処分等の基準に則り、迅速かつ厳正に措置すること。また、指導によっても改善がなされない事業者やその他違法性が疑われる事業者、あるいは、利用者等からの苦情が多い事業者については、必要に応じて相互に情報交換を行い、適切に対応すること。
　③ 報告連絡体制の構築
　　法令違反の状況を踏まえて継続的に監視すべき事業者に対する指導、監査等の相互の連携の実効を挙げるため、適正化機関に対して必要な報告を求めるほか、適宜情報交換の機会を設けるなど報告連絡体制を構築するものとする。その際、地方運輸局等は適正化機関に対し監督権限に基づき秘密保持を徹底させた上で、適正化事業の実施に関し必要となる情報を提供するものとする。

Ⅵ 罰則の強化

1．道路運送法第99条関係

> 第99条　法人の代表者又は法人若しくは人の代理人、使用人その他の従業者がその法人又は人の業務又は所有し、若しくは使用する自動車に関し、次の各号に掲げる規定の違反行為をしたときは、行為者を罰するほか、その法人に対して当該各号に定める罰金刑を、その人に対して各本条の罰金刑を科する。
> 一　第97条（第2号に係る部分に限る。）　1億円以下の罰金刑
> 二　第96条、第97条（第2号に係る部分を除く。）又は第97条の3から第98条の2まで　各本条の罰金刑

Q 今回、罰則の強化について、法人の場合最大1億円と大幅に強化されるとのことだが、この理由は？

A 改正前においては、輸送の安全が確保されないおそれがあり、国土交通省から事業者に対してその是正を図るために発出した命令に従わない場合、当該事業者に対して、現行は法人、行為者ともに100万円以下の罰金刑を科していた。

　しかし、軽井沢スキーバス事故を踏まえ、運行管理者の必要選任数の引上げ、ドライブレコーダーの装着義務付け等、安全確保に係る費用負担の増加を事業者に義務付ける中で、現状の罰金の額では、その義務違反に対する十分な抑止力が確保できないおそれがあった。このため、命令に違反した事業者に対する罰則について、鉄道事業法、航空法における罰則との平衡も踏まえ、行為者に対して150万円以下の罰金刑若しくは1年以下の懲役刑又はその併科、法人に対して1億円以下の罰金刑に引き上げたところである。

　なお、罰則の対象は法人の代表者、運行管理者のみならず、実際に

命令に従わない行為をした者（運転者等を含む。）である。

Q 今回の改正で罰則が強化されている一方で、法律の施行は、公布の日から1月を超えない範囲内において政令で定める日からとされている。この公布から施行までの1月という期間は、法律の周知期間としては短すぎることはないか？

A 軽井沢スキーバス事故のような悲惨な事故を二度と起こさないという決意のもと、平成28年の冬のスキーシーズン前に、不適格事業者による事故を防止するための措置を緊急に講ずる必要があることから、事業許可の更新制の導入の部分を除き、改正法の施行は公布の日から1月以内とし、12月20日から施行したところである。

一方で、1億円以下の罰金刑は、国土交通省がバス事業者に対し、輸送の安全を確保するために必要な措置をとるよう命令した場合に、バス事業者がその命令に従わないという、極めて悪質で例外的な場合にはじめて適用されるものであり、1月以内の周知期間が短すぎるということはないと考えている。

第3章
軽井沢スキーバス事故を受けたその他制度改正

I 監査機能の強化

Q 制度改正後の監査の内容は？

監査の実効性を向上させるために、違反事項の早期是正と処分の厳格化を目的として、監査内容の見直しを行っている。

平成28年6月に処分基準を改正し、悪質性や事故の重大性等を総合的に勘案して事業許可の取消し（いわゆる「一発取消し」）ができるよう措置している。

また、平成28年12月にも処分基準の改正を行い、

- 街頭監査において、緊急を要さない法令違反が確認された場合でも、その場で実施・改善が確認できない場合は、運行を中止させる。
- 一般監査において、輸送の安全に関わる重大な法令違反が確認された場合は、直ちに法令違反の是正を指示し、必要に応じ運行を中止させるとともに、速やかに特別監査を実施する。
- 上記に併せ、直ちに法令違反の是正を指示し、30日以内に是正状況確認のための指摘事項確認監査を実施する。
- 複数回にわたり法令違反を是正・改善しない事業者を事業停止又は事業許可取消の対象とする。
- 車両停止処分にあたっては営業所全体の車両の8割を止めることとする。
- 輸送の安全に特に係る違反を中心に、処分量定を引き上げる。
  例：運賃料金届出違反　現行20日車
  　　→　改正後　60日車
  　輸送の安全確保命令等違反　現行60日車
  　　→　改正後　許可取消
- 許可取消処分となった事業者に勤務する運行管理者に対し資格者証の返納を命ずる。

等のさらなる処分基準の強化を実施した。これらの処分内容は、安全

を軽視している事業者にとっては非常に厳しいものと考えている。

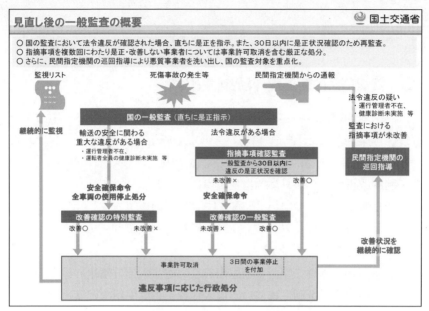

図3-1　監査フローチャート

Ⅱ 運賃等関係

Q 貸切バスの新運賃・料金制度とは?

A 平成24年4月に発生した関越自動車道高速ツアーバス事故を受け策定された「高速・貸切バスの安全・安心回復プラン」に基づき、平成26年度より新しい運賃・料金制度が施行している。

制度改正前からの具体的な変更点は次のとおりである。

- 合理的でわかりやすい「時間・キロ併用制運賃方式」への移行
- 公示運賃の算定方法の見直し(人件費・車両償却費の見直し、安全措置に係る経費の計上)
- 貸切バスの運賃・料金事前届出違反に対する処分基準の見直し

新しい運賃料金制度においては人件費や車両更新など安全運行に必要なコストを適正に運賃・料金に反映した制度となっている。

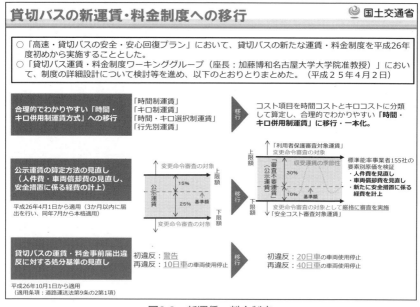

図3-2　新運賃・料金制度

Q 適正な運賃を遵守させるため、また、違法な運賃で契約した者を国として把握し是正させるため、どのような措置を講じているのか？

A 適正な運賃を遵守させるため、運送引受書に運賃等の上限・下限額の記載を義務付けるとともに、旅行業界・バス業界の自主的な取組みとして、適正な運賃・料金収受を行うことを含む「安全運行パートナーシップ宣言」を平成28年8月に策定した。

参考 旅客自動車運送事業運輸規則第7条の2

（運送引受書の交付）
第7条の2　一般貸切旅客自動車運送事業者は、運送を引き受けた場合には、遅滞なく、当該運送の申込者に対し、次の各号に掲げる事項を記載した運送引受書を交付しなければならない。
　一　事業者の名称
　二　運行の開始及び終了の地点及び日時
　三　運行の経路並びに主な経由地における発車及び到着の日時
　四　旅客が乗車する区間
　五　乗務員の休憩地点及び休憩時間（休憩がある場合に限る。）
　六　乗務員の運転又は業務の交替の地点（運転又は業務の交替がある場合に限る。）
　七　運賃及び料金の額
　八　前各号に掲げるもののほか、国土交通大臣が告示で定める事項
2　一般貸切旅客自動車運送事業者は、前項の規定による運送引受書の写しを運送の終了の日から1年間保存しなければならない。
3　一般貸切旅客自動車運送事業者は、運送の申込者に対して当該運送の引受けに際し手数料又はこれに類するものを支払つた場合には、その額を記載した書類を、前項の運送引受書の写しとともに、当該運送の終了の日から1年間保存しなければならない。

> **参考** 告示

○旅客自動車運送事業運輸規則第7条の2第1項の運送引受書の記載事項を定める告示

平成24年6月29日
国土交通省告示第769号

改正 平成28年8月31日 国土交通省告示第970号

　旅客自動車運送事業運輸規則の一部を改正する省令(平成24年国土交通省令第67号)の施行に伴い、旅客自動車運送事業運輸規則(昭和31年運輸省令第44号)第7条の2第1項の規定に基づき、旅客自動車運送事業運輸規則第7条の2第1項の運送引受書の記載事項を定める告示を次のように定める。

　　旅客自動車運送事業運輸規則第7条の2第1項の運送引受書
　　の記載事項を定める告示

（用語）
第1条　この告示において使用する用語は、旅客自動車運送事業運輸規則において使用する用語の例による。
（運送引受書の記載事項）
第2条　旅客自動車運送事業運輸規則第7条の2第1項の運送引受書に記載する事項は、次のとおりとする。
　一　当該運送の申込者の氏名又は名称及び住所並びに電話番号その他の連絡先
　二　当該運送を引き受ける一般貸切旅客自動車運送事業者と運送契約を締結する者の氏名又は名称及び住所並びに電話番号その他の連絡先
　三　当該運送の申込みに係る旅客の団体の名称
　四　当該運送を引き受ける一般貸切旅客自動車運送事業者の住所及び電話番号その他の連絡先（緊急時における連絡先を含む。）並びに道路運送法（昭和26年法律第183号）第4条第1項の許可の年月日及び許可番号並びに営業区域
　五　当該運送に係る事業用自動車（以下単に「事業用自動車」という。）の発車及び到着の日時、宿泊又は待機を要する場合はその旨その他事業用自動車の運行に関する旅行の日程

六　事業用自動車の配車の地点及び日時
七　当該運送の申込みに係る乗車人員
八　乗車定員別又は車種別の事業用自動車の数
九　当該運送に係る運賃及び料金の支払方法
十　法第9条の2第1項の規定により届け出た運賃及び料金を基に算定した当該運送に係る運賃及び料金の上限額及び下限額
十一　交替するための事業用自動車の運転者を配置しない場合には、その理由
十二　当該運送に係る実車走行距離及びその要する時間
十三　当該運送に係る総走行距離及びその要する時間
十四　事業用自動車について締結されている損害賠償責任保険契約又は損害賠償責任共済契約の概要
十五　事業用自動車の車掌の乗務の有無
十六　前各号に掲げるもののほか、特約があるときは、その内容

　附　則
この告示は、旅客自動車運送事業運輸規則の一部を改正する省令の施行の日（平成24年7月20日）から施行する。
　改正文　（平成28年8月31日国土交通省告示第970号）　抄
平成28年11月1日から施行する。

　また、違法な運賃契約について把握するため、同じく8月に国土交通省に「貸切バスの運賃・料金に関する通報窓口」を設置するとともに、手数料に関して、旅行業界・バス業界共同で実務者、弁護士等専門家からなる「貸切バスツアー適正取引推進委員会」を設置し、併せて、監査や適正化機関による巡回指導を通じて、違法な運賃契約を的確に把握し、是正させることとしている。

安全運行パートナーシップ宣言

目的

旅行業者と貸切バス事業者が、お互いの事業活動をする上で欠かすことのできないパートナーであることを理解し、その協力体制の確立により法令等を遵守することを宣言、公表し、安全で快適なサービスを旅客に提供することを目的とする。

 旅行業者 ⇔ 協力体制の確立による法令等の遵守により、安全で快適なサービスを旅客に提供 ⇔ 貸切バス事業者

宣言（概要）

1. 法令等を遵守した旅行及びバス運行
   - 貸切バス事業者は、安全性の確保のための基準づくりやそれに基づく運行に努めます。旅行会社は、安全運行に努力している貸切バス事業者を利用することに努めます。など
2. 安全な乗降場所の確保
   - 貸切バス事業者と旅行業者は、安全かつ周辺の交通に配慮した乗降場所を選定します。やむをえず路上等で乗降する場合は停車時間の短縮を旅客に呼びかけます。など
3. 安全運行の徹底
   - 貸切バス事業者と旅行会社は、法定速度の遵守はもとより、安全を第一にして旅行行程（ツアー）を運行します。など
4. 安全管理体制の確立
   - 貸切バス事業者と旅行業者は、事故・故障・トラブルなどが発生した場合は旅客の安全性を最優先して適切な対応をします。など
5. 利用者への情報提供等
   - 旅行業者は、貸切バス事業者は国土交通省が公表した安全情報を企画募集のパンフレット等に掲載します。など
6. 適正な運賃・料金収受等
   - 規制緩和による供給過剰、旅客の低価格志向等の要因で貸切バス事業者と旅行業者はそれぞれに課題を抱えています。お互いの立場を理解して、事業が健全に発達するよう努力します。など
7. その他
   - 各協会会員以外と取引する場合も、このパートナーシップ宣言を遵守するよう努めることとします。

図3-3　安全運行パートナーシップ宣言

図3-4　通報窓口の設置

Q 貸切バスの運賃・料金制度におけるスクールバス輸送への対応は？

A 貸切バスの運賃・料金制度については、平成26年4月より利用者の安全に関わる費用（安全コスト）を適切に反映した新運賃・料金制度が施行されたところであるが、スクールバス輸送の運賃が高くなったとの声が寄せられた。このことを踏まえ、スクールバスは、学校の長期休み中は使用されないことが多いといった輸送実態等を考慮し、平成28年7月より年間契約を行うスクールバスの運賃について、実質約3割引を可能とする特例措置を創設している。
　本特例措置により、スクールバスの輸送実態に即した運賃設定が可能となる。

Q 利用者に安全なバスを利用するように促すための対応は？

A 貸切バス事業者に対し、先進安全自動車（ASV）の導入状況やセーフティバス認定の取得状況といった安全情報の報告を義務付け、国はその情報をとりまとめて公表することとしており、当該安全情報を、旅行業者や比較サイト等のパンフレットやホームページ等において活用してもらえるよう働きかけており、株式会社エイチ・アイ・エス、クラブツーリズム株式会社、神姫バスツアーズ株式会社、楽天株式会社（楽天トラベル）などの複数の旅行業者が、既に安全情報のパンフレットやホームページへの掲載を開始しているところである。

Q 貸切バスの優良事業者に与えられる安全性評価認定（セーフティバスマーク）の普及に関してどのような取組がなされているのか？

A 「貸切バス安全性評価認定制度」は、安全性の向上に特に注力している貸切バス事業者を利用者が選択しやすくなるよう、安全の確保に向けた貸切バス事業者ごとの取組状況を日本バス協会が評価・公表し、セーフティバスマークを付与するものである。

利用者による選択を通じて貸切バスの安全性を向上させるに当たって、セーフティバスマークは特に有用なものであり、その周知を図ることは重要であると考えている。
　このため、バス業界に対してセーフティバスマークの周知方策の充実を促すとともに、利用者に対する安全情報の公表の際に、バス事業者のセーフティバスマークの取得状況を公表し、その普及を促進していくこととしている。
　また、旅行業者に対し、ツアー募集の際に貸切バス事業者名を表示するよう義務付けたところである。

図3-5　セーフティバスマーク

Ⅲ　運転者に対する指導監督

Q 運転者の指導監督に関する制度改正の内容は？

A 運転者の指導監督については、総合的な対策に基づき、次のような措置がなされた。

1. 平成28年12月1日から実施
   - 新たに雇い入れた全ての運転者に適性診断の受診及び特別な指導の義務付け
   - 初任運転者等（※初任運転者、直近1年間に運転経験のある貸切バスより大型の車種区分のバスに乗務する運転者、事故惹起運転者）に対する指導監督の内容の拡充
   （例：実技訓練を20時間以上実施）
2. 平成29年12月1日から実施
   - ドライブレコーダーを用いた指導監督・記録の保存の義務付け（新車）
   （例：事故、ヒヤリハット、苦情時の映像の確認及び指導）
   - 初任運転者等への実技訓練以外の指導の10時間以上への拡充
3. 平成31年12月1日から実施
   - 新車以外の全車にドライブレコーダーを搭載し、それを用いた指導監督の義務付け

Q 指導監督指針に規定された車種区分は、「一般貸切旅客自動車運送事業の許可及び事業計画変更許可申請の処理について」（平成11年12月13日付自旅第128号、自環第241号）と異なるのか？

A 当該車種区分は、「一般貸切旅客自動車運送事業の許可及び事業計画変更許可申請の処理について」（平成11年12月13日付自旅第128号、自環第241号）と同一の車種区分を指している。

車種区分については、大型車、中型車及び小型車の3区分であり、区分の基準は次のとおりとなる。
- 大型車：車両の長さ9メートル以上又は旅客席数50人以上
- 中型車：大型車、小型車以外のもの
- 小型車：車両の長さ7メートル以下で、かつ旅客席数29人以下

Q 安全性の向上を図るための装置とはどういった装置を指すのか？

A 衝突被害軽減ブレーキ、車線逸脱警報装置その他の先進技術を利用して運転者の安全運転を支援する装置（ASV装置）を指します。

Q 安全性の向上を図るための装置のうち具体的にどのような装置について指導しなければならないのか？

A 運転の安全の確保のために必要と考えられる装置については、指導を行う必要がある。特に、次に掲げる要件に合致する装置については、それぞれ必要な指導を行う必要がある。

① 衝突被害軽減ブレーキなど、「走る」「曲がる」「止まる」の3要素について、運転者の操作とは別に操作を行う装置については、当該装置がどのような機能を有するかを説明し、運転者が過信や誤った活用を行わないよう指導することが必要。

② 車線逸脱警報装置や車間距離警報装置等の、運転者に対して警報を鳴らす等により注意喚起をする装置については、当該警報が鳴る条件等を説明し、それを踏まえて適切な運転ができるよう指導することが必要。

③ その他、保安基準に規定されていない、安全性の向上を図るための装置については、必要に応じ、運転者がそれら装置を適切に活用できるよう当該装置の性能・使い方等を指導することが必要。

Q 急ブレーキの訓練はなぜ行わなければならないのか？

A 自動車メーカー、学識経験者等からの「急ブレーキは日頃より訓練を行っていないと、とっさの際に十分な早さ、強さでブレーキペダルを踏み込むことができない」との意見を元にしている。

Q 静止状態で急ブレーキの操作の方法を指導する場合には、どのような方法によりどの程度指導すべきか？

A 訓練1回毎に、静止状態の貸切バスのブレーキを何度か大きく踏み込むことを想定している。当該訓練は、反復的・継続的に行うことに意義があるとされていることから、少なくとも、1か月に1回程度を目安に行う必要がある。

Q 実技訓練の実施時間は20時間行えば十分か？　また、20時間の実技訓練を行ってもなお、運行の安全が確保されない運転者に対してはどのようにすればよいのか？

A 今般の改正は、一般貸切旅客自動車運送事業者において、運行の安全の確保に必要な実技に関する指導の徹底を期するものである。したがって、一般貸切旅客自動車運送事業者は、運転者の技量を見極めつつ、運行の安全の確保に支障がないと認められるまで当該運転者に対して実技に関する指導を継続して実施する必要があり、20時間の実施では必ずしも十分ではないことに留意が必要である。

Q 直近1年間にどの程度の運転経験があれば、特別な指導は必要ないのか？

A 当該事業者において乗務しようとする貸切バスと同一又はそれより大型の車種区分の貸切バス又は高速乗合バスについて、直近1年間に20時間以上の運転の経験又は実技訓練の経験を有しており、

かつ、当該事業者が運行の安全の確保に支障がないと認める場合には、特別な指導は必要ない。

Q 乗合バスの運転者が貸切バスを運転しようとする場合には、特別な指導は必要なのか？

A 乗合バス（高速乗合バスを除く。）と貸切バスは運行形態や車両の構造上の特性が異なることから、特別な指導を実施する必要がある。一方、高速乗合バスについては、例えば、都市間運行のみを行っており、山間部や隘路の運転経験が不足している運転者であれば、それらの経験が不足している運転経路に係る実技訓練を行う必要がある。いずれにしても、事業者が、運転者について安全の確保に支障がないと認められるまで必要な訓練を行うことが不可欠である。

Q 普段運転している乗合バスと同じバスを貸切バスとして運転する場合であって、かつ、運転経路や時間帯も普段運転しているものと大きく変わらない場合でも特別な指導を行わないといけないのか？

このような場合には、例外的に特別な指導を要しない。

Q 同一グループ内で異動した運転者についても、特別な指導を行わないといけないのか？

A 今般の改正趣旨は、各事業者に対して、運転者の技量を確認し、安全確保について問題がないと判断した後に運転者を乗務させることを求めるものである。

このため、事業の譲渡、合併等において、新たな事業者においても各運転者の技量を継続的に把握できており、安全確保について問題ないと判断できる場合は、特別な指導は必要ない。

一方、グループ会社間での異動や在籍出向については、異動先・出

向先において運転者の技量を把握できていないと考えられるため、原則として特別な指導は必要である。ただし、毎年決まった時期に出向し、出向先の事業者で20時間以上の運転を行っている場合など、例外的な事例については、この限りではない。

Q 大型の貸切バスを運転していた運転者が、中型の貸切バスに乗務する際は実技訓練を行わないといけないのか？

A 直近1年間に当該一般貸切旅客自動車運送事業者において、20時間以上の運転の経験（実技訓練を受けた経験を含む。）のある貸切バス又は高速乗合バスより小型の車種区分の貸切バスに乗務しようとする運転者に対しては、指導・監督を行う必要はない。

Q どのような事業者が、雪道や夜間の実技訓練を行う必要があるのか？

A 例えばスキーバスの運転者や豪雪地帯の運転者など、雪道における運転技術を確実に求められる運転者に対しては、事前に雪道の実技訓練が必要である。夜間運行については、夜間の運行を行う可能性がない事業者を除き、原則として行うことが必要である。

Q ドライブレコーダーの記録を利用した指導監督とはどういったものか？

一般的な指導及び監督においては、次の内容を行うこととされている。
① ドライブレコーダーの記録を利用して普段の運行状況を確認させる。
② 記録により運転者に自身の運行状況・特性を把握させ、是正する。
③ 事故・ヒヤリハットや好事例を共有し、指導する。
　また、初任運転者等に対する特別な指導における実技訓練の実施

の際には、以下の内容を実施する必要がある。

④　ドライブレコーダーの記録で運転者に自身の運転内容を確認させつつ実施する。

⑤　事故惹起運転者に対しては、事故時のドライブレコーダーの記録を確認させた上で実施する。

Q 事故が発生した場合、相手方の運転者に過失がある場合であっても、ドライブレコーダーの記録を利用した指導及び監督を行う必要があるのか？

A 一層の安全性確保のため、当該事業者の運転者に過失が全くないような場合であっても、「事故を避けるために実施すべきことはなかったか」等の観点から検討を行い、必要に応じて指導を行うことが望ましい。

Q ヒヤリ・ハットの収集は必ず行わなければならないのか？

A ヒヤリ・ハットの収集は努力義務である。ただし、運転者等からヒヤリ・ハットの報告があった場合には、ドライブレコーダーの記録を確認し、社内での情報共有等の必要な措置を講じることが望ましい。

Q これから購入する貸切バスについては、ドライブレコーダーを設置しなければならないのか？

A 装着義務付けについては、「ドライブレコーダーにより記録すべき情報及びドライブレコーダーの性能要件を定める告示（平成28年国土交通省告示第1346号）。」（以下「性能要件告示」という。）及び「旅客自動車運送事業者が事業用自動車の運転者に対して行う指導及び監督の指針」（告示）の経過措置に基づき、次のとおり装着が必要となる。

① 平成29年12月1日以降に新規登録した新車は全て装着
② 平成29年12月1日より前に新車新規登録を受けた車に新たに取り付ける場合は平成31年12月1日までに装着

Q どのようなドライブレコーダーを装着するのか？

貸切バスに装着するドライブレコーダーは、次に掲げる情報を記録（性能要件告示の第2条第1項の記録）できなければならない。

① 自動車の前方の映像
② 運転者の映像
③ 瞬間速度
④ 加速度（一定の要件を満たすものに限る）
⑤ 車線逸脱警報等の警報音
⑥ 日付及び時刻

また、各情報を記録するドライブレコーダーの具体的な性能要件は性能要件告示に規定されている。

参考 ドライブレコーダーにより記録すべき情報及びドライブレコーダーの性能要件概要版

項目	性能要件等	備考
第一条（総則）		
	貸切バス事業者が、運転者に対して指導監督及び特別な指導（以下「指導監督等」という。）を実施する際にドライブレコーダーにより記録すべき情報及び当該実施の際に使用すべきドライブレコーダーの性能要件に関しては、この告示の定めるところによる。	
第二条（記録する映像等）		
(1)	運転者が乗務している間、及び指導監督等において運転している間は、次の項目の記録ができること。 ①自動車の前方の映像 ②自動車の運転者等の映像 ③自動車の瞬間速度 ④自動車の加速度 ⑤警報音（運転者に対して発する警報音等が録音できること） ⑥日付及び時刻	①の映像を撮影する前方用カメラは運転者席より前方であって車両中心線付近に備え付けること。 ②の映像は運転者用カメラにより撮影される運転者の挙動、変速装置、かじ取ハンドルの映像をいう。 ④の加速度は（12）～（15）の性能を満たす加速度記録計が装備されている場合に記録できること。
(2)	(1)の①～⑤は日付及び時刻で連動すること。	
(3)	(1)の①、②、⑤及び⑥の記録は、広く一般的に用いられている再生用ソフトウェアを用いて同時に再生できること。	「広く一般的に用いられている再生用ソフトウェア」とは、専用の分析ソフト以外の、無償で容易に入手可能な再生用ソフトウェア（メディアプレイヤー等）であり、当該再生用ソフトウェアで再生可能なファイル形式（AVI、MPEG-4等）で記録を作成及び保存できること。

第三条（前方用カメラ）		
（4）	左右にそれぞれ５０度以上、上下にそれぞれ３５度以上の角度の範囲を撮影できること。	
（5）	640×480ドット以上の解像度で映像を記録できること。	
（6）	夜間において前照灯等をつけた状態で、指導監督等に支障がない程度に映像を記録できること。	
（7）	0.1秒に１回以上の頻度で映像を記録できること。	
第四条（運転者用カメラ）		
（8）	夜間でも指導監督等の実施に支障がない程度に自動車の運転者等の映像を記録できること。	
（9）	0.2秒に１回以上の頻度で映像を記録できること。	
第五条（瞬間速度記録計）		
（10）	瞬間速度の記録の分解能が2.5km/h以下であり、かつ、0.5秒に１回以上の頻度で瞬間速度を記録できること。	
（11）	瞬間速度の情報をパソコンを用いて表示した場合の誤差は、以下の左欄に掲げる速度ごとに右欄の許容誤差の範囲内であること。 瞬間速度（km/h） ／ 速度表示の許容誤差（km/h） 40 ／ ±3.0 60 ／ ±3.0 80 ／ ±3.5 100 ／ ±4.5	
第六条（加速度記録計等）		
（12）	３方向のいずれかにおいて$2.5m/s^2$以上の加速度が発生した場合に検知できること。	
（13）	加速度の記録の分解能は、$0.5m/s^2$以下であること。	
（14）	0.1秒に１回以上の頻度で加速度を記録できること。	
（15）	自動車運送事業者があらかじめ設定した値又は$2.5m/s^2$のいずれか大きい数値以上の加速度を検知した場合には、その前後10秒以上の（1）①～⑥の記録ができること。	
第七条（録音機）		
（16）	警報音を記録できる録音機を備えていること。	警報音は、車線逸脱警報装置その他の自動車に備え付けられている装置が安全を確保するために運転者に対して発する警報音をいう。
第八条（日付及び時刻記録計）		
（17）	日付及び時刻を記録できること。	
（18）	日付又は時刻の変更を行った場合に、その履歴を記録できる機能を備えたものであること。	
第九条（記録装置等）		
（19）	（1）①～⑥の情報を連続２４時間以上記録できる記録媒体を備えたものであること。	
（20）	記録媒体が装着されていないこと等により適切な記録が行われない状態で自動車が走行した場合、灯火、音声等により運転者に伝達する機能を備えていること。	
（21）	改ざん防止のため、外部からの書き込み、消去等の処理を防止する機能を備えたものであること。	記録の改ざん・不正操作対策がとられていること。 【対策例】 ・記録媒体の取出しを施錠等の物理的手段により制限する機能 ・記録装置内部の取り外しの出来ない記録媒体に常時記録を保存する機能 ・自動通信により、外部の記録装置に常時記録を保存する機能
第十条（耐久性）		
（22）	堅ろうであり、かつ、振動、衝撃等により容易に機能を停止しないこと。	

Q 既に取り付けているドライブレコーダーはどうなるのか？

A 平成29年12月1日より前に既に装着されているドライブレコーダーであり、性能要件告示で定める一定の要件を満たすものは、平成36年11月30日まで使用できる（満たさないものの使用が認められるのは平成31年11月30日まで。）。

Q ドライブレコーダーはどの位置に設置しなければならないのか？

A 前方用カメラについては、車両中心線上に設置することを想定しているが、前方用カメラ、運転席用カメラとも、指導及び監督に必要な映像を取得できる場所に設置すれば足りる。

Q ドライブレコーダーの記録の確認箇所や時間の目安はあるのか？

A 事故等を起こした運転者に対する一般的な指導の場合には、当該事故と関連性の高い運転経路及び時間帯の映像（例：高速道路で追突しそうになった運転者であれば、高速道路の映像を2か所）を2か所以上確認して指導内容が反映されているかを確認すべき。確認する映像の時間は、1か所あたり3分を目安とする。

　初任運転者等に特別な指導を行った場合には、高速道路、坂道、隘路、市街地、駐車場等の映像を、特別な指導の際に把握した運転者の運転特性も踏まえて、5箇所程度確認すべき。確認する映像の時間は、1か所あたり3分を目安とする。

Q 一般的な指導及び監督並びに特別な指導の効果の確認のため、運行管理者等が添乗により運転者の安全運転に係る技能や知識の確認を行っているが、ドライブレコーダーの記録による確認も行わなければならないのか？

A 一般的な指導及び監督並びに特別な指導の効果の確認は、ドライブレコーダーの記録又は添乗その他の適切な方法により行うこととしており、添乗による確認でも問題はない（ただし、当該添乗による確認は、特別な指導の終了後、乗客を乗せた状態で行う必要がある。）。

なお、ドライブレコーダーの記録を利用して運転者の習得の程度の確認を行う場合は、一般的な指導及び監督については6分間程度、特別な指導及び監督については15分間程度のドライブレコーダーの記録を確認する必要がある。

Q 専ら指導及び監督の用に供する自動車（訓練車）を用いる場合には、ドライブレコーダーを備えていないといけないのか？

A 特別な指導において、訓練車を用いる場合は、平成31年12月以降（新車の場合には平成29年12月以降）は、ドライブレコーダーを備える必要がある。

Q 特別な指導の実施後、どのタイミングでドライブレコーダーの記録を確認すればよいのか？

A 特別な指導を実施してから2週間以内にドライブレコーダーの記録を確認することとしているが、当該運転者が2週間以内に乗務する機会がなかった場合には、2週間経過後、最初の運転のドライバーの記録を確認し、適切な運転が行われているかを確認する必要がある。

Q 常時記録は全て保存しないといけないのか。また、イベント記録の保存は義務か？

A 常時記録を全て保存する必要はない。ドライブレコーダーは乗務中の間等、常時記録をすることしているが、その保存については、指導監督に使用したものに限る。

　また、イベント記録の活用は義務ではないが、イベント記録を指導監督に使用した場合には、常時記録と同様、指導監督に使用した記録を保存する必要がある。

Q 運転者用カメラは、必須なのか？

A 運転者への指導監督には、運転者の挙動を把握することが必要であることから、運転者用カメラは必須である。

　なお、運転者のプライバシーへの配慮については、事業者において、映像を確認する場合を個人ごとの指導監督に使用する場合にのみに限定する等の工夫を必要に応じて検討する必要がある。

Q 瞬間速度はアナログ式運行記録計に記録された速度から把握してよいか？

A アナログ式運行記録計の瞬間速度をドライブレコーダーの記録にかえることはできない。事故やヒヤリ・ハット等の指導監督においては、運行状況をドライブレコーダーにより適確に把握することが重要であるため、映像、瞬間速度は時刻で同期させる必要がある。

Q 性能要件告示第2条第3項の「広く一般的に用いられている再生用ソフトウェア」とは何か？

A 「広く一般的に用いられている再生用ソフトウェア」とは、ドライブレコーダーの専用の分析ソフト以外の、無償で容易に入手可能な再生用ソフトウェア（メディアプレイヤー等）のことを指す。

このため、ドライブレコーダーは、上記再生用ソフトウェアで再生可能なファイル形式（AVI、MPEG-4、JPEG、Web-M等）で記録を作成及び保存できる必要がある。

Q 性能要件告示第9条第3項の「外部からの書き込み、消去等の処理を防止する機能」とはどのようなものか？

A 次に該当する機能を有するドライブレコーダーは、要件を満たしているものとして差し支えない。
① 記録媒体の取出しを施錠等の物理的手段により制限する機能
② 記録装置内部の取り外しのできない記録媒体に常時記録を保存する機能
③ 自動通信により、外部の記録装置に常時記録を保存する機能

Q 具体的に必要な耐久性はどの程度のものか？

A 保安基準に適合するデジタル式運行記録計と一体型のものは必要な耐久性を満たしていることとする。ドライブレコーダー単体の機器の耐久性が十分かどうかについては、自社の運行形態等を機器メーカーに説明し、その運行に耐えうるか確認する必要がある。また、1か月に1回等、定期的に適切に映像が記録されているかを確認するなどのメンテナンスを行うことも重要である。

Ⅳ 運行管理等

Q 今回の制度改正で、点呼についてはなにが変わるのか?

A これまでも実施を義務付けていた①乗務前点呼、②乗務後点呼に加え、③夜間・長距離の運行時に電話等による乗務途中点呼を行うことを義務付けている。

Q どのような運行を行う場合に乗務途中点呼が必要なのか?

A 貸切バスの運行が運行指示書上、下記のいずれにも該当する場合、運行途中に電話その他の方法による点呼を行わなければならない。
- 実車運行する区間の距離が100 km以上の運行
- 実車運行を開始する時刻若しくは実車運行を終了する時刻が午前2時から午前4時までの間にある運行又は当該時刻をまたぐ運行
  ※実車運行:旅客の乗車の有無に関わらず、旅客の乗車が可能として設定した区間の運行をいい、回送運行は実車運行には含まない。

Q 乗務途中点呼を実施する場所、タイミングについて、規定されているのか?

A 貸切バスの乗務途中点呼の実施場所、タイミングについては、運行の実態により異なると考えられるため規定していないが、一般的には、運行途中の休憩時間等に、サービスエリア等において行うことを想定している。また、運転中に電話その他の方法により点呼を行ってはならない。

Q 交代運転者が同乗している場合、乗務途中点呼は交代前後それぞれの運転者に対して行う必要があるのか？

A 夜間・長距離の運行を行う貸切バスに交替運転者が同乗している場合、当該交替運転者に対しても乗務途中点呼の実施が必要である。

　なお、運転者が運行管理者、補助者としても選任されている場合であっても、自ら点呼を行ったり、互いに点呼を行ったりすることはできない。

Q 「貸切バス委託型管理の受委託」により高速乗合バス路線の運行を受託する貸切バスについても、夜間・長距離の運行を行う場合には乗務途中点呼を行う必要があるのか？

A 「貸切バス委託型管理の受委託」により高速乗合バス路線の運行を受託する貸切バスについては、乗務途中点呼を行う必要はない。

　なお、貸切バス、高速乗合バスともに、一定の距離を超えた運行の場合には昼夜を問わず運行途中の体調報告を義務付けている。

Q 既に実務経験によって貸切の運行管理者資格者証を取得しているが、どうしたらいいのか？ 引き続き運行管理者として選任されるためには、あらためて試験による取得が必要なのか？

A あらためて試験を受ける必要はない。平成28年12月1日時点で有効な運行管理者資格者証については、実務経験により取得したものであっても、今後も有効であり、運行管理者や補助者として選任することができる。

　なお、乗合バス、タクシー、特定については、平成28年12月1日以降も実務経験による資格者証の取得が可能。

Q 運行管理者の必要選任数はどのように変わるのか?

A 営業所で運行を管理する貸切バスの台数に応じ、次に掲げる人数以上を選任する必要がある。
　　39両まで　　　2人
　　40両〜59両　　3人
　　60両〜79両　　4人　　など

Q 車両数も少なく、限定的な運行しか行わない営業所であっても、運行管理者を2名選任しなければならないのか?

A 営業所で運行を管理する貸切バスの台数が4両以下で、地方運輸局長がバスの種別、地理的条件等を勘案して安全確保に支障を生ずるおそれがないと認める営業所については、1名の選任で足りることとしている。

Q 補助者の選任を届け出る際には、どのような書類を添付する必要があるのか?

A 補助者の選任届出にあたっては、①運行管理者資格者証若しくはその写し、②貨物の運行管理者資格者証若しくはその写し又は③基礎講習を修了したことを証する書類を提示するとともに、補助者に選任しようとする者が運行管理者資格者証の返納命令を受け欠格期間中でないことを申告する必要がある。

Ⅴ その他

Q 車両の安全性を担保するためのハード面での対策は？

A バスの安全性を向上させるため、道路運送車両の保安基準を改正し、①国連が定める車体強度に関する基準への適合及び②補助座席へのシートベルト設置を義務付けるほか、次のような措置を講じている。

- 先進安全技術（ASV技術）搭載車への代替促進[※1]
- 車体等へのASV技術の搭載状況の表示
- デジタル式運行記録計の普及促進
- 自動変速装置（AT）の導入
- 可変式の速度を抑制する装置[※2]の開発促進
- ドライバー異常時対応システムの研究・開発促進

※1 交通政策基本計画において、2020年までに貸切バスの衝突被害軽減ブレーキの装着率（保有ベース）を40％以上とする目標を設定。

※2 手動可変式の速度抑制装置や道路ごとの制限速度に応じて自動で速度制御を行う技術（ISA（Intelligent Speed Adaptation））

第4章
参考資料

1．道路運送法の一部を改正する法律案　新旧対照条文

一　道路運送法（昭和26年法律第183号）（抄）（本則関係）

（傍線の部分は改正部分）

改　正　案	現　行
道路運送法 目次 　第1章　総則（第1条・第2条） 　第2章　旅客自動車運送事業（第3条―第43条） 　第2章の2　民間団体等による旅客自動車運送の適正化に関する事業の推進 　　第1節　旅客自動車運送適正化事業実施機関による旅客自動車運送の適正化（第43条の2―第43条の8） 　　第2節　一般貸切旅客自動車運送適正化機関の特則（第43条の9―第43条の22） 　第2章の3　指定試験機関（第44条―第45条の12） 　第3章　貨物自動車運送事業（第46条） 　第4章　自動車道及び自動車道事業（第47条―第77条） 　第5章　自家用自動車の使用（第78条―第81条） 　第6章　雑則（第82条―第95条の5） 　第7章　罰則（第96条―第105条） 　附則 　（欠格事由） 第7条　国土交通大臣は、次に掲げる場合には、一般旅客自動車運送事業の許可をしてはならない。 　一　許可を受けようとする者が1年	道路運送法 目次 　第1章　総則（第1条・第2条） 　第2章　旅客自動車運送事業（第3条―第43条） 　第2章の2　民間団体等による旅客自動車運送の適正化に関する事業の推進（第43条の2―第43条の8） （新設） （新設） 　第2章の3　指定試験機関（第44条―第45条の12） 　第3章　貨物自動車運送事業（第46条） 　第4章　自動車道及び自動車道事業（第47条―第77条） 　第5章　自家用自動車の使用（第78条―第81条） 　第6章　雑則（第82条―第95条の5） 　第7章　罰則（第96条―第105条） 　附則 　（欠格事由） 第7条　国土交通大臣は、次に掲げる場合には、一般旅客自動車運送事業の許可をしてはならない。 　一　許可を受けようとする者が1年

以上の懲役又は禁錮の刑に処せられ、その執行を終わり、又は執行を受けることがなくなつた日から5年を経過していない者であるとき。
二　許可を受けようとする者が一般旅客自動車運送事業又は特定旅客自動車運送事業の許可の取消しを受け、その取消しの日から5年を経過していない者（当該許可を取り消された者が法人である場合においては、当該取消しを受けた法人のその処分を受ける原因となつた事項が発生した当時現にその法人の業務を執行する役員（いかなる名称によるかを問わず、これと同等以上の職権又は支配力を有する者を含む。第6号、第8号、第49条第2項第4号並びに第79条の4第1項第2号及び第4号において同じ。）として在任した者で当該取消しの日から5年を経過していないものを含む。）であるとき。
三　許可を受けようとする者と密接な関係を有する者（許可を受けようとする者（法人に限る。以下この号において同じ。）の株式の所有その他の事由を通じて当該許可を受けようとする者の事業を実質的に支配し、若しくはその事業に重要な影響を与える関係にある者として国土交通省令で定めるもの（以下この号において「許可を受けようとする者の親会社等」という。）、許可を受けようとする者の親会社等が株式の所有その他の事由を通じてその事業を実質的に支配し、若しくはその事業に重要な影響を与える関係にある者として国土交通省令で定めるもの又は当該許可を受けようとする者が株式の所有その他

以上の懲役又は禁錮の刑に処せられ、その執行を終わり、又は執行を受けることがなくなつた日から2年を経過していない者であるとき。
二　許可を受けようとする者が一般旅客自動車運送事業又は特定旅客自動車運送事業の許可の取消しを受け、取消しの日から2年を経過していない者（当該許可を取り消された者が法人である場合においては、当該取消しを受けた法人のその処分を受ける原因となつた事項が発生した当時現にその法人の業務を執行する役員（いかなる名称によるかを問わず、これと同等以上の職権又は支配力を有する者を含む。第4号、第49条第2項第4号並びに第79条の4第1項第2号及び第4号において同じ。）として在任した者で当該取消しの日から2年を経過していないものを含む。）であるとき。

（新設）

他の事由を通じてその事業を実質的に支配し、若しくはその事業に重要な影響を与える関係にある者として国土交通省令で定めるもののうち、当該許可を受けようとする者と国土交通省令で定める密接な関係を有する法人をいう。）が、一般旅客自動車運送事業又は特定旅客自動車運送事業の許可の取消しを受け、その取消しの日から5年を経過していない者であるとき。

四　許可を受けようとする者が、一般旅客自動車運送事業又は特定旅客自動車運送事業の許可の取消しの処分に係る行政手続法（平成5年法律第88号）第15条の規定による通知があつた日から当該処分をする日又は処分をしないことを決定する日までの間に第38条第1項若しくは第2項又は第43条第8項の規定による事業の廃止の届出をした者（当該事業の廃止について相当の理由がある者を除く。）で、当該届出の日から5年を経過していないものであるとき。　（新設）

五　許可を受けようとする者が、第94条第4項の規定による検査が行われた日から聴聞決定予定日（当該検査の結果に基づき一般旅客自動車運送事業又は特定旅客自動車運送事業の許可の取消しの処分に係る聴聞を行うか否かの決定をすることが見込まれる日として国土交通省令で定めるところにより国土交通大臣が当該許可を受けようとする者に当該検査が行われた日から10日以内に特定の日を通知した場合における当該特定の日をいう。）までの間に第38条第1項若しくは第2項又は第43条第8項の規　（新設）

定による事業の廃止の届出をした者（当該事業の廃止について相当の理由がある者を除く。）で、当該届出の日から5年を経過していないものであるとき。	
六　第4号に規定する期間内に第38条第1項若しくは第2項又は第43条第8項の規定による事業の廃止の届出があつた場合において、許可を受けようとする者が、同号の通知の日前60日以内に当該届出に係る法人（当該事業の廃止について相当の理由がある法人を除く。）の役員であつた者で、当該届出の日から5年を経過していないものであるとき。	（新設）
七　許可を受けようとする者が営業に関し成年者と同一の行為能力を有しない未成年者又は成年被後見人である場合において、その法定代理人が前各号（第3号を除く。）又は次号のいずれかに該当する者であるとき。	三　許可を受けようとする者が営業に関し成年者と同一の行為能力を有しない未成年者又は成年被後見人である場合において、その法定代理人が前2号又は次号のいずれかに該当する者であるとき。
八　許可を受けようとする者が法人である場合において、その法人の役員が前各号（第3号を除く。）のいずれかに該当する者であるとき。	四　許可を受けようとする者が法人である場合において、その法人の役員が前3号のいずれかに該当する者であるとき。
（一般貸切旅客自動車運送事業の許可の更新）	
第8条　一般貸切旅客自動車運送事業の許可は、5年ごとにその更新を受けなければ、その期間の経過によつて、その効力を失う。	第8条　削除
2　前項の更新の申請があつた場合において、同項の期間（以下この条において「有効期間」という。）の満了の日までにその申請に対する処分がなされないときは、従前の一般貸切旅客自動車運送事業の許可は、有効期	

間の満了後もその処分がなされるまでの間は、なおその効力を有する。
3　前項の場合において、一般貸切旅客自動車運送事業の許可の更新がなされたときは、その有効期間は、従前の有効期間の満了の日の翌日から起算するものとする。
4　第5条から前条までの規定は、第1項の一般貸切旅客自動車運送事業の許可の更新について準用する。

（運行管理者資格者証）
第23条の2　　（略）
2　国土交通大臣は、前項の規定にかかわらず、次の各号のいずれかに該当する者に対しては、運行管理者資格者証の交付を行わないことができる。
　一　次条の規定により運行管理者資格者証の返納を命ぜられ、その日から<u>5年</u>を経過しない者
　二　この法律若しくはこの法律に基づく命令又はこれらに基づく処分に違反し、この法律の規定により罰金以上の刑に処せられ、その執行を終わり、又はその執行を受けることがなくなつた日から<u>5年</u>を経過しない者
3　　（略）

（事業の休止及び廃止）
第38条　一般旅客自動車運送事業者（路線定期運行を行う一般乗合旅客自動車運送事業者を除く。）は、その事業を休止し、又は廃止<u>しようとするときは、その30日前までに</u>、その旨を国土交通大臣に届け出なければならない。
2～4　　（略）

（運行管理者資格者証）
第23条の2　　（略）
2　国土交通大臣は、前項の規定にかかわらず、次の各号のいずれかに該当する者に対しては、運行管理者資格者証の交付を行わないことができる。
　一　次条の規定により運行管理者資格者証の返納を命ぜられ、その日から<u>2年</u>を経過しない者
　二　この法律若しくはこの法律に基づく命令又はこれらに基づく処分に違反し、この法律の規定により罰金以上の刑に処せられ、その執行を終わり、又はその執行を受けることがなくなつた日から<u>2年</u>を経過しない者
3　　（略）

（事業の休止及び廃止）
第38条　一般旅客自動車運送事業者（路線定期運行を行う一般乗合旅客自動車運送事業者を除く。）は、その事業を休止し、又は<u>廃止したときは、その日から30日以内に</u>、その旨を国土交通大臣に届け出なければならない。
2～4　　（略）

新	旧
（許可の取消し等） 第40条　国土交通大臣は、一般旅客自動車運送事業者が次の各号のいずれかに該当するときは、6月以内において期間を定めて自動車その他の輸送施設の当該事業のための使用の停止若しくは事業の停止を命じ、又は許可を取り消すことができる。 一・二　（略） 三　第7条第1号、<u>第7号又は第8号</u>に該当することとなつたとき。 第2章の2　民間団体等による旅客自動車運送の適正化に関する事業の推進 <u>第1節　旅客自動車運送適正化事業実施機関による旅客自動車運送の適正化</u> （旅客自動車運送適正化事業実施機関の指定等） 第43条の2　国土交通大臣は、国土交通省令で定めるところにより、旅客自動車運送に関する秩序の確立に資することを目的とする一般社団法人又は一般財団法人であつて、次条に規定する事業を適正かつ確実に行うことができると認められるものとして国土交通省令で定めるものを、その申請により、運輸監理部及び運輸支局の管轄区域を勘案して国土交通大臣が定める区域（以下この章において単に「区域」という。）ごとに、<u>かつ、旅客自動車運送事業の種別（第3条第1号イからハまで及び第2号に掲げる旅客自動車運送事業の別をいう。以下この章において単に「種別」という。）ごとに</u>、旅客自動車運送適正化事業実施機関（以下「適正	（許可の取消し等） 第40条　国土交通大臣は、一般旅客自動車運送事業者が次の各号のいずれかに該当するときは、6月以内において期間を定めて自動車その他の輸送施設の当該事業のための使用の停止若しくは事業の停止を命じ、又は許可を取り消すことができる。 一・二　（略） 三　第7条第1号、<u>第3号又は第4号</u>に該当することとなつたとき。 第2章の2　民間団体等による旅客自動車運送の適正化に関する事業の推進 （新設） （旅客自動車運送適正化事業実施機関の指定等） 第43条の2　国土交通大臣は、国土交通省令で定めるところにより、旅客自動車運送に関する秩序の確立に資することを目的とする一般社団法人又は一般財団法人であつて、次条に規定する事業を適正かつ確実に行うことができると認められるものとして国土交通省令で定めるものを、その申請により、運輸監理部及び運輸支局の管轄区域を勘案して国土交通大臣が定める区域（以下この章において単に「区域」という。）ごとに、旅客自動車運送適正化事業実施機関（以下「適正化機関」という。）として指定することができる。

化機関」という。)として指定することができる。
2　国土交通大臣は、前項の規定による適正化機関の指定をしたときは、当該適正化機関の名称、住所及び事務所の所在地並びに当該指定に係る<u>区域及び種別</u>を公示しなければならない。
<u>3　適正化機関は、その名称、住所又は事務所の所在地を変更しようとするときは、あらかじめ、その旨を国土交通大臣に届け出なければならない。</u>
<u>4　国土交通大臣は、前項の規定による届出があつたときは、その旨を公示しなければならない。</u>

（事業）
第43条の3　適正化機関は、その区域において、次に掲げる事業（以下「適正化事業」という。）を行うものとする。
一　輸送の安全を阻害する行為の防止その他この法律又はこの法律に基づく命令の遵守に関し旅客自動車運送事業者<u>(前条第1項の指定に係る種別の旅客自動車運送事業を経営する者に限る。以下この節において同じ。)</u>に対する指導を行うこと。
二　旅客自動車運送事業者以外の者の旅客自動車運送事業<u>(前条第1項の指定に係る種別のものに限る。以下この節において同じ。)</u>を経営する行為の防止を図るための啓発活動を行うこと。
三〜五　（略）

（国土交通省令への委任）
第43条の8　第43条の2第1項の指定の手続その他適正化機関に関し必

2　国土交通大臣は、前項の規定による適正化機関の指定をしたときは、当該適正化機関の名称、住所及び事務所の所在地並びに当該指定に係る区域を公示しなければならない。

（新設）

（新設）

（事業）
第43条の3　適正化機関は、その区域において、次に掲げる事業（以下「適正化事業」という。）を行うものとする。
一　輸送の安全を阻害する行為の防止その他この法律又はこの法律に基づく命令の遵守に関し旅客自動車運送事業者に対する指導を行うこと。
二　旅客自動車運送事業者以外の者の旅客自動車運送事業を経営する行為の防止を図るための啓発活動を行うこと。
三〜五　（略）

（国土交通省令への委任）
第43条の8　第43条の2第1項の指定の手続その他適正化機関に関し必

要な事項は、国土交通省令で定める。	要な事項は、国土交通省令で定める。
第２節　一般貸切旅客自動車運送適正化機関の特則	（新設）
（一般貸切旅客自動車運送適正化機関の指定）	
第43条の９　その種別が一般貸切旅客自動車運送事業である適正化機関（以下「一般貸切旅客自動車運送適正化機関」という。）の指定をしようとするときの第43条の２第１項の規定の適用については、同項中「次条」とあるのは、「次条及び第43条の10」とする。	（新設）
（一般貸切旅客自動車運送適正化機関の事業）	
第43条の10　一般貸切旅客自動車運送適正化機関は、その区域において、適正化事業のほか、次に掲げる事業を行うものとする。 　一　一般貸切旅客自動車運送事業の用に供する自動車の運転者の育成を図るための研修を行うこと。 　二　駐車場その他の一般貸切旅客自動車運送事業の適正な運営に資するための共同施設の設置及び運営を行うこと。	（新設）
（一般貸切旅客自動車運送適正化機関の指定の基準）	
第43条の11　第43条の２第１項の規定にかかわらず、一般貸切旅客自動車運送適正化機関の指定の申請が次の各号のいずれかに該当していると認める場合には、国土交通大臣は、同項の指定をしてはならない。 　一　現に当該指定の申請に係る区域について一般貸切旅客自動車運送	（新設）

適正化機関があること。
　二　申請者が一般貸切旅客自動車運送適正化事業（第43条の13第1項に規定する一般貸切旅客自動車運送適正化事業をいう。以下この条において同じ。）を公正かつ適確に実施することができないおそれがある者であること。
　三　申請者が一般貸切旅客自動車運送適正化事業以外の事業を行う場合には、その事業を行うことによつて一般貸切旅客自動車運送適正化事業の公正かつ適確な実施に支障を及ぼすおそれがあるものであること。
　四　申請者が第43条の20第1項の規定により指定を取り消され、その取消しの日から5年を経過しない者であること。
　五　申請者の役員で一般貸切旅客自動車運送適正化事業に従事するもののうちに、禁錮以上の刑に処せられ、又はこの法律の規定により罰金の刑に処せられ、その執行を終わり、又は執行を受けることがなくなつた日から5年を経過しない者があること。

　　（一般貸切旅客自動車運送適正化機関の指定の公示等）
第43条の12　一般貸切旅客自動車運送適正化機関に関する第43条の2第2項及び第43条の5第1項の規定の適用については、第43条の2第2項中「並びに当該指定」とあるのは「、当該指定」と、「を公示しなければ」とあるのは「並びに一般貸切旅客自動車運送適正化事業（第43条の13第1項に規定する一般貸切旅客自動車運送適正化事業をいう。第43条の

（新設）

5第1項において同じ。）の開始の日を公示しなければ」と、第43条の5第1項中「適正化事業」とあるのは「一般貸切旅客自動車運送適正化事業」とする。

　　（一般貸切旅客自動車運送適正化事業規程）

第43条の13　一般貸切旅客自動車運送適正化機関は、第43条の3及び第43条の10に規定する事業（以下「一般貸切旅客自動車運送適正化事業」という。）に関する規程（以下「一般貸切旅客自動車運送適正化事業規程」という。）を定め、一般貸切旅客自動車運送適正化事業の開始前に、国土交通大臣の認可を受けなければならない。これを変更しようとするときも、同様とする。

2　一般貸切旅客自動車運送適正化事業規程には、一般貸切旅客自動車運送適正化事業の実施の方法その他の国土交通省令で定める事項を定めておかなければならない。

3　国土交通大臣は、第1項の認可をした一般貸切旅客自動車運送適正化事業規程が一般貸切旅客自動車運送適正化事業の公正かつ適確な実施上不適当となつたと認めるときは、その一般貸切旅客自動車運送適正化機関に対し、これを変更すべきことを命ずることができる。

　　（事業計画等）

第43条の14　一般貸切旅客自動車運送適正化機関は、毎事業年度、一般貸切旅客自動車運送適正化事業に係る事業計画、収支予算及び資金計画を作成し、当該事業年度の開始前に（第43条の2第1項の指定を受けた日の

（新設）

（新設）

属する事業年度にあつては、その指定を受けた後遅滞なく）、国土交通大臣の認可を受けなければならない。これを変更しようとするときも、同様とする。
2　一般貸切旅客自動車運送適正化機関は、毎事業年度、事業報告書、貸借対照表、収支決算書及び財産目録を作成し、当該事業年度の終了後3月以内に国土交通大臣に提出しなければならない。

　　（負担金の徴収）
第43条の15　一般貸切旅客自動車運送適正化機関は、一般貸切旅客自動車運送適正化事業の実施に必要な経費に充てるため、第43条の2第1項の指定に係る区域内に営業所を有する一般貸切旅客自動車運送事業者から、負担金を徴収することができる。
2　一般貸切旅客自動車運送適正化機関は、毎事業年度、前項の負担金の額及び徴収方法について、国土交通大臣の認可を受けなければならない。
3　一般貸切旅客自動車運送適正化機関は、前項の認可を受けたときは、当該一般貸切旅客自動車運送適正化機関の第43条の2第1項の指定に係る区域内に営業所を有する一般貸切旅客自動車運送事業者に対し、その認可を受けた事項を記載した書面を添付して、負担金の額、納付期限及び納付方法を通知しなければならない。
4　一般貸切旅客自動車運送事業者は、前項の規定による通知に従い、一般貸切旅客自動車運送適正化機関に対し、負担金を納付する義務を負う。
5　第3項の規定による通知を受けた一般貸切旅客自動車運送事業者（以下この条において「納付義務者」とい

（新設）

う。)は、納付期限までにその負担金を納付しないときは、負担金の額に納付期限の翌日から当該負担金を納付する日までの日数1日につき国土交通省令で定める率を乗じて計算した金額に相当する金額の延滞金を納付する義務を負う。

6　一般貸切旅客自動車運送適正化機関は、国土交通省令で定める事由があると認めるときは、前項の規定による延滞金の納付を免除することができる。

7　一般貸切旅客自動車運送適正化機関は、納付義務者が納付期限までにその負担金を納付しないときは、督促状により、期限を指定して、督促しなければならない。この場合において、その期限は、督促状を発する日から起算して10日以上経過した日でなければならない。

8　一般貸切旅客自動車運送適正化機関は、前項の規定による督促を受けた納付義務者がその指定の期限までにその督促に係る負担金及び第5項の規定による延滞金を納付しないときは、国土交通大臣にその旨を報告することができる。

9　国土交通大臣は、前項の規定による報告があつたときは、納付義務者に対し、一般貸切旅客自動車運送適正化機関に負担金及び第5項の規定による延滞金を納付すべきことを命ずることができる。

　　（区分経理）
第43条の16　一般貸切旅客自動車運送適正化機関は、国土交通省令で定めるところにより、一般貸切旅客自動車運送適正化事業に関する経理と一般貸切旅客自動車運送適正化事業

（新設）

以外の事業に関する経理とを区分して整理しなければならない。

　　　（一般貸切旅客自動車運送適正化事業諮問委員会）
第43条の17　一般貸切旅客自動車運送適正化機関には、一般貸切旅客自動車運送適正化事業諮問委員会（以下この条において「諮問委員会」という。）を置かなければならない。
2　諮問委員会は、一般貸切旅客自動車運送適正化機関の代表者の諮問に応じ負担金の額及び徴収方法その他一般貸切旅客自動車運送適正化事業の実施に関する重要事項を調査審議し、及びこれらに関し必要と認める意見を一般貸切旅客自動車運送適正化機関の代表者に述べることができる。
3　諮問委員会の委員は、一般貸切旅客自動車運送事業者が組織する団体が推薦する者、一般貸切旅客自動車運送事業の用に供する自動車の運転者が組織する団体が推薦する者、学識経験のある者及び一般貸切旅客自動車運送事業に係る旅客のうちから、国土交通大臣の認可を受けて一般貸切旅客自動車運送適正化機関の代表者が任命する。

　　　（役員の選任及び解任等）
第43条の18　一般貸切旅客自動車運送適正化機関の一般貸切旅客自動車運送適正化事業に従事する役員の選任及び解任は、国土交通大臣の認可を受けなければ、その効力を生じない。
2　国土交通大臣は、一般貸切旅客自動車運送適正化機関の一般貸切旅客自動車運送適正化事業に従事する役

（新設）

（新設）

員又は職員が、この法律若しくはこの法律に基づく命令若しくはこれらに基づく処分若しくは一般貸切旅客自動車運送適正化事業規程に違反する行為をしたとき、一般貸切旅客自動車運送適正化事業に関し著しく不適当な行為をしたとき、又はその在任により一般貸切旅客自動車運送適正化機関が第43条の11第5号に該当することとなるときは、一般貸切旅客自動車運送適正化機関に対し、その役員又は職員を解任すべきことを命ずることができる。

　　（監督命令）
第43条の19　国土交通大臣は、この法律を施行するため必要があると認めるときは、一般貸切旅客自動車運送適正化機関に対し、一般貸切旅客自動車運送適正化事業に関し監督上必要な命令をすることができる。

（新設）

　　（一般貸切旅客自動車運送適正化機関の指定の取消し等）
第43条の20　国土交通大臣は、一般貸切旅客自動車運送適正化機関が次の各号のいずれかに該当するときは、第43条の2第1項の指定を取り消すことができる。
一　この法律又はこの法律に基づく命令に違反したとき。
二　第43条の11第2号又は第3号に該当することとなつたとき。
三　第43条の13第1項の認可を受けた一般貸切旅客自動車運送適正化事業規程によらないで一般貸切旅客自動車運送適正化事業を行つたとき。
四　第43条の13第3項、第43条の18第2項又は前条の規定による命

（新設）

令に違反したとき。
　五　第43条の15第2項の認可を受けた事項に違反して、負担金を徴収したとき。
　六　不当に一般貸切旅客自動車運送適正化事業を実施しなかつたとき。
2　国土交通大臣は、前項の規定により第43条の2第1項の指定を取り消したときは、その旨を公示しなければならない。

　　（一般貸切旅客自動車運送適正化機関の指定を取り消した場合における経過措置）
第43条の21　前条第1項の規定により第43条の2第1項の指定を取り消した場合において、国土交通大臣がその取消し後に同一の区域について新たに一般貸切旅客自動車運送適正化機関を指定したときは、取消しに係る一般貸切旅客自動車運送適正化機関の一般貸切旅客自動車運送適正化事業に係る財産は、新たに指定を受けた一般貸切旅客自動車運送適正化機関に帰属する。

2　前項に定めるもののほか、前条第1項の規定により第43条の2第1項の指定を取り消した場合における一般貸切旅客自動車運送適正化事業に係る財産の管理その他所要の経過措置（罰則に関する経過措置を含む。）は、合理的に必要と判断される範囲内において、政令で定めることができる。

　　（一般貸切旅客自動車運送適正化機関に関する適用除外）
第43条の22　一般貸切旅客自動車運送適正化機関については、第43条の6及び第43条の7の規定は、適用し

（新設）

（新設）

ない。

（聴聞の特例）
第90条　地方運輸局長がその権限に属する旅客自動車運送事業若しくは自家用有償旅客運送の業務の停止の命令をしようとするとき、又は都道府県知事若しくは市町村長がその権限に属する自家用有償旅客運送の業務の停止の命令をしようとするときは、行政手続法第13条第1項の規定による意見陳述のための手続の区分にかかわらず、聴聞を行わなければならない。
2・3　（略）

第97条　次の各号のいずれかに該当する者は、1年以下の懲役若しくは150万円以下の罰金に処し、又はこれを併科する。
一　（略）
二　第27条第3項の規定による命令(輸送の安全の確保に係るものに限り、一般乗用旅客自動車運送事業者に対するものを除く。)に違反した者
三～八　（略）

第98条　次の各号のいずれかに該当する者は、100万円以下の罰金に処する。
一～十　（略）
十一　第16条第2項、第19条の2、第22条の2第3項若しくは第7項（これらの規定を第43条第5項において準用する場合を含む。）、第27条第3項（第43条第5項において準用する場合を含む。）、第30条第4項（第72条において準用する場合を含む。）、第31条、第41条第

（聴聞の特例）
第90条　地方運輸局長がその権限に属する旅客自動車運送事業若しくは自家用有償旅客運送の業務の停止の命令をしようとするとき、又は都道府県知事若しくは市町村長がその権限に属する自家用有償旅客運送の業務の停止の命令をしようとするときは、行政手続法(平成5年法律第88号)第13条第1項の規定による意見陳述のための手続の区分にかかわらず、聴聞を行わなければならない。
2・3　（略）

第97条　次の各号のいずれかに該当する者は、1年以下の懲役若しくは150万円以下の罰金に処し、又はこれを併科する。
一　（略）
(新設)

二～七　（略）

第98条　次の各号のいずれかに該当する者は、100万円以下の罰金に処する。
一～十　（略）
十一　第16条第2項、第19条の2、第22条の2第3項若しくは第7項（これらの規定を第43条第5項において準用する場合を含む。）、第27条第3項（第43条第5項において準用する場合を含む。）、第30条第4項（第72条において準用する場合を含む。）、第31条、第41条第

１項（第43条第５項及び第81条第２項において準用する場合を含む。）、第55条（第75条第３項において準用する場合を含む。）、第70条（第75条第３項において準用する場合を含む。）、第73条第２項（第75条第３項において準用する場合を含む。）又は第84条第１項の規定による命令に違反した者<u>（第27条第３項の規定による命令に違反した者にあつては、第97条第２号に該当する者を除く。）</u> 十二～十四　（略） 十五　<u>第38条第１項又は第２項の規定</u>による届出をしないで、又は虚偽の届出をして、<u>事業</u>を休止し、又は廃止した者 十六～十九　（略）	１項（第43条第５項及び第81条第２項において準用する場合を含む。）、第55条（第75条第３項において準用する場合を含む。）、第70条（第75条第３項において準用する場合を含む。）、第73条第２項（第75条第３項において準用する場合を含む。）又は第84条第１項の規定による命令に違反した者 十二～十四　（略） 十五　第38条第２項の規定による届出をしないで、又は虚偽の届出をして、<u>一般乗合旅客自動車運送事業</u>を休止し、又は廃止した者 十六～十九　（略）
第99条　法人の代表者又は法人若しくは人の代理人、使用人その他の従業者がその法人又は人の<u>業務又は所有し、若しくは使用する自動車に関し、次の各号に掲げる規定の違反行為を</u>したときは、行為者を罰するほか、<u>その法人に対して当該各号に定める罰金刑を、その人に対して各本条の罰金刑を科する。</u> 一　<u>第97条（第２号に係る部分に限る。）　１億円以下の罰金刑</u> 二　<u>第96条、第97条（第２号に係る部分を除く。）又は第97条の３から第98条の２まで　各本条の罰金刑</u>	第99条　法人の代表者又は法人若しくは人の代理人、使用人その他の従業者がその法人又は人の<u>業務若しくは所有し、若しくは使用する自動車に関し、<u>第96条、第97条及び第97条の３から第98条の２までの違反行為</u>をしたときは、行為者を罰するほか、その法人又は<u>人</u>に対しても、各本条の罰金刑を科する。
第105条　次の各号のいずれかに該当する者は、50万円以下の過料に処する。 一・二　（略） 三　第15条第４項（第43条第５項において準用する場合を含む。）、第	第105条　次の各号のいずれかに該当する者は、50万円以下の過料に処する。 一・二　（略） 三　第15条第４項（第43条第５項において準用する場合を含む。）、第

改正案	現行
15条の2第5項(第38条第3項において準用する場合を含む。)、第15条の3第3項、第29条(第43条第5項において準用する場合を含む。)、第43条第8項若しくは第10項、第54条第3項(第67条(第75条第3項において準用する場合を含む。)及び第75条第3項において準用する場合を含む。)、第66条第3項、第79条の7第3項、第79条の10、第79条の11又は第92条の規定による届出をせず、又は虚偽の届出をした者 四〜八　（略）	15条の2第5項(第38条第3項において準用する場合を含む。)、第15条の3第3項、第29条(第43条第5項において準用する場合を含む。)、<u>第38条第1項</u>、第43条第8項若しくは第10項、第54条第3項(第67条(第75条第3項において準用する場合を含む。)及び第75条第3項において準用する場合を含む。)、第66条第3項、第79条の7第3項、第79条の10、第79条の11又は第92条の規定による届出をせず、又は虚偽の届出をした者 四〜八　（略）

二　登録免許税法（昭和42年法律第35号）（抄）（附則第8条関係）

（傍線の部分は改正部分）

改正案				現行			
別表第1　課税範囲、課税標準及び税率の表（第2条、第5条、第9条、第10条、第13条、第15条―第17条、第17条の3―第19条、第23条、第24条、第34条―第34条の5関係）				別表第1　課税範囲、課税標準及び税率の表（第2条、第5条、第9条、第10条、第13条、第15条―第17条、第17条の3―第19条、第23条、第24条、第34条―第34条の5関係）			
登記、登録、特許、免許、許可、認可、認定、指定又は技能証明の事項		課税標準	税率	登記、登録、特許、免許、許可、認可、認定、指定又は技能証明の事項		課税標準	税率
百二十五　道路運送事業の許可又は事業計画の変更の認可 （注）　（略）				百二十五　道路運送事業の許可又は事業計画の変更の認可 （注）　（略）			
㈠　道路運送法第4条第1項（一般旅客自動車運送事業の許可）の一般旅客自動車運送事業の許可 　イ　一般乗合旅客自動車運送事業の許可又は一般貸切旅客自動車運送事業の許可<u>（更新の許可を除く。）</u> 　ロ　　（略）		許可件数	1件につき9万円	㈠　道路運送法第4条第1項（一般旅客自動車運送事業の許可）の一般旅客自動車運送事業の許可 　イ　一般乗合旅客自動車運送事業の許可又は一般貸切旅客自動車運送事業の許可 　ロ　　（略）		許可件数	1件につき9万円
㈡〜㈤　（略）		（略）	（略）	㈡〜㈤　（略）		（略）	（略）

２．道路運送法施行令の一部を改正する政令案　新旧対照条文

○　道路運送法施行令（昭和26年政令第250号）（抄）

（傍線の部分は改正部分）

改　正　案	現　　　行
（旅客自動車運送事業に関する権限の委任） 第１条　（略） ２・３　（略） ４　第１項及び第２項の規定により地方運輸局長に委任された権限で次に掲げるもの（一の運輸監理部又は運輸支局の管轄区域内に係るものに限る。）は、運輸監理部長又は運輸支局長に委任する。 一～三　（略） （削る） 四・五　（略） 六　特定旅客自動車運送事業に関する第１号及び前３号に掲げる権限に相当する権限 七　（略）	（旅客自動車運送事業に関する権限の委任） 第１条　（略） ２・３　（略） ４　第１項及び第２項の規定により地方運輸局長に委任された権限で次に掲げるもの（一の運輸監理部又は運輸支局の管轄区域内に係るものに限る。）は、運輸監理部長又は運輸支局長に委任する。 一～三　（略） 四　法第38条第１項の規定による事業の休止に係る届出の受理 五・六　（略） 七　特定旅客自動車運送事業に関する第１号、第３号及び前２号に掲げる権限に相当する権限 八　（略）

○　道路運送法施行規則（昭和26年運輸省令第75号）（抄）

（傍線の部分は改正部分）

改　正　後	改　正　前
目次 　第１章　通則（第１条―第３条） 　第２章　旅客自動車運送事業 　　第１節　一般旅客自動車運送事業 　　　（第３条の２―第26条） 　　第２節　特定旅客自動車運送事業 　　　（第27条―第33条） 　第２章の２　民間団体等による旅客	目次 　第１章　通則（第１条―第３条） 　第２章　旅客自動車運送事業 　　第１節　一般旅客自動車運送事業 　　　（第３条の２―第26条） 　　第２節　特定旅客自動車運送事業 　　　（第27条―第33条） 　第２章の２　旅客自動車運送適正化

自動車運送の適正化に関する事業 第1節　旅客自動車運送適正化事業実施機関（第34条―第34条の6） 第2節　一般貸切旅客自動車運送適正化機関の特則（第34条の7―第35条） 第3章　専用自動車道（第35条の2―第47条） 第4章　自家用自動車の使用（第48条―第52条） 第5章　雑則（第53条―第70条） 第6章　経過規定（第71条―第76条） 附則	事業実施機関（第34条―第35条） （新設） （新設） 第3章　専用自動車道（第35条の2―第47条） 第4章　自家用自動車の使用（第48条―第52条） 第5章　雑則（第53条―第70条） 第6章　経過規定（第71条―第76条） 附則
（法第7条第3号の国土交通省令で定めるもの等） 第7条　法第7条第3号に規定する許可を受けようとする者の親会社等は、次に掲げる者とする。 　一　許可を受けようとする者（株式会社である場合に限る。）の議決権の過半数を所有している者 　二　許可を受けようとする者（持分会社（会社法第575条第1項に規定する持分会社をいう。以下この条において同じ。）である場合に限る。）の資本金の2分の1を超える額を出資している者 　三　許可を受けようとする者の事業の方針の決定に関して、前2号に掲げる者と同等以上の支配力を有すると認められる者 2　法第7条第3号の国土交通省令で定める許可を受けようとする者の親会社等がその事業を実質的に支配し、又はその事業に重要な影響を与える関係にある者は、次に掲げる者とする。	第7条　削除

一　許可を受けようとする者の親会社等（株式会社である場合に限る。）が議決権の過半数を所有している者
　二　許可を受けようとする者の親会社等（持分会社である場合に限る。）が資本金の2分の1を超える額を出資している者
　三　事業の方針の決定に関する許可を受けようとする者の親会社等の支配力が前2号に掲げる者と同等以上と認められる者
3　法第7条第3号の国土交通省令で定める許可を受けようとする者がその事業を実質的に支配し、又はその事業に重要な影響を与える関係にある者は、次に掲げる者とする。
　一　許可を受けようとする者（株式会社である場合に限る。）が議決権の過半数を所有している者
　二　許可を受けようとする者（持分会社である場合に限る。）が資本金の2分の1を超える額を出資している者
　三　事業の方針の決定に関する許可を受けようとする者の支配力が前2号に掲げる者と同等以上と認められる者
4　法第7条第3号の国土交通省令で定める密接な関係を有する法人は、許可を受けようとする者の意思決定に関与し、又は許可を受けようとする者若しくは許可を受けようとする者の親会社等が意思決定に関与している法人とする。

（聴聞決定予定日の通知）
第7条の2　法第7条第5号の規定による通知をするときは、法第94条第4項の規定による検査が行われた日

（新設）

(以下この条において「検査日」という。）から10日以内に、検査日から起算して60日以内の特定の日を通知するものとする。	
第2章の2　民間団体等による旅客自動車運送の適正化に関する事業	第2章の2　旅客自動車運送適正化事業実施機関
第1節　旅客自動車運送適正化事業実施機関	（新設）
（削る）	（適正化機関の指定） 第34条　法第43条の2第1項の規定による指定は、旅客自動車運送事業の種別（法第3条第1号イからハまで及び第2号に掲げる旅客自動車運送事業の別をいう。以下同じ。）ごとに行う。
（適正化機関の指定の申請） 第34条　法第43条の2第1項の規定により適正化機関の指定を申請しようとする法人は、次に掲げる事項を記載した適正化機関指定申請書を提出しなければならない。 　一　名称及び住所並びに代表者の氏名 　二　適正化事業を実施しようとする旅客自動車運送事業の種別 　三　指定に係る区域 　四　事務所の所在地 　五　適正化事業の開始の予定日 2　前項の申請書には、次に掲げる書類を添付しなければならない。 　一　定款及び登記事項証明書 　二　最近の事業年度における貸借対照表 　三　役員の名簿及び履歴書 　四　指定の申請に関する意思の決定を証する書類	（適正化機関の指定の申請） 第34条の2　法第43条の2第1項の規定により適正化機関の指定を申請しようとする法人は、次に掲げる事項を記載した適正化機関指定申請書を提出しなければならない。 　一　名称及び住所並びに代表者の氏名 　二　適正化事業を実施しようとする旅客自動車運送事業の種別 　三　指定に係る区域 　四　事務所の所在地 　五　適正化事業の開始の予定日 2　前項の申請書には、次に掲げる書類を添付しなければならない。 　一　定款及び登記事項証明書 　二　最近の事業年度における貸借対照表 　三　役員の名簿及び履歴書 　四　指定の申請に関する意思の決定を証する書類

五　組織及び運営に関する事項を記載した書類 六　適正化事業の実施に関する計画を記載した書類 七　その他参考となる事項を記載した書類	五　組織及び運営に関する事項を記載した書類 六　適正化事業の実施に関する計画を記載した書類 七　その他参考となる事項を記載した書類
（適正化機関の名称等の変更の届出） 第34条の2　適正化機関は、法第43条の2第3項の規定による届出をしようとするときは、変更しようとする事項及び期日を記載した届出書を地方運輸局長に提出しなければならない。	（新設）
（適正化事業に係る事業計画等） 第34条の5　適正化機関（一般貸切旅客自動車運送適正化機関を除く。）は、毎事業年度、次の各号に掲げる書類を作成し、当該各号に掲げるところにより地方運輸局長に提出しなければならない。 一　適正化事業に係る事業計画及び収支予算　当該事業年度の開始の日の15日前までに（法第43条の2第1項の指定を受けた日の属する事業年度にあつては、その指定を受けた後遅滞なく） 二　適正化事業に係る事業報告書及び収支決算書　当該事業年度の終了後3月以内に	（適正化事業に係る事業計画等） 第34条の5　適正化機関は、毎事業年度、次の各号に掲げる書類を作成し、当該各号に掲げるところにより地方運輸局長に提出しなければならない。 一　適正化事業に係る事業計画及び収支予算　当該事業年度の開始の日の15日前までに（指定を受けた日の属する事業年度にあつては、その指定を受けた後遅滞なく） 二　適正化事業に係る事業報告書及び収支決算書　当該事業年度の終了後3月以内に
第2節　一般貸切旅客自動車運送適正化機関の特則	（新設）
（一般貸切旅客自動車運送適正化機関の指定の申請） 第34条の7　一般貸切旅客自動車運送適正化機関の指定を申請しようとするときの第34条第1項の申請書に	（新設）

は、同条第2項に掲げる書類のほか、法第43条の11第5号に該当しない旨を証する書類を添付しなければならない。

（一般貸切旅客自動車運送適正化事業規程で定めるべき事項）

第34条の8　法第43条の13第2項の国土交通省令で定める事項は、次に掲げるものとする。

一　一般貸切旅客自動車運送適正化事業を行う時間及び休日に関する事項

二　一般貸切旅客自動車運送適正化事業を行う事務所に関する事項

三　一般貸切旅客自動車運送適正化事業の実施の方法に関する事項

四　一般貸切旅客自動車運送適正化事業に関する書類の管理に関する事項

五　その他一般貸切旅客自動車運送適正化事業の実施に関し必要な事項

（新設）

（一般貸切旅客自動車運送適正化事業に係る事業計画等）

第34条の9　一般貸切旅客自動車運送適正化機関は、法第43条の14第1項の規定により事業計画、収支予算及び資金計画の認可を受けようとするときは、その事業計画、収支予算及び資金計画を記載した申請書を毎事業年度開始の日の15日前までに（法第43条の2第1項の指定を受けた日の属する事業年度にあつては、その指定を受けた後遅滞なく）、地方運輸局長に提出しなければならない。

2　一般貸切旅客自動車運送適正化機関は、法第43条の14第1項の規定により事業計画、収支予算又は資金計

（新設）

画の変更の認可を受けようとするときは、変更しようとする事項及びその理由を記載した申請書を地方運輸局長に提出しなければならない。

　（負担金）
第34条の10　一般貸切旅客自動車運送適正化機関は、法第43条の15第2項の規定により負担金の額及び徴収方法について認可を受けようとするときは、負担金の額及び徴収方法を記載した申請書に負担金の額の算出の基礎を記載した書類を添付して地方運輸局長に提出しなければならない。
2　法第43条の15第5項の国土交通省令で定める率は、1万分の4とする。
3　法第43条の15第6項の国土交通省令で定める事由は、天災その他負担金を納付しないことについてのやむを得ない事由とする。

　（区分経理の方法）
第34条の11　一般貸切旅客自動車運送適正化機関は、一般貸切旅客自動車運送適正化事業に関する経理について特別の勘定を設け、一般貸切旅客自動車運送適正化事業以外の事業に関する経理と区分して整理しなければならない。
2　一般貸切旅客自動車運送適正化機関は、一般貸切旅客自動車運送適正化事業と一般貸切旅客自動車運送適正化事業以外の事業の双方に関連する収入及び費用については、適正な基準によりそれぞれの事業に配分して経理しなければならない。

（新設）

（新設）

（諮問委員会の委員の任命） 第34条の12　一般貸切旅客自動車運送適正化機関は、法第43条の17第３項の規定により諮問委員会の委員の任命の認可を受けようとするときは、任命しようとする者の氏名及び履歴を記載した申請書を地方運輸局長に提出しなければならない。この場合において、任命しようとする者が、一般貸切旅客自動車運送事業者が組織する団体が推薦する者又は一般貸切旅客自動車運送事業の用に供する自動車の運転者が組織する団体が推薦する者であるときは、それぞれ当該団体が推薦する者であることを証する書面を添付しなければならない。	（新設）
（役員の選任及び解任） 第35条　一般貸切旅客自動車運送適正化機関は、法第43条の18第１項の規定により一般貸切旅客自動車運送適正化事業に従事する役員の選任の認可を受けようとするときは、選任しようとする者の氏名及び履歴を記載した申請書を地方運輸局長に提出しなければならない。 ２　一般貸切旅客自動車運送適正化機関は、法第43条の18第１項の規定により一般貸切旅客自動車運送適正化事業に従事する役員の解任の認可を受けようとするときは、解任しようとする役員の氏名及び解任の理由を記載した申請書を地方運輸局長に提出しなければならない。	第35条　削除
（届出） 第66条　一般旅客自動車運送事業者（第３号に掲げる場合にあつては、相続人）、特定旅客自動車運送事業者、	（届出） 第66条　一般旅客自動車運送事業者（第３号に掲げる場合にあつては、相続人）、特定旅客自動車運送事業者、

適正化機関、自家用有償旅客運送者及び道路運送に関する団体は、次の各号に掲げる場合に該当することとなつたときは、その旨を当該各号に掲げる行政庁に届け出るものとする。
一～九　（略）
(削る)

十～十二　（略）
2　前項の届出は、届出事由の発生した後遅滞なく(同項第8号に掲げる場合(代表権を有しない役員又は社員に変更があつた場合に限る。)にあつては前年7月1日から6月30日までの期間に係る変更について毎年7月31日までに、同項第10号及び第11号に掲げる場合にあつては15日以内に、同項第12号に掲げる場合にあつては届出事由の発生した日から30日以内に)行うものとする。

3　第1項の届出をしようとする者(同項第1号、第2号、第4号、第5号、第6号、第10号又は第11号に掲げる場合に限る。)は、次に掲げる事項を記載した届出書を提出するものとする。この場合において、当該届出事項に関し、法人の設立、合併、分割又は解散があつたときは、その登記事項証明書を添付するものとする。

一～三　（略）
四　第1項第11号に掲げる場合にあつては、適正化事業指導員でなくなつた理由
五　（略）
(削る)

適正化機関、自家用有償旅客運送者及び道路運送に関する団体は、次の各号に掲げる場合に該当することとなつたときは、その旨を当該各号に掲げる行政庁に届け出るものとする。
一～九　（略）
十　適正化機関の名称、住所又は事務所の所在地を変更しようとする場合　地方運輸局長
十一～十三　（略）
2　前項の届出は、届出事由の発生した後遅滞なく(同項第8号に掲げる場合(代表権を有しない役員又は社員に変更があつた場合に限る。)にあつては前年7月1日から6月30日までの期間に係る変更について毎年7月31日までに、同項第10号に掲げる場合にあつてはあらかじめ、同項第11号及び第12号に掲げる場合にあつては15日以内に、同項第13号に掲げる場合にあつては届出事由の発生した日から30日以内に)行うものとする。

3　第1項の届出をしようとする者(同項第1号、第2号、第4号、第5号、第6号、第10号、第11号又は第12号に掲げる場合に限る。)は、次に掲げる事項を記載した届出書を提出するものとする。この場合において、当該届出事項に関し、法人の設立、合併、分割又は解散があつたときは、その登記事項証明書を添付するものとする。

一～三　（略）
四　第1項第12号に掲げる場合にあつては、適正化事業指導員でなくなつた理由
五　（略）
4　地方運輸局長は、第1項第10号の届出があつたときは、その旨を公示しなければならない。

○ 道路運送法施行規則（昭和26年運輸省令第250号）（抄）

（傍線の部分は改正部分）

改　正　案	現　行
（申請書に添付する書類） 第6条　法第5条第2項の書類は、次に掲げるものとする。 一〜四　（略） 五　一般貸切旅客自動車運送事業の許可を受けようとする者にあつては、次に掲げる事項に関し、輸送の安全を確保するために、その者が行う投資の内容を定めた計画（以下「安全投資計画」という。）を記載した書類 　イ　輸送に係る安全管理体制の確保に関する事項 　ロ　事業用自動車の取得並びに点検及び整備に関する事項 　ハ　その他投資の内容として必要な事項 六　一般貸切旅客自動車運送事業の許可を受けようとする者にあつては、安全投資計画に従つて事業を遂行することについて十分な経理的基礎を有することを証する事業収支見積を記載した書類 七〜十二　（略） 2　法第8条第1項の一般貸切旅客自動車運送事業の許可の更新を受けようとする者は、前項第2号及び第8号から第11号までに掲げる書類の添付を省略することができる。 3　法第4条の規定により一般乗用旅客自動車運送事業の許可を受けようとする者が、その事業用自動車を当該許可を受けようとする者に限つて運転しようとする場合には、第1項第3号に掲げる書類の添付を省略することができる。	（申請書に添付する書類） 第6条　法第5条第2項の書類は、次に掲げるものとする。 一〜四　（略） （新設） （新設） 五〜十　（略） （新設） 2　法第4条の規定により一般乗用旅客自動車運送事業の許可を受けようとする者が、その事業用自動車を当該許可を受けようとする者に限つて運転しようとする場合には、前項第3号に掲げる書類の添付を省略することができる。

<u>4</u>　（略）	3　（略）

（事業の管理の受委託の許可申請）
第21条　（略）
2　前項の申請書には、次に掲げる事項を記載した書類及び図面を添付するものとする。
　一・二　（略）
　三　受託者が現に一般旅客自動車運送事業を経営する者でないときは、<u>第6条第1項第8号から第11号までのいずれかに規定する書類</u>
　四　（略）

（事業の譲渡及び譲受の認可申請）
第22条　（略）
2　前項の申請書には、次に掲げる書類及び図面を添付するものとする。
　一・二　（略）
　三　譲受人が現に一般旅客自動車運送事業を経営する者でないときは、<u>第6条第1項第8号から第11号までのいずれかに規定する書類</u>
　四　（略）
3　（略）

（法人の合併又は分割の認可申請）
第23条　（略）
2　前項の申請書には、次に掲げる書類及び図面を添付するものとする。
　一・二　（略）
　三　合併後存続する法人若しくは合併により設立する法人又は分割により一般乗合旅客自動車運送事業等を承継する法人が現に一般旅客自動車運送事業を経営する者でないときは、<u>第6条第1項第8号又は第9号に規定する書類</u>
　四　（略）
3　（略）

（事業の管理の受委託の許可申請）
第21条　（略）
2　前項の申請書には、次に掲げる事項を記載した書類及び図面を添付するものとする。
　一・二　（略）
　三　受託者が現に一般旅客自動車運送事業を経営する者でないときは、第6条第1項第6号、第7号、第8号又は第9号に規定する書類
　四　（略）

（事業の譲渡及び譲受の認可申請）
第22条　（略）
2　前項の申請書には、次に掲げる書類及び図面を添付するものとする。
　一・二　（略）
　三　譲受人が現に一般旅客自動車運送事業を経営する者でないときは、第6条第1項第6号、第7号、第8号又は第9号に規定する書類
　四　（略）
3　（略）

（法人の合併又は分割の認可申請）
第23条　（略）
2　前項の申請書には、次に掲げる書類及び図面を添付するものとする。
　一・二　（略）
　三　合併後存続する法人若しくは合併により設立する法人又は分割により一般乗合旅客自動車運送事業等を承継する法人が現に一般旅客自動車運送事業を経営する者でないときは、第6条第1項第6号又は第7号に規定する書類
　四　（略）
3　（略）

（申請書に添付する書類） 第28条　法第43条第4項で準用する法第5条第2項の国土交通省令で定める書類は、次に掲げるものとする。 　一　第6条第1項第1号、第3号、第4号、第8号（ロを除く。）、第9号、<u>第10号（ロを除く。）、第11号（イを除く。）及び第12号</u>に掲げる書類 　二・三　（略）	（申請書に添付する書類） 第28条　法第43条第4項で準用する法第5条第2項の国土交通省令で定める書類は、次に掲げるものとする。 　一　第6条第1項第1号、第3号、第4号、第6号（ロを除く。）、第7号、第8号（ロを除く。）及び第9号（イを除く。）及び第10号に掲げる書類 　二・三　（略）
（管理の委託の届出等） 第33条　　（略） 2〜6　　（略） 7　第1項から第5項までの規定によりそれぞれ第21条から第25条までの規定を準用する場合において、第21条第1項第3号、第22条第1項第3号、第23条第1項第1号及び第24条第1項第3号中「事業の種別及び路線又は営業区域」とあるのは「路線又は営業区域」と、第21条第2項第3号及び第22条第2項第3号中「<u>第6条第1項第8号から第11号までのいずれか</u>」とあるのは「<u>第6条第1項第8号（ロを除く。）、第9号、第10号（ロを除く。）又は第11号（イを除く。）</u>」と、第23条第2項第3号中「<u>第6条第1項第8号</u>」とあるのは「<u>第6条第1項第8号（ロを除く。）</u>」と、第24条第2項第2号中「履歴書及び資産目録」とあるのは「履歴書」と読み替えるものとする。	（管理の委託の届出等） 第33条　　（略） 2〜6　　（略） 7　第1項から第5項までの規定によりそれぞれ第21条から第25条までの規定を準用する場合において、第21条第1項第3号、第22条第1項第3号、第23条第1項第1号及び第24条第1項第3号中「事業の種別及び路線又は営業区域」とあるのは「路線又は営業区域」と、第21条第2項第3号及び第22条第2項第3号中「<u>第6条第1項第6号、第7号、第8号又は第9号</u>」とあるのは「<u>第6条第1項第6号（ロを除く。）、第7号、第8号（ロを除く。）又は第9号（イを除く。）</u>」と、第23条第2項第3号中「<u>第6条第1項第6号</u>」とあるのは「<u>第6条第1項第6号（ロを除く。）</u>」と、第24条第2項第2号中「履歴書及び資産目録」とあるのは「履歴書」と読み替えるものとする。

3. 安全・安心な貸切バスの運行を実現するための総合的な対策

平成28年6月3日　軽井沢スキーバス事故対策検討委員会

Ⅰ．対策の基本的な考え方

　本年1月15日未明、長野県軽井沢町の国道18号線碓氷バイパス入山峠付近において、乗客39名を乗せた貸切バスが反対車線を越えて道路右側に転落する重大事故が発生し、乗客13名、乗員2名の計15名が死亡、乗客26名が重軽傷を負った。亡くなった乗客13名の方々はいずれも大学生であった。未来への希望あふれる若い命が突然奪われ、被害者の無念とご遺族の思いは察するに余りある。

　この事故に先立つ平成24年4月、乗客7名が死亡する関越道高速ツアーバス事故が発生したことを受け、貸切バスの安全対策の強化が図られてきたが、今回の事故を防ぐことはできなかった。貸切バスは、内外の観光客や通学、通勤等の足として、年間3億2千万以上の人々に利用されている。どうすれば対策の実効性を確保し、二度とこのような悲惨な事故が起こらないようにすることができるのか、貸切バスの運行に係る関係者は、改めて重い課題を突きつけられている。

　当委員会は、本年1月29日から10回にわたって議論を行い、3月29日の中間整理を経て、被害者とご家族からのご意見等も踏まえつつ、この度、再発防止策について徹底的に検討し、安全・安心な貸切バスの運行を実現するための総合的な対策をとりまとめた。

　対策は多岐にわたるが、その根幹にある基本的な考え方を明確にしておくことが重要である。このとりまとめにおいては、まず基本的考え方を述べた上で、それに沿った形で、対策の主な内容と留意すべき事項を示し、別紙において、対策の具体的な項目及びスケジュールを整理する。

【基本的考え方】

　今回のような悲惨な事故を二度と起こさないという強い決意のもとに、国は貸切バスの安全運行に関する遵守事項の強化・徹底を図り、ルール違反の早期是正、不適格者の排除を行う。バス事業者、旅行業者は安全確保を最優先

に据え、両業界等は協力・連携してルール遵守の環境整備を推進する。これらにより、安全・安心な貸切バスの運行を実現する。

(1) 貸切バスの安全運行確保のため、国は、貸切バス事業者、運行管理者等が遵守すべき事項をソフト面、ハード面の双方から総合的に見直し、必要な強化を行う[※1]。

(2) 国は、貸切バス事業者等の法令等の遵守状況を厳格にチェックする。違反について早期に是正させるとともに、新たに貸切バス事業の許可に更新制を導入すること等により、不適格者については、事業から退場させ、安易な再参入を阻止する。

貸切バス事業への参入時においても、安全確保策実施の見込み等を厳格にチェックし、不適格者については、事業への参入を阻止する[※2]。

(3) 上記(2)に掲げる措置の実効性を高めるため、貸切バス事業に係る国の監査・審査業務のあり方を抜本的に見直す。あわせて、事業者団体の自浄作用を強化するとともに、道路運送法上の民間指定機関による適正化事業を活用する。

(4) 安売りが安全運行に係るコストの削減につながる悪循環を防止するため、ツアーを企画する旅行業者等も参画し、実質的な下限割れ運賃防止等の取引環境の適正化を図る。

また、貸切バスの安全性に関連する情報を利用者に的確に提供するための「見える化」等を推進する。

(5) ハード面の安全対策による事故防止を促進するため、国は各種安全装置の普及に向け、ガイドラインの作成や必要な支援を行う。

※1　貸切バス事業者等の遵守事項については、関越道高速ツアーバス事故等を踏まえ、運転者1名乗務が可能な運行距離の縮減など、これまでも強化が図られてきたところであるが、今回の事故について既に明らかになっている事項（下記Ⅲ.(3)参照）を踏まえ、改めて問題点を洗い出し、遵守事項を強化すべきである。

※2　中間整理においては、事業参入時の許可基準として、最低保有車両数の引上げや、一定以内の車齢の義務付けについて引き続き検討すべきとされていたところである。これらの点については、これまでの重大事故のデータも踏まえ、一律に規制することなく、事業参入時及び更新時において法令遵守等について厳格にチェックし、不適格者を確実に排除することで対応するべきである。

Ⅱ. 対策の主な内容

以下、基本的な考え方に沿って、対策の主な内容を示す。

(1) 貸切バス事業者、運行管理者等の遵守事項の強化
　①運転者の技量チェックの強化
　　・全ての初任運転者に関し、適性診断の実施、運転経験等の把握
　　・初任・経験不足の運転者及び事故を起こした運転者に対する実技訓練
　②運行管理の強化
　　・必要な運行管理者数の要件の強化（最低人数１名⇒２名、１名当たりの車両台数の引下げ）
　　・運行管理者の資格取得条件の厳格化（国家試験合格者に限定）
　　・夜間運行時の中間点呼
　　・補助者の選任について、国に届出
　　・名義貸し等、実態のない運行管理者配置の防止
　③車両整備の強化
　　・国土交通省が作成するガイドラインを踏まえ、車齢に応じた整備を実施
　④事業用設備の強化
　　・ドライブレコーダーの設置と運転者の指導監督への活用
　　・事業所ごとにパソコンを備え付け、行政からの情報入手や安全運行指導に活用
　　・シートベルトの着用徹底、大型車補助席への設置
　⑤その他、貸切バス事業の適正化のための各種負担の強化
　　・監査必要書類のリスト化と営業所ごとの備付け
　　・安全投資計画・収支見積書の作成
　　・国に報告すべき安全情報の拡充
　　・事業者団体による自浄作用の取組や、民間指定機関による適正化事業に対し、金銭的負担を含めた協力

(2) 法令違反の早期是正、不適格者の排除等
　①違反事項の早期是正と処分の厳格化等
　　・街頭監査における確認事項のチェックリスト化
　　・法令違反の早期是正のための監査実務の見直し
　　・安全管理体制の構築状況を確認した上で、体制が不十分である等の事

業者に対し、重点的な運輸安全マネジメント評価を実施
- 社会的影響が重大な場合、複数回にわたり法令違反の是正がなされない場合等を事業許可取消処分や運行管理者資格者証返納命令の対象に追加
- 法令違反の抑止力の向上（処分量定の引上げ、使用停止車両数の割合引上げ、輸送の安全の確保に関する違反時の法人に対する罰金額の引上げ等）

②許可更新制の導入等による不適格者の排除
- 安全投資計画・収支見積書により、上記(1)を含め法令遵守の実態をチェックし、事業参入の前後を通じ、不適格者を排除
- 事業許可の更新制の導入により、チェックの実効性を強化

③不適格者の安易な再参入の阻止
- 事業許可取消時の欠格期間（現行2年）の延長、欠格対象となるグループ会社の範囲の拡大等
- 事業者の処分逃れの防止（事業廃止の事前届出化等）
- 運行管理者資格者証返納時・整備管理者解任命令時の欠格期間（現行2年）の延長

(3) **監査等の実効性の向上**

①国の監査・審査業務の見直し
- 上記(2)に掲げる目的を達成するため、国の監査業務は、問題のある事業者や運行管理者に対する迅速かつ厳格な対応と、継続的な監視に重点化
- 国は、このような重点化を実効性あるものにするため、下記②に掲げる民間の取組を的確に支援
- 事業許可やその更新に関する国の審査業務においても、安全な運行を継続的に行う能力について、厳格なチェックを実施

②事業者団体の自浄作用の強化
- バス協会は、現在行っているコンサルティング事業を拡充し、全ての会員事業者に対して巡回指導を実施
- あわせて、会員メリットを拡大すること等により、現在5割弱の加入割合を引上げ、業界としての安全指導の実効性を向上
- 日本バス協会に中小会員の意見集約組織を設けるなど、業界全体の底上げに向けた取組を推進

③民間指定機関による適正化事業の活用
- 道路運送法に基づき民間機関を新たに指定し、バス協会に加入していない貸切バス事業者に対する巡回指導を実施
- バス協会に加入していない貸切バス事業者は、この巡回指導の費用を賄うための負担金を納付
- 民間指定機関は、業務の実施に当たり、会員事業者に対し同様の事業を行っているバス協会と密接に連携

(4) 旅行業者、利用者等との関係強化
①実質的な下限割れ運賃防止等の取引環境の適正化
- 貸切バス事業者と旅行業者の間で、運賃・料金の上限・下限額や手数料等について明記した書面を取り交わすことを義務付け[※3]
- 運賃・料金に関する情報の通報窓口を国土交通省に設置するとともに、専門家が通報内容をチェックできる体制を整備
- 学校や地方自治体等による適切なバス選定のための取組を推進

※3　手数料等については契約全般を規定した基本契約の形式等でも可とする。

②利用者に対する安全情報の「見える化」
- 旅行業者は、ツアーで利用する貸切バスの事業者名についてパンフレット等に適切な方法で掲載
- 国は、貸切バス事業者に関する安全情報を集約し、公表
- 当該安全情報のうち特に重要なもの（日本バス協会が行うセーフティバス認定等）については、旅行比較サイト等の協力を得て普及
- 日本バス協会は、関係者の協力を得て、引き続きセーフティバス認定の信頼性向上のための取組を実施
- 利用者への情報提供、適正な運賃・料金の収受について、貸切バス業界と旅行業界が協力する旨の「安全運行パートナーシップ宣言」を発出

③ランドオペレーター等に対する規制の在り方の検討
- 貸切バス事業の安全性確保を実効性あるものにするため、これまで規制の対象外であったランドオペレーター（旅行業者から委託等を受け、宿泊施設や運送手段・ガイド等の手配等を行う者）に対する規制の在り方について検討

(5) ハード面の安全対策による事故防止の促進
①ガイドラインの策定
- 速度抑制・制御装置の基本設計

・ドライバー異常時対応システムの基本設計
　　・ASV（先進安全自動車）技術の搭載状況の車体への表示
　②導入促進に向けた支援等
　　・ASV技術搭載車両への代替促進
　　・デジタル式運行記録計や運行管理支援システムの導入補助
　　・大型高速バスのAT開発促進

Ⅲ．留意すべき事項

(1)　対策の早期かつ着実な実施と、その進捗状況の検証

　今回の事故後も日々多数運行されている貸切バスの安全運行をより確実なものにするために、上記Ⅱ．で示した再発防止のための対策については、国及び関係者において、実施可能なものから順次速やかに実施に移すことが強く求められる。

　また、対策の内容には、法律改正が必要と見込まれる事項も含まれていることから、そのために必要な準備等を可及的速やかに進めるべきである。

　実施の目途については、対策の具体的な項目ごとに別紙1に、工程表として別紙2に示したところであり、これを踏まえつつ、対策の進捗状況について、引き続き当委員会において検証を行っていくこととする。

　なお、対策の実施に当たっては、その実効性等について確認し、必要に応じて対策の内容の見直しや、実施方法の改善を図るなど、PDCAサイクルを構築した上で進めることが必要であり、この点についても、当委員会において検証を行っていくこととする。

(2)　対策の実効性確保について

　①監査等の実効性向上のために必要な体制の整備

　　自動車運送事業に対する国の監査は、全国365名の体制により、バスだけでなく、トラック、タクシーも対象として実施されている。上記Ⅱ．(3)の監査等の実効性の向上の実を上げるためには、国の監査・審査業務を最大限効率化・重点化することを前提としつつ、要員体制の一層の充実が不可欠であり、この点について、関係者の十分な理解を得つつ、必要な措置を講ずるべきである。

　　また、事業者団体の自浄作用の強化や、民間指定機関による適正化事業の活用を進めるに当たっては、バス協会及び民間指定機関が巡回指導を着実

に行い、問題のある事業者を抽出し、国に通報し、重点的な監査の対象とするという流れを確立することが重要である。そのような業務を着実に実施するための要員をバス協会及び民間指定機関においてもしっかり確保することが、今回の対策のひとつの鍵となることから、関係者は、そのための諸準備を入念に行うべきである。

②優良事業者への配慮

不適格者は断固として排除しなければならない一方で、規模の大小や事業参入の時期を問わず、法令を遵守して安全運行と創意工夫あふれるサービスの提供に努めている多くの貸切バス事業者の存在を忘れてはならない。事業許可の更新制の導入や監査業務の見直しに当たっては、優良と認められる事業者に対する負担軽減など、これらの事業者に十分配慮した上で、実効性と納得感のある制度設計を行うべきである。

③貸切バス需要の拡大・多様化の下での安全確保

近年のインバウンド観光の爆発的な拡大に伴い、貸切バス需要は今後ますます増加し、これに伴い、貸切バスの運行事業者や利用者についても一層の多様化が進むことが見込まれる。また、少子高齢化社会において、運転者の不足・高齢化についてもさらに状況が深刻化するおそれも大きく、このような状況の下で、法令遵守の徹底がこれまで以上に難しくなることも想定される。

しかし、貸切バスに限らず、観光需要拡大の大前提は安全確保であることは論をまたない。安全運行が絶対に損なわれることのないよう、今回示した方針に沿って、国、貸切バス事業者、旅行業者等は万全の対策を講ずべきである。

一方、インバウンド観光に係る貸切バスの営業区域の拡大や、我が国バスメーカーの増産体制の整備など、増大する需要に的確に対応するための措置についても、引き続き的確に講ずることにより、安全運行の徹底が貸切バスの供給不足を招き、ひいてはインバウンド観光拡大のボトルネックとなることのないよう、十分留意すべきである。

(3) **今後の事故原因の究明への対応**

今回の事故については、警察及び事業用自動車事故調査委員会が引き続き原因究明のための捜査及び調査を行っている。一方で、これらの機関の発表や、国土交通省による特別監査等により、以下に掲げるとおり、既に明らかになっている事項も多いことから、当委員会では、これらを踏まえ、対策をとり

まとめたところである。今後、現在判明していない事項が主要な事故原因とされた場合には、当委員会において、再発防止のための対策についてさらなる検討を行うこととする。

（既に明らかになっている事項）
・事故を起こしたバス事業者は、事故発生前の監査等で違反事項の是正を指示されていたにもかかわらず、事故発生後にも安全管理上の問題が確認された。
・長年大型バスの乗務経験が乏しい運転者が、事故を起こしたバス車両に乗務していた。
・制限速度は時速50kmであったにもかかわらず、事故を起こしたバス車両に搭載されたアナログ式の運行記録計によれば、事故直前の速度は、時速96kmであった。
・事故を起こしたバス事業者があらかじめ届け出ていた運賃の下限額を下回る運賃で、バスが運行されていた。
・事故を起こしたバス車両には、ドライブレコーダーやASV技術等が搭載されていなかった。

Ⅳ. 結び

1月15日から5ヶ月近くが経過したが、この事故が人々の心に、また社会に与えた衝撃は、減じることはない。関越道高速ツアーバス事故を踏まえ、所要の対策を講じたにもかかわらず、4年に満たない間に、同じ貸切バス事業において、さらに多くの被害者を出す事故がなぜ起きたのか、我々は改めて真剣に考え、この総合的な対策をとりまとめた。

我が国の大型バスに関する重大事故の歴史を紐解くと、多数の乗客が死亡した事故は、高速度での衝突や、転落を起こした場合に発生しているという事実に突き当たる。すなわち、そのような事態を防ぐことができれば、痛ましい死亡事故の再発はほぼ避けることができるはずである。

今回の事故について既に明らかになっている事項（上記Ⅲ.(3)参照）は、我々がそのために何をなすべきかについての示唆を与えている。運転者を未熟なままで決して運転させないこと、通るべきルートを守ることを含め運行管理を着実に行うこと、安全投資の軽視や長時間運転・過労運転につながる低賃金を是正すること、そのために下限割れ運賃での運行をしないこと、ドライブレコーダーの設置・活用や可能な限りのASV技術の搭載を推進すること、事業者の法令遵守違反を確実にチェックすること、それが判明した際には迅速

に是正させるとともに効果ある処分を行うこと……。これらは全て、関係者が守るべきルールを守り、行うべき事項を行うことを求めるものである。

今回の事故では、これらのことが十分に行われていなかった。そのことが放置されたままであれば、また同様の事故が起こりうるものと考えなければならない。

今一度、強調したい。今回のような悲惨な事故の再発を防止し、貸切バスへの信頼を回復するためには、次の三点を基本に据えなければならない。

・貸切バス事業者や運行管理者は、安全運行の確保を何よりも優先に考え、バスの暴走や衝突を未然に防ぐために、守るべきルールをしっかりと遵守すること。
・国は、ルール違反を早期に是正させ、もしそれが改まらない場合には、毅然として貸切バス事業から退場させること。また、不適格者の貸切バス事業への参入を阻止すること。
・バス事業者、旅行業者は安全確保を最優先に据え、両業界等は協力・連携してルール遵守の環境整備を推進すること。

関係者がこの点について認識を共有し、今回とりまとめた総合的な対策を速やかに講ずることが、無限の未来を突然断ち切られた13名の方々の御霊や被害者の思いに応える唯一の道である。

別紙1

再発防止策の具体的な項目及びスケジュール

※ 「実施の目途」のうち、制度改正を伴うものについては、その時期を示しており、改正後の制度の施行については、一定の周知期間を設ける必要がある。

※ 実施の目途に「平成28年中」とある項目については、可能な限り次のスキーシーズンまでに対策を講ずる。

(1) 貸切バス事業者、運行管理者等の遵守事項の強化

項目	講ずべき事項	実施の目途
1. 運転者の技量チェックの強化		
①初任運転者に対する適性診断、指導・監督の範囲の見直し	事業者が新たに雇い入れた全ての運転者に適性診断(初任)を受診させ、運転者の運転特性を踏まえた、きめ細やかな指導・監督の実施を義務付ける。(告示改正)	平成28年7月頃公布予定(パブリックコメント実施中)
②事業者による運転者の経歴・運転経験の把握	事業者が新たに雇い入れた全ての運転者に経歴・運転経験(車種ごと)を申告させ、事業者に乗務員台帳に記載させる。(省令改正)	平成28年7月頃公布予定(パブリックコメント実施中)
③初任運転者等に対する指導・監督における実技訓練の義務付け	運転者の運転経験を車種ごとに確認し、乗務させようとする車種区分にかかる運転経験が十分でない場合には、実技訓練を実施するよう要請する。(通達発出)	実施済み(平成28年2月)
	初任運転者・事故惹起運転者に対する指導・監督において、実技訓練の実施を義務付ける。(告示改正)	平成28年中
	運転者に直近1年間に乗務していなかった車種区分の自動車を運転させる場合に、初任運転者と同様の指導・監督の実施を義務付ける。(省令改正)	平成28年中
2. 運行管理の強化		
④運行管理者等の在り方	営業所ごとの運行管理者の必要選任数を、20両ごとに1名(100両以上分は30両ごとに1名)・最低2名以上とする。(省令改正)	平成28年中
	運行管理者の資格要件を試験合格者のみに限定する。(省令改正)	平成28年中
	夜間運行について「中間点呼」の実施を義務付ける。(省令改正)	平成28年中
	補助者の選任時に、国への届出を義務付ける。(省令改正)	平成28年中
	資格試験の増回に向けて調整する。	平成28年中
	実態のない運行管理者配置を防止するための仕組みを構築する。	平成29年春まで
3. 車両整備の強化		
⑤車両整備の徹底	古いバスなどの車両の状態に応じて、バス事業者が予防整備(不具合発生の予防も含めた十分な整備)を行うためのガイドラインを策定する。(通達改正)	平成29年春まで
	監査等において、ガイドラインに沿った点検整備の実施を確認できるよう、記録簿様式を見直す。(通達改正)	平成29年春まで
	バス事業者が十分な整備を実施できるよう、整備管理者向けの研修・講習を拡充する。	平成29年春まで
4. 事業用設備の強化		
⑥ドライブレコーダーによる映像の記録・保存等の義務化	ドライブレコーダーによる映像の記録・保存やその記録を活用した指導・監督を義務付けるとともに、記録を活用した事故調査・分析を行う。(省令改正)	平成28年中

項　目		講ずべき事項	実施の目途
⑦パソコンの保有の義務付け等		バス協会非加入事業者に対して、管轄する運輸局又は運輸支局等から受信確認機能を付したメールにて制度改正等に関する情報を配信する。そのため、パソコンの保有を義務付ける。（通達改正）	平成28年夏まで
		自動車局メールマガジン「事業用自動車安全通信」の内容をさらに充実させ、特にバス協会非加入事業者に対しては、機会のあるごとに配信登録を強力に促す。	平成28年夏まで
⑧シートベルトの装着の徹底		乗客へのシートベルトの着用の注意喚起、発車前の乗客のシートベルトの着用状況の目視等による確認等の徹底を要請する。（通達発出）	実施済み（平成28年2月）
		シートベルト着用励行リーフレットを作成（訪日外国人旅行者向けの外国語版を含む。）し、インターネット等を活用し周知する。	実施済み（平成28年2～3月）
		シートベルト着用の、わかりやすく、かつ効果的な広報方法について、関係者からなる連絡会議において検討を開始する。	平成28年4月開始
⑨補助席へのシートベルトの設置の義務化		大型高速バスの補助席に対してシートベルトの設置を義務付ける。（省令改正）	平成28年中
5．その他、貸切バス事業の適正化のための各種負担の強化			
⑩監査必要書類の備え付けの義務化		監査で確認する運行管理等に係る書類を一定の場所に備え付けるよう義務付ける。（省令改正）	平成28年中
⑪安全投資計画・収支見積書の作成の義務付け		事業参入時・許可更新時に、所要の安全投資に関する「安全投資計画」及び安全投資計画に即したコスト等を盛り込んだ「収支見積書」の作成を義務付け、事業実績も踏まえ、事業遂行能力を審査する。	平成28年秋以降
⑫増車の際の提出書類の整備		増車の事前届出の際に、事業者の運行管理体制、運転者の確保、車両の整備記録等の情報について添付書類の提出を義務付ける。（通達改正）	平成28年夏まで
⑬指導を行う民間団体等への負担金の支払い		民間指定機関は、バス協会の非会員事業者から負担金を徴収し、巡回指導を行う（毎年度）。	平成28年秋以降（法改正を検討）
⑭運転者の労務・健康管理の改善		健康管理に関する違反事案について、厚生労働省との相互通報の対象に追加する。（通達改正）	平成28年夏まで
		各地方バス協会が事業者の要望を踏まえ、医療機関と調整し、健康診断を集団受診する機会を設ける。	平成29年春まで

（2）法令違反の早期是正、不適格者の排除等

項　目	講ずべき事項	実施の目途
1．違反事項の早期是正と処分の厳格化等		
①確認事項のチェックリスト化	街頭監査の結果を捉え、法令違反が多い事項をチェックリスト化し、運行前に事業者に記入・確認を行わせる。（通達発出）	実施済み（平成28年2月）
②街頭監査における指摘事項の早期是正	街頭監査において、法令違反が確認された場合は、他の運行において同様の法令違反が無いかどうかを確認するため、30日以内に一般監査（呼出）を実施する。（通達発出）	実施済み（平成28年2月）
	街頭監査において、緊急を要する重要な事項以外の法令違反が確認された場合でも、その場で実施・改善が確認できない場合は、運行を中止させる。（通達改正）	平成28年中

③一般監査における指摘事項の早期是正	一般監査において、輸送の安全に関わる重大な法令違反が確認された場合は、直ちに法令違反の是正を指示し、必要に応じ運行を中止させるとともに、速やかに特別監査を実施する。（通達改正）	平成28年中
	一般監査において、輸送の安全に関わる重大な事項以外の法令違反が確認された場合は、直ちに法令違反の是正を指示し、30日以内に是正状況確認のための指摘事項確認監査（呼出）を実施する。	平成28年秋以降
④運輸安全マネジメント評価の強化	貸切バス事業者における安全管理体制の構築状況を調査票や民間団体等を活用した運輸安全マネジメント制度の普及啓発活動への参加状況等により確認し、評価実施の優先順位を設定した上で、安全管理体制が不十分である等の事業者に対する迅速かつ重点的な運輸安全マネジメント評価を開始する。	平成28年7月頃開始予定 （平成28年5月までに調査票を配布・回収済）
⑤事業停止、事業許可取消処分の対象範囲の拡大	違反行為の悪質性や事故の及ぼす社会的影響の重大性等、個別の情状を十分かつ総合的に勘案して、事業停止又は事業許可の取消処分ができることとする。（通達改正）	平成28年6月発出予定（パブリックコメント実施済）
	複数回にわたり法令違反を是正・改善しない事業者を事業停止又は事業許可の取消処分の対象とする。（通達改正）	平成28年中
⑥運行管理者に対する行政処分の見直し	違反行為の悪質性や事故の及ぼす社会的影響の重大性等、個別の情状を十分かつ総合的に判断して運行管理者資格者証の返納命令を行うことができることとする。（通達改正）	平成28年6月発出予定（パブリックコメント実施済）
⑦処分量定の見直し	輸送の安全に特に関わる事項の違反を中心に処分量定を引き上げるとともに、処分量定の算出方法をより実効的なものにする。（通達改正）	平成28年中
⑧車両の使用停止処分の日車配分の見直し	行政処分により使用を停止させる車両数の割合を引き上げる。（通達改正）	平成28年中
⑨罰則の強化	輸送の安全の確保に関する違反を犯した事業者に対して適用される罰則について、違反行為の抑止力を高めるため、法人重科の規定を創設し、法人たる事業者の罰金額を引き上げる。	平成28年秋以降（法改正を検討）
2．許可更新制の導入等による不適格者の排除		
⑩安全投資計画・収支見積書の作成の義務付け	事業参入時・許可更新時に、所要の安全投資に関する「安全投資計画」及び安全投資計画に即したコスト等を盛り込んだ「収支見積書」の作成を義務付け、事業実績も踏まえ、事業遂行能力を審査する。【再掲】	平成28年秋以降
⑪事業許可の更新制の導入	貸切バス事業者の事業遂行能力を一定期間ごとにチェックするため、既存事業者を含め、事業許可の更新制を導入する。	平成28年秋以降（法改正を検討）
3．不適格者の安易な再参入の阻止		
⑫事業許可の再取得要件の厳格化	許可の取消処分を受けた事業者について、欠格期間（現行2年）を5年程度に延長する。	平成28年秋以降（法改正を検討）
	処分逃れを目的として監査後に廃業届を提出した場合や、密接な関係にあるグループ会社が許可取消しを受けた場合等を欠格事由に追加する。	平成28年秋以降（法改正を検討）
⑬事業廃止の事後届出制の見直し	処分逃れを防止するため、廃業の事後届出制を改め、事前届出制とする。	平成28年秋以降（法改正を検討）
⑭運行管理者資格の返納・再取得要件の厳格化	運行管理者資格者証の返納命令を受けた者について、欠格期間（現行2年）を5年程度に延長する。	平成28年秋以降（法改正を検討）

項　目	講ずべき事項	実施の目途
⑮運行管理者に対する行政処分の見直し	返納命令を受けた運行管理者について、欠格期間中は、補助者として運行管理業務に従事できないようにする。（省令改正）	平成28年7月頃公布予定（パブリックコメント実施中）
	返納命令を受けたことのある運行管理者や、事故・法令違反を繰り返す運行管理者・運転者等を把握し、継続的に監視する仕組みを構築する。	平成29年春まで
⑯整備管理者資格の再取得要件の厳格化	整備管理者の資格再取得要件を厳格化する。	平成28年中

（3）監査等の実効性の向上

項　目	講ずべき事項	実施の目途
1．国の監査・審査業務の見直し		
①監査対象の重点化	重大事故を引き起こした事業者、法令違反が疑われるとして継続的に監視が必要な事業者等に対し、重点的に監査を実施する。	平成28年秋以降
②監査から処分までの期間の短縮	監査で確認する運行管理等に係る書類を一定の場所に備え付けるよう義務付ける。（省令改正）【再掲】	平成28年中
	ICTを活用するなど監査事務の効率化のための措置を開始する。	平成29年春まで
③事業許可の更新制の導入	貸切バス事業者の事業遂行能力を一定期間ごとにチェックするため、既存事業者を含め、事業許可の更新制を導入する。【再掲】	平成28年秋以降（法改正を検討）
2．事業者団体の自浄作用の強化		
④監査におけるバス事業者団体の活用	業界が自律的に安全を確保するよう、事業者団体としてのバス協会は、全ての会員事業者に対して巡回指導を実施する。	平成28年秋以降
⑤バス事業者団体への加入の促進	日本バス協会に、中小会員の意見を集約する組織を設置する。	平成29年春まで
	セーフティバス認定の審査費用について会員メリットを拡大するとともに、認定後のフォローアップを通じたさらなる安全性向上、認定に応じた巡回指導のあり方について検討し、早急に結論を得る。	平成29年春まで
	バス協会においてICTシステム（旅行業者との契約業務の電子化、運行指示書の作成等の運行管理業務を自動化する共通ソフト等）を構築し、希望する会員事業者が廉価で使用できる仕組みについて道筋をつける。	平成29年春まで
3．民間指定機関による適正化事業の活用		
⑥監査における民間団体等の活用	民間指定機関は、バス協会の非会員事業者から負担金を徴収し、巡回指導を行う（毎年度）。【再掲】	平成28年秋以降（法改正を検討）
	業界が自律的に安全を確保するよう、事業者団体としてのバス協会は、全ての会員事業者に対して巡回指導を実施する。【再掲】	平成28年秋以降

(4)旅行業者、利用者等との関係強化

項　目	講ずべき事項	実施の目途
1．実質的な下限割れ運賃防止等の取引環境の適正化		
①旅行業者と貸切バス事業者の取引の事例調査	「下請等中小企業の取引条件改善に関する関係府省等連絡会議」の枠組みを活用し、旅行業者と貸切バス事業者の取引の事例調査を行う。	実施済み （平成28年3月）
②運送引受書の記載事項への運賃の上限・下限額の追加	旅行業者と貸切バス事業者の間で取り交わされる運送申込書/引受書の様式例に、運賃・料金の上限・下限額の記載を追加する。（告示改正等）	平成28年7月頃公布予定（パブリックコメント実施中）
③手数料等の額（率）に関する取引書面の取り交わし	運送申込書/引受書の書面取引時に併せて旅行業者と貸切バス事業者で確認の上、手数料等の額（率）に関する書面を取り交わす。（省令改正等）	平成28年7月頃公布予定（パブリックコメント実施中）
④通報窓口の設置	運賃・料金に関する情報について、通報窓口を国土交通省に設置する。（通達発出）	平成28年夏まで
⑤専門家による手数料等のチェックや是正指導が可能となる体制の整備	旅行業者と貸切バス事業者の取引関係を適正化するため、手数料等について、専門家からなる独立性の高い通報対応組織（第三者委員会）を両業界の共同により設置する。業界団体は、不適切な取引の自主的な是正を図るほか、法令違反の可能性が高い場合には行政庁や公正取引委員会へ通知する。	平成28年夏まで
⑥旅行業界における知識習得の場の充実	国・事業者団体が実施する旅行業者向けの講習会等の場において、貸切バスの運賃制度、バス会社名の表示、貸切バス事業者の選定に関する知識習得の機会を設ける。	平成28年中
⑦学校等による適切な貸切バス選定の推進	学校や地方公共団体等による貸切バス発注・選択の現状について、関係行政機関の協力を得て実態調査を実施する。	平成28年夏まで
	運送引受書の記載事項への運賃の上限・下限額の追加について周知を行うタイミングで、学校や地方公共団体等に対して貸切バスの運賃・料金制度について周知する。	平成28年中
	学校や官公庁等の運送を請け負おうとする貸切バス事業者が、当該学校等に対して運賃・料金制度を説明する際に使用できるチラシを国土交通省で作成し、配布する。	平成28年中
2．利用者に対する安全情報の「見える化」		
⑧貸切バス事業者の処分歴の公表方法の拡充	事業者の行政処分情報について、ホームページの更新頻度を月1回から月3回に増やすとともに、より手軽な閲覧方法としてスマートフォン向け簡易検索サイトを開設する。	実施済み （平成28年3月）
	事業者の行政処分情報について、ホームページに掲載する期間を延長する（現行は3年間限り）。	平成28年中
⑨利用者への貸切バス事業者名の提供	企画募集のパンフレット等に貸切バスの運行事業者名を掲載する（決まっていない場合には、「A社、B社又は同等の会社」等の表記の工夫を行う。なお、旅程保証及び取消料については下記⑩の状況を踏まえ、整理する。）。（通達改正）	平成28年夏まで
⑩貸切バス事業者の安全情報提供の仕組みの構築	貸切バス事業者に関する一定の安全情報の国への報告を義務付けるとともに、報告内容を整理し、安全行政に活用する。（省令改正）	平成28年中
	比較サイト等において、セーフティバス認定のランク等が掲載されるよう、貸切バス事業者に関する一定の安全情報を公表する。	平成28年中
	利用者に対し、貸切バス事業者のASV技術搭載車両導入率を情報提供する。	平成29年春まで
⑪車体等へのASV技術の搭載状況の表示	車体等にASV技術の搭載状況を表示するためのガイドラインを策定する。（通達発出）	平成28年中
	セーフティバス認定の採点基準にASV技術搭載車両導入率を加える。	平成28年中

3．安全・安心な貸切バスの運行を実現するための総合的な対策

項　目	講ずべき事項	実施の目途
⑫安全運行パートナーシップガイドラインの改訂	利用者への情報提供、適正な運賃・料金の収受に関する内容を「安全運行パートナーシップガイドライン」に追記するとともに、名称を「安全運行パートナーシップ宣言」に変更する。（（一社）日本旅行業協会、（一社）全国旅行業協会、（公社）日本バス協会による措置）	平成28年夏まで
3. ランドオペレーター等に対する規制の在り方の検討		
⑬ランドオペレーターへの対応	現在は法規制の対象となっていないランドオペレーターへの規制の在り方について検討を行う。	平成29年春以降（法改正を検討）
⑭旅行業者への行政処分等の強化	行政処分の基準について、これまでの議論を踏まえながら引き続き検討する。	平成29年春まで

(5) ハード面の安全対策による事故防止の促進

項　目	講ずべき事項	実施の目途
1. ガイドラインの策定		
①速度抑制装置(スピードリミッター)の開発促進	手動可変式の速度抑制装置や道路ごとの制限速度に応じて自動で速度制御を行う技術（ISA（Intelligent Speed Adaptation））の基本設計等に関するガイドラインを策定するため、有識者からなる委員会において検討を開始する。	平成28年5月開始
②ドライバー異常時対応システムの研究・開発促進	ドライバー異常時対応システムの実用化を促進するため、基本設計等に関するガイドラインを策定する。	実施済み（平成28年3月）
	ASV推進検討会において、より高度なドライバー異常時対応システムに関する検討を開始する。	平成28年夏まで
③車体等へのASV技術の搭載状況の表示	車体等にASV技術の搭載状況を表示するためのガイドラインを策定する。（通達発出）【再掲】	平成28年中
	セーフティバス認定の採点基準にASV技術搭載車両導入率を加える。【再掲】	平成28年中
2. 導入促進に向けた支援等		
④ASV技術搭載車両への代替促進	平成32年度（2020年）までに、貸切バスの衝突被害軽減ブレーキの装着率（保有ベース）を40%以上とすることを交通政策基本計画において目標とする。	平成28年夏まで
	ASV技術搭載車両の導入を引き続き支援し、ASV技術の安全効果や支援制度について、バス事業者への周知・広報を強化する。	平成28年中
	車体等にASV技術の搭載状況を表示するためのガイドラインを策定し、代替を促進する環境を整備する。（通達発出）【再掲】	平成28年中
	ASV技術搭載車両の生産体制等について関係者からなる連絡会で検討を開始する。	平成28年夏まで
⑤デジタル式運行記録計の普及促進	デジタル式運行記録計やリアルタイムに管理が可能な高度な運行管理支援システムの導入を引き続き支援する。	平成28年度中（補助対象機器の公募中）
	デジタル式運行記録計の導入にあたっての事業者の規模別の課題、導入・活用事例や具体的に生じているメリットの把握を目的とした実態調査を実施する。	平成28年中
	実態調査の実施により把握された内容を踏まえ、貸切バス事業者を対象として、デジタル式運行記録計の活用事例及び期待される効果等を紹介するためのセミナーの開催等の普及方策をとりまとめる。	平成29年春まで

⑥自動変速装置（AT）の導入	AT仕様も選択できるよう、大型高速バスのAT（AMTを含む。）の開発を促進するため、関係者からなる連絡会議において検討を開始する。	平成28年4月開始
⑦車両構造の強化	国連が定める車体の強度に関する基準を義務化する。（省令改正）	平成28年7月頃公布予定(パブリックコメント実施中)
⑧車両強度のみならず速度抑制対策など総合的な安全対策	今後、警察及び事業用自動車事故調査委員会の調査結果等を踏まえ、「車両安全対策検討会」において、このような被害を防ぐための車両の安全対策のあり方を総合的に検討する。	調査結果等を踏まえて検討を開始

安全・安心な貸切バスの運行を実現するための総合的な対策 工程表（1/4）

別紙2

各制度を施行し、総合的に取組を実施

平成28年3月　／　平成28年夏　／　平成28年末　／　平成29年春　／　以降

中間整理　　**総合的な対策**

（1）貸切バス事業者、運行管理者等の遵守事項の強化

緊急対策の実施（3、8）

連絡会議においてシートベルト着用の広報方法に関する検討の開始（8）

- 乗務員台帳の記載事項に関する省令等の改正（1、2）
- 直近1年間に乗務していない車種区分の自動車を運転する者に実施する指導・監督の内容等の検討（3、9、10）
- 初任運転者等に対して義務化する実技訓練の内容・期間等の検討（3）
- ドライブレコーダーの性能基準等の検討（6）
- 記録の活用方法の検討（6）
- 民間指定機関の負担金徴収等に関する法制的な検討等（11、13）

→

- 指導・監督の実施の義務付けの範囲等に関する省令の改正（3、9、10）
- 実技訓練の義務化に関する告示の改正（3）
- ドライブレコーダーの義務化に関する省令の改正（6）
- PC保有の義務付け等に関する通達の改正等（7、12、14）
- 運行管理者の必要選任数に関する省令等の改正（4）
- 試験の増回に向けた関係機関との調整（5）

- 整備のためのガイドラインの策定や記録演様式に関する通達の改正（5）
- 研修・講習の拡充に向けた調整・周知等（5）
- 状態に応じて行うべき整備内容等の検討（5）
- 名義貸し等の防止策の検討、システムの開発等（4）
- 健康診断の拡充に向けた関係機関との調整等（14）

254　第4章　参考資料

安全・安心な貸切バスの運行を実現するための総合的な対策 工程表（2/4）

平成28年3月 ／ 中間整理 ／ 平成28年夏 ／ 平成28年末 ／ 平成29年春 ／ 以降

各制度を施行し、総合的に取組を実施

（2）法令違反の早期是正、不適格者の排除等

緊急対策の実施（①、②）

【総合的な対策】

- 事業停止、事業許可取消処分の対象範囲の拡大等に関する通達の改正（⑤、⑥）
- 調査費の配布・回収（④）
- 迅速かつ重点的な運輸安全マネジメント評価の開始（④）
- 運行管理者の補助者の条件に関する省令の改正（⑮）
- 監査や行政処分に関する運用基準等の改正（②、③、⑤、⑦、⑧）
- 運行管理者の把握に関するシステムの開発、実施体制の整備
- 監査における指摘事項の早期是正等に関する通達の改正（②、③、⑤、⑦、⑧）（⑮）
- 事業許可の更新制の導入等に関するシステムの開発、実施体制の整備
- 事業許可の更新制の導入等に向けた法制的な検討等（③、⑨～⑭）
- 整備管理者の資格再取得要件の厳格化に関する法令の改正（⑯）

（3）監査等の実効性の向上

- 備え付けさせる書類の対象、場所等の検討（②）
- 監査事務の効率化策の検討（②）
- 事業許可の更新制の導入等に向けた法制的な検討等（①、③、④、⑥）
- 書類の備え付けの義務付けに関する省令の改正（②）
- 監査事務の効率化のための省令の改正（②）
- バス協会において巡回指導の運用等について検討（⑤）
- 書類の備え付けの義務付け、備え付け（②）
- 監査事務の効率化のためのマニュアル等の整備、実施体制の整備（②）
- 体制の整備、事業者への周知等（⑤）

255

安全・安心な貸切バスの運行を実現するための総合的な対策 工程表（3/4）

各制度を施行し、総合的に取組を実施

平成28年3月	平成28年夏	平成28年末	平成29年春	以降

中間整理

（4）旅行業者、利用者等との関係強化

緊急対策の実施（①、⑧）

総合的な対策

- 運送申込書/引受書の記載事項の追加等に関する省令等の改正（②、③、⑨）
- 手数料等に関する通報窓口等の設置（④、⑤）
- ランドオペレーターの規制化に向けた法制的な検討等（⑬）
- 学校等に対する実態調査の実施（⑦）
- 安全パートナーシップガイドラインの改訂（⑫）
- 旅行業者、学校等に対する貸切バスに係る運賃制度等の周知（⑥、⑦）
- ネガティブ情報のHP掲載期間の延長（⑧）
- 国への安全情報の報告の義務付け等に関する省令等の改正（⑩、⑪）
- 比較サイトへの事業者情報の掲載等に向けた関係機関との調整等（⑩、⑪）
- ASV技術搭載車両の導入率の調査、利用者への情報提供スキームの構築等（⑩）
- 旅行業者への行政処分等の強化について検討（⑭）

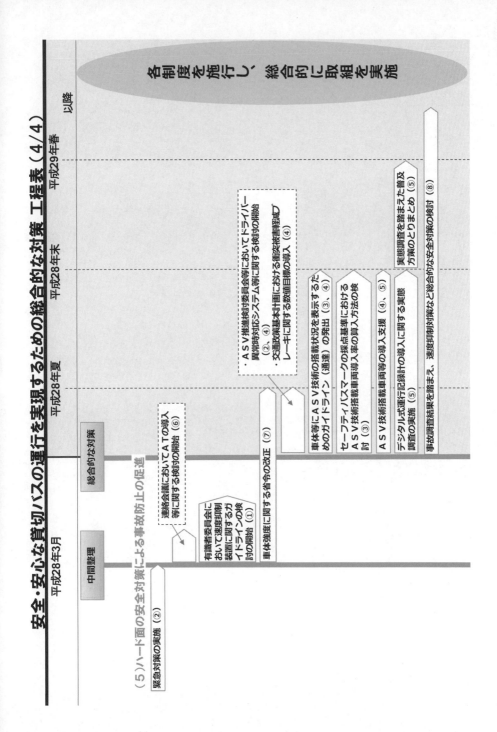

貸切バス事業　更新申請・適正化の手引
　―平成29年施行　道路運送法対応版―

平成30年4月5日　第1刷発行
平成30年4月25日　第2刷発行

　　編　集　　道路運送法令研究会

　　発　行　　株式会社ぎょうせい

〒136-8575　東京都江東区新木場1-18-11
　　　　　　電　話　編集　03-6892-6508
　　　　　　　　　　営業　03-6892-6666
　　　　　　フリーコール　0120-953-431

〈検印省略〉

URL：https://gyosei.jp

印刷　ぎょうせいデジタル㈱　　　　Ⓒ2018 Printed in Japan
※乱丁・落丁本はお取り替えいたします。

ISBN978-4-324-10473-6
(5108410-00-000)
[略号：バス事業]

法制執務のルールブック、10年ぶりの改訂！

新訂
ワークブック法制執務

法制執務研究会／編

第2版

★A5判・上製本・函入り・960頁・定価（本体4,800円＋税）
［電子版］本体4,800円＋税
※電子版は、ぎょうせいオンラインからご注文ください。

- ●累計発行部数7万部を超える法制執務の必携書。
- ●第2版では、「調整規定」や「前文の改正」など、最新の立法技術を盛り込みました。
- ●法制執務の「困った」、「わからない」を問答形式で徹底解説。
- ●初心者から実務のプロまで幅広いニーズに応える信頼の一冊！

法制執務のイロハから政策判断まで
例規起案・政策立案能力の強化に役立つ書！

Q&A
実務解説 法制執務

自治体法制執務研究会／編著　★[加除式]全1巻・A5判・定価（本体10,000円＋税）

- ●全国の自治体職員から寄せられた照会を「法制執務編」「実務相談編」に分けて解説。あなたの部署のギモンもたちどころに解決します！
- ●例規集の項目建てに沿ってあらゆるジャンルを網羅。「子ども子育て」「指定管理者」「公営企業」など注目分野のQ&Aも続々と追加していきます！

■**法制執務編**：例規の起案事務をサポートするサービス（"ぎょうせいの法制執務支援"）で長年にわたり培ってきたノウハウを生かし、弊社が担当
■**実務相談編**：東京弁護士会自治体法務等研究会のメンバーや自治体での勤務経験のある弁護士が担当

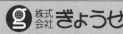
株式会社ぎょうせい

フリーコール
TEL:**0120-953-431**[平日9〜17時] FAX:**0120-953-495**

〒136-8575　東京都江東区新木場1-18-11
https://shop.gyosei.jp　　ぎょうせいオンライン　検索

※加除式図書については、内容補正を行う追録（料金別途）もあわせてのお申込みとなります。

― 異動の多い自治体職員のみなさまの強い味方！―

自治体の仕事シリーズ

総務課のシゴト
うつのみやし総務事務研究会／編著

人事課のシゴト
人事院公務員研修所客員教授
鵜養 幸雄／著

財政課のシゴト
所沢市財政課長
林 誠／著

税務課のシゴト
地方税事務研究会／編著

議会事務局のシゴト
大津市議会局次長
清水 克士／著

監査委員事務局のシゴト
富士市総務部行政経営課（前監査委員事務局）
吉野 貴雄／著

NEW

会計課のシゴト
東京都会計事務研究会／編著

続々発刊！予告！
●住民課のシゴト　●福祉課のシゴト　●商工観光課のシゴト

若手職員を指導する際にも役立つ一冊！

☑ 各課業務の概略や課員としての心得など、経験者にとっては当たり前のことを、丁寧に説明しました。
　⇒初任者の方にはもちろんのこと、2年目以降の方には業務の振り返りとして、新人や異動者を部下にもつ方には指導用としてオススメです。

☑ 仕事の内容を、月ごと・項目ごとに解説しました。

☑ 業務遂行上、押さえておくべき法律はもちろんのこと、知っておくと仕事がはかどるホームページや図書の情報も掲載した、まさに○○課の「ガイドブック」です。

★A5判・各定価（本体2,000円＋税）［電子版］本体2,000円＋税
※電子版は、ぎょうせいオンラインからご注文ください。

株式会社 ぎょうせい
フリーコール TEL：0120-953-431 [平日9～17時] FAX：0120-953-495
〒136-8575 東京都江東区新木場1-18-11
https://shop.gyosei.jp　ぎょうせいオンライン 検索

\地方公務員の入門書、待望の最新改訂版!/
新任職員研修で大活躍の定番書をリニューアル!

地方公務員 フレッシャーズブック 第4次改訂版

自治研修研究会／編集
A5判・定価(本体2,300円+税) 電子版 本体2,300円+税
※電子版はぎょうせいオンラインからご注文ください。

■自治体職員としての心構えや仕事の進め方がわかります!
■図や表を多用した平易な解説で、地方行財政制度のしくみがわかります!
■最新の自治制度がわかります!
（平成29年5月の地方公務員法、同年6月の地方自治法の改正等を織り込んでいます。）

読めば差がつく! 若手公務員の作法

不安・疑問を解決するための
55の処世術!!

高嶋直人／著
四六判・定価(本体1,500円+税) 電子版 本体1,500円+税
※電子版はぎょうせいオンラインからご注文ください。

●自治体研修講師を数多く務める著者から"ベテラン職員の視点"でアドバイスが受けられます!
●「部下や後輩がどんなことに悩んでいるのかわからない…」そんな上司や先輩職員が読めば、"解決のヒント"が見つかります!

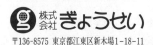

フリーコール **TEL:0120-953-431** [平日9〜17時] **FAX:0120-953-495**
https://shop.gyosei.jp ぎょうせいオンライン 検索

〒136-8575 東京都江東区新木場1-18-11

新しい地域づくりをめざす、すべてのPublic Workerのために

月刊ガバナンス
Governance

先進政策からユニークな情報まで自治体の「いま」がわかる実務情報誌

5つのお勧めポイント

1 喫緊の政策課題をタイムリーに特集
行政改革や災害対策、社会保障、まちづくりなど、自治体の重要テーマを取り上げます。

2 公務員の仕事力を高める!スキルアップ特集&連載
クレーム対応やファシリテーションなど、実務に役立つ仕事術をわかりやすく紹介します。

3 自治体の最新情報が満載の「DATA BANK 2018」
記事数は毎月、約70本!自治体の先進施策がコンパクトに読めます。

4 現場を徹底取材!読みごたえあるリポート記事
先進的な政策や議会改革リポートなど、自治の最前線をリポートします。

平成29年12月号で、創刊200号を迎えました!

5 連載記事も充実のラインナップ!
「市民の常識vs役所のジョウシキ」
「新・地方自治のミ・ラ・イ」など、
人気連載がたくさんあります。

ぎょうせい/編集　A4変型判
単号価格1,080円 (8%税込) 送料102円
年間購読料〈1年〉12,312円〈2年〉22,032円〈3年〉29,160円　※8%税・送料込

株式会社ぎょうせい
フリーコール TEL:0120-953-431 [平日9〜17時] FAX:0120-953-495
〒136-8575 東京都江東区新木場1-18-11
https://shop.gyosei.jp ぎょうせいオンライン [検索]